国家社科基金
后期资助项目
GUOJIA SHEKE JIJIN HOUQI ZIZHU XIANGMU

迈向精准治理的
基层社会治理机制研究

Toward Targeted Governance:
A Research on the Mechanism for Primary-level Social Governance

何 健 等著

中国社会科学出版社

图书在版编目（CIP）数据

迈向精准治理的基层社会治理机制研究／何健等著．—北京：中国
社会科学出版社，2023.6
ISBN 978 - 7 - 5227 - 2130 - 9

Ⅰ.①迈…　Ⅱ.①何…　Ⅲ.①社会管理—研究—中国　Ⅳ.①D63

中国国家版本馆 CIP 数据核字（2023）第 112800 号

出 版 人　赵剑英
责任编辑　许　琳
责任校对　李　硕
责任印制　李寡寡

出　　版　中国社会科学出版社
社　　址　北京鼓楼西大街甲 158 号
邮　　编　100720
网　　址　http://www.csspw.cn
发 行 部　010 - 84083685
门 市 部　010 - 84029450
经　　销　新华书店及其他书店

印　　刷　北京君升印刷有限公司
装　　订　廊坊市广阳区广增装订厂
版　　次　2023 年 6 月第 1 版
印　　次　2023 年 6 月第 1 次印刷

开　　本　710×1000　1/16
印　　张　18
字　　数　318 千字
定　　价　98.00 元

国家社科基金后期资助项目

出　版　说　明

　　后期资助项目是国家社科基金设立的一类重要项目，旨在鼓励广大社科研究者潜心治学，支持基础研究多出优秀成果。它是经过严格评审，从接近完成的科研成果中遴选立项的。为扩大后期资助项目的影响，更好地推动学术发展，促进成果转化，全国哲学社会科学工作办公室按照"统一设计、统一标识、统一版式、形成系列"的总体要求，组织出版国家社科基金后期资助项目成果。

全国哲学社会科学工作办公室

序言　一

过去很长一段时间都是讲社会管理，遵循着一种政府总体管理社会的原则。然而，自 2013 年《中共中央关于全面深化改革若干重大问题的决定》发布始，开始用"社会治理"取代"社会管理"。这种变化意味着，我们过去争论的"大政府、小社会"或"小政府、大社会"也许已成为过去式，未来逐渐走向了"大社会、大政府、大市场"。这是因为我们现在的发展条件是改革开放以来形成的新社会基础，即是指，我国的生产方式已经发生了重大转变，正逐渐从农业社会转向工业社会、信息社会、网络社会，在这一过程中，国家和政府的力量在增强，社会领域变得更宽广和复杂，市场经济的规模和质量都在提升。

社会的经济基础既然发生了转变，那么，我们处理基层各种关系的方式自然需要相应变化。中国人历来懂得"穷则变，变则通，通则久"的道理。基层社会治理创新也应遵循顺势而为的道理。我们应看到，无论是中央层级的战略目标和规划，还是地方层级的反应和实践，都在为顺应这一历史趋势而发生转变。从这一基于扎实的镇街域社会治理调查研究，看到的正是这种顺势而为的社会转型。在重庆市九龙坡区九龙街道负责同志的帮助下，何健博士团队深入探讨了九龙街道的社会治理创新，特别是针对信息化时代的网格制发展，进行了有益的研究：一是在学理上发现了基层正在经历着从科层制向网格制的转变；二是在实践上发现西部地区的社会治理创新在网格制方面并没有落后于东部沿海地区。由此可见，中国的发展可以借助信息化时代带来的时空伸缩性进行探索和创造，从而实现后来居上，把后发劣势转变为后发优势。

衷心希望本课题能够继续开展下去，进一步弄清楚基层的社会活力要素、基层社会精准治理的可持续性等关键问题，更好地推动基层社会稳定和民生事业发展。

景天魁

中国社会科学院学部委员

2021 年 4 月 15 日

序言　二

　　社会治理工作最坚实的支撑力量在基层，最突出的矛盾和问题也在基层。2020 年 9 月 17 日，习近平总书记在基层代表座谈会上的重要讲话中指出："'十四五'时期，要在加强基层基础工作、提高基层治理能力上下更大功夫。"加强和创新基层社会治理，既是推进国家治理体系和治理能力现代化的题中应有之义，也是夯实党的执政基础、巩固基层政权的必然要求，我们必须深入研究，积极探索。

　　新时代肩负新使命，新使命呼唤新担当。进入新发展阶段，社会治理现代化必须与社会主义现代化同步设计、同步施工、同步建设。社会治理是现代国家治理体系的重要组成部分。现代国家治理体系包括政府治理、市场治理和社会治理。社会治理尽管与社会管理只是一字之差，但体现的却是系统治理、依法治理、源头治理和综合施策，其实质是对国家与社会关系认识的改变，为我国实现社会主义现代化的社会治理体制创新指明了路径，目的是要实现国家对社会的有效治理，形成"国家—市场—社会—公民"之间有机良性互动的多元共治格局，充分实现社会主义人民社会。

　　社会治理具有明显的时代意义，"贯彻新发展理念，开启新发展阶段，构建新发展格局"的新战略指明了我们面临的社会风险与不确定性，要求我们调整好社会整体结构，做好社会资源配置，应对好社会问题。2018年，受中宣部国家高端智库理事会委托，我与国家发展和改革委员会社会发展研究所的几位同仁在研究"中国社会治理现代化"课题时发现，我国一方面是社会治理现代化水平的快速提升，但另一方面：收入差距扩大、劳资矛盾加重、公民参与不足、行政效率低下等问题又可能拉低社会治理的整体水平。因此必须明确社会治理现代化是一个庞大的系统工程。中国社会治理现代化的进程大致有两个重要的历史阶段，第一阶段是 2020—2035 年，在全面建成小康社会的基础上，再奋斗十五年，基本实现社会主义现代化；第二阶段是 2035—2050 年，即到新中国成立一百年，我们要全面实现社会治理现代化：社会文明全面提升，实现社会治理体系和治理能力现代化，全体人民共同富裕基本实现，发展不平衡不充分现象明显改善，基本公共服务均等化实现，现代社会治理格局形成，中国人民将享有更加幸福的生活，中华民族将以更加昂扬的姿态屹立于世界民族之林。

显然，我国社会治理体系和治理能力的现代化，任重而道远，需要不断在理念、政策和机制上进行完善和创新。加强社会治理已经在顶层设计上确立，接下来就是众多的基层乡镇和街道在大的治理框架下根据本地实际探索出一条安定、合理、有效、持续的基层社会治理之路，从而做到既能坚持党的全面领导，又能够在保护社会民权、维护社会秩序、化解社会矛盾等方面做到常态化治理，全面提升应急管理能力和公共与国防安全保障能力。

后生可畏，焉知来者之不如今也？值得欣慰的是，何健博士和他的团队扎根重庆市九龙坡区九龙街道，对一个刚从乡镇体制转型为街道体制的西南中心城镇的基层社会治理机制作了较为深入的解剖，相比我们经常看到的县域社会治理的研究，这一对镇街级社会治理创新的探究给我们增加了新的案例。不仅仅只是增加了鲜活的案例，更是从严谨的学理视角对九龙街道过去十多年的基层社会治理实践进行了分析。这些深入分析包括了以下几方面：一是分析了党的红色治理基因如何转换为党在基层的全面引领，看到了基层党组织在新时代高质量发展中的引领保障作用；二是分析了基层社会治理的网格制形态，看到了网格制对单位制、科层制、项目制的整合与超越；三是分析了风险社会时代，特别是在新冠疫情这个阶段，九龙街道是如何运用和提升社区防疫社会资本；四是分析了一个老旧社区如何走向生活治理，为解决老旧社区顽症提供了一个范例；五是分析了如何运用社区基金发动社区居民参与公共事务的创新机制；六是分析了基层社会服务的专业化能力的提升，特别是看到新乡贤作为公益达人所发挥的社会组织作用。

行是知之始，知是行之成。综上所述，这本书对于我们理解什么是高质量的基层社会治理有很好的引导作用，诚如本书题目揭示的那样，要积极作为基层社会的精准治理。

杨宜勇

国家发展和改革委员会市场与价格研究所所长

2021 年 4 月 17 日

序言　三

推进基层治理现代化，是宏大而系统的战略布局。从"国家/市场/社会"三分法构架看，在国家治理体系中，愈向基层，社会治理的维度愈显重要。党的十九届四中全会要求"完善党委领导、政府负责、民主协商、社会协同、公众参与、法治保障、科技支撑的社会治理体系"，明确"推动社会治理和服务重心向基层下移，把更多资源下沉到基层，更好提供精准化、精细化服务"。

当下中国正积极探索中国特色社会主义社会治理之路，以社会治理现代化夯实"中国之治"的基石。无论是"完善社会治理体制"，构建新体系，还是"创新社会治理方式"，能够发挥政治引领、法治保障、德治教化、自治强基、智治支撑作用，抑或是"优化社会治理层级功能"，在中央、市域、基层三个特殊层级共同发力，体现了"加强和创新社会治理"的"百花齐放"。

作为西南地区中心城市主城核心区的建制街镇——重庆市九龙坡区九龙街道（前身是九龙镇），正经历着经济、城市、社会的深度转型。近年来，我们从基层实际出发积极探索：一方面，市域社会治理现代化试点落地九龙街道，"党建引领、基层治理、多元共治、社区善治"深入推进，我们在五级党建、网格治理、九龙社工、物业红哨、业主自治、自助式物管、自治金项目等方面，取得了一些有创新、有突破的基层实践成果、物化成果、经验成果；另一方面，我们始终坚持问题导向、目标导向、结果导向，着眼于"一体化基层社会治理"模式探索，强化制度机制完善。基层政府工作者经常处于纷繁芜杂的问题情境中，随着党和国家强调从管理思维转换为治理思维，我们的工作思维也逐渐发生了变革：普遍性出现的问题，需要从制度上找原因，"求规范"；反复性出现的问题，需要从机制上找原因，"促改革"。正是基于此，通过近几年努力，从我们的实践情况看，在党组织的领导下，九龙辖区基层社会治理较好形成了强力的政府主导机制、精细的网格推进机制、专业的多元参与机制、有效的利益导向机制、灵敏的危机驱动机制、区块的共建共享机制、补位的居民议事机制、创新的文明实践机制（因选材所限，后两个内容本书涉及较少）。我们认为，以上很多方面，是具有复制和推广价值的。

一个偶然的机会，有幸结识何健老师，共同谈及基层治理现代化的"理论—实践—再理论—再实践"问题。大家较为一致的观点是：九龙辖区的基层社会治理实践，具有典型性和创新性。承蒙何博士厚爱，带领专业团队，以原九龙镇（现九龙街道）的基层治理实践为例，赴辖区驻地蹲点、调查研究、实证分析。一方面，以理论指导我们的实践，另一方面，欲从实然表象中得出应然逻辑。而这，亦正是我们基层工作者所期望的。

本书所呈现的，都是在九龙辖区实证调研的精华，描述的是以九龙人为底色的基层社会治理的故事，凝聚着课题组的心血和汗水，谨此代表20万九龙人诚表感谢！

在此，我还想表达的是：第一，基层社会治理大多数发生在小微领域，事务琐碎、多样多变，"变通""模糊""相对合理"是基层治理的常见形态。一定程度上讲，基层可能不足以支撑起高度规范化程序化管理的模式。但是，这不应成为制约我们"求规范""促改革"的理由。自上而下的"规范管理"要求和上下结合的"权变治理"需要，可以更加契合。第二，治理的基本机制是服务机制、协调机制、回应机制。不管是为组织成员服务，还是以协调的方式制定公共政策，或是对民众的主张做出迅速的反应，在开辟"中国之治"新境界的今天，都会有更新更高的要求。2013年11月3日，习近平总书记在湖南十八洞村考察，首次提出"精准扶贫"的概念，脱贫攻坚，成效在于精准。由此，以精准治理为导向，中华民族创造了人类减贫史上的伟大奇迹。本书中，何博士以"精准治理"命名，我想，亦是期待各位同仁共同发力，更好地讲述"中国之治"的基层故事，把论文写到"更精准服务民众"的基层社会治理实践的每一个角落。

书稿付梓之际，邀我作序，实不敢当、诚惶诚恐。表达以上观点，诸多不妥，盼读者批评指正。

最后需要说明的是，九龙街道（九龙镇）的社会治理实践，仅是中国基层社会治理百花园中的一小朵。我们所提供给课题组的事实案例和资料数据，也许还有许多不完善的地方，我们的实践形态亦是在西南城市的土壤中生长出来的，我们的工作实践还有诸多不足。"鞋子合不合脚，自己穿着才知道"。我们的这些举措也不一定完全适合不同行政生态环境的实践。若有以偏概全、甚至挂一漏万之处，祈请谅解。

站在当下，无限的过去都以现在为归宿，无限的未来都以现在为溯源。实践上的前行，可以为理论上的发展培土加肥、增添养料。我们将始终以进取的精神、开放的思想、包容的心态，继续做好当下这一步！

蒋立强

重庆市九龙坡区九龙街道党工委书记谨识于重庆盘龙新城

2021 年 5 月 9 日

目 录

前言　分化与整合：精准治理的社会学基础

一　精准治理作为一种新社会理论

我们今天所讲的精准治理，是人类社会史上的一种新社会理论，它和美国社会学家罗斯讲的社会控制理论既有联系也有不同。总体上看，社会治理在现代社会经历了一个从自发到自觉的过程，它主要涉及国家、市场和社会之间的平衡，是在调试理性和情感的双重过程中实现自由与秩序的适当平衡。① 具体而言，社会治理是随着城邦制与封建制的瓦解，社会的兴起而兴起的，即是说，社会治理乃是随着"古代性"的消解，"现代性"的生发而成为必需。② 在这生灭之间，各种问题产生了，比如私有财产制、不平等剥削、贫困化、阶级斗争、异化、原子化等。早期对现代社会关注的理论家，无不是忧心忡忡，又振臂高呼。最早是马基雅维里，他在《君王论》一书中看到了人能力的提升，但这样的人只是外表上强大，而随时可能覆灭。所以在他之后，霍布斯、洛克、卢梭都假设了"自然状态"和"社会契约"，想找到新秩序的可能之路。

当然，他们各自的路径和内涵颇有不同。马基雅维里在《论李维》中强调，既然现代人的能力不可限量，要避免国家的覆灭以及保存自身安危，那就以行动掌握命运，强调要效仿古人，建立新邦。不过，马基雅维里的局限性在于，他要建立的新邦仍是陈旧的雅典或古罗马形式，现代人显然没法安置。马氏之后的英国社会理论家霍布斯，在他的《利维坦》一书中提出了石破天惊的看法，假设"自然状态"的人处于朝不保夕状态，即一种可怕的一切人反对一切人的战争状态，为保存人自己，那就诉诸理性，人人把手中的权力交给一个公共的强大的名为"利维坦"的怪兽，在

---

① 张旅平、赵立玮：《自由与秩序：西方社会管理思想的演进》，《社会学研究》2012 年第 3 期。

② George E. McCarthy, *Classical Horizons: the origins of sociology in ancient Greece*, New York: State University of New York Press, 2003.

利维坦下签订永久的和平盟约。但是，霍布斯也有局限性，因为怪兽可能并不理性，理性的人怎能把自己交给不理性的怪兽呢？霍布斯之后，英国社会理论家的洛克、法国社会理论家卢梭不仅承继了"自然状态""社会契约论"的假设，还有了新的进步，开始把秩序的焦点集中在"财产权"上，从而区分了"自然权利"和"社会权利"、"自然人"和"社会人"、"自然状态"和"社会状态"的差别，从而为社会的演化论、社会的自体生成论打开了方便之门。

当现代历史车轮迈过法国大革命之后，现代社会秩序不仅没有完全稳定下来，反而更加动荡不安。社会学的三大家（卡尔·马克思、埃米尔·涂尔干、马克斯·韦伯）不约而同地对现代社会秩序的动力机制展开了全面追问。马克思区分了古代生产和现代生产的本质差别，认为古代的生产是为切身需要而生产，而现代生产（资本主义的剩余价值生产）是异化自身的生产。现代生产有三重规定：1. "工人对自己的劳动的产品的关系就是对一个异己的对象的关系"；2. "异化不仅表现在结果上，而且表现在生产行为中"；3. "异化劳动，由于（1）使自然界，（2）使人本身，使他自己的活动机能，使他的生命活动同人相异化，也就使类同人相异化；对人来说，它把类生活变成维持个人生活的手段"，最后使"人同人相异化"。① 如果从生产者与劳动成果、生产者与生产行为过程、生产者与他人的关系开始，进入到对作为外化劳动的私有财产的批判和扬弃，就可以"把私有财产的起源问题变为外化劳动对人类发展进程的关系问题。"② 因此，"社会从私有财产等等解放出来、从奴役制解放出来，是通过工人解放这种政治形式来表现的……因为工人的解放还包含普遍的人的解放……因为整个人类奴役制就包含在工人对生产的关系中，而一切奴役关系只不过是这种关系的变形和后果罢了。"③ 所以，对现代社会的一切批判分析都必须回到最物质的、最具直接感性的私有财产上来，"整个革命运动必然在私有财产的运动中，即在经济的运动中，为自己既找到经验的基础，也找到理论的基础……私有财产运动——生产和消费——是迄今为止全部生产运动的感性展现，就是说，是人的实现或人的现实。宗教、家庭、国家、法、道德、科学、艺术等等，都不过是生产的一些特殊的方式，并且

---

① ［德］卡尔·马克思：《1844 年经济学哲学手稿》，人民出版社 2002 年版，第 52、54、57、59 页。

② ［德］卡尔·马克思：《1844 年经济学哲学手稿》，人民出版社 2002 年版，第 63 页。

③ ［德］卡尔·马克思：《1844 年经济学哲学手稿》，人民出版社 2002 年版，第 62 - 63 页。

受生产的普遍规律的支配。"① 显然，马克思看到现代社会的秩序问题不可能在现代资本主义生产体系里解决。

马克斯·韦伯和埃米尔·涂尔干虽然稍晚于马克思，但对现代社会秩序混乱的感受并不亚于马克思，并且同时经历了第一次世界大战。韦伯所在的德国是俾斯麦之后的德国，处在民族国家上升时期，并力争"德意志高于一切"，韦伯在这种高速行驶的德国文化氛围中可以说是焦虑不已，他看到晚期现代资本主义的人与社会已经丧失了信念和责任，"一切都枯萎了"。对于现代社会秩序的重建，韦伯多少显得无能为力，他只能要求世人有伦理上的操守："只凭企盼与等待，是不会有任何结果的，我们应走另一条路；我们要去做我们的工作，承担应付'眼下的要求'（Forderung des Tages），不论是在人间的事务方面，抑是在成全神之召命的志业（Beruf）方面"。② 相比马克思和韦伯，涂尔干似乎有对资本主义现代社会秩序的全方位构想，他从社会分工出发论证工业化时代的凝聚法是有机团结。事实上，对于工业化时代社会分工的功能，身处现代资本主义上升时期的英国社会理论家亚当·斯密早在涂尔干之前就有很细密地思考。斯密对社会分工更多是从功利主义效率原则来看的，分工是否能在自由放任的市场竞争体制下自然达成社会团结，斯密可谓有一种矛盾心态。一方面，斯密觉得理论上是可行的，但另一方面，斯密现实中观察到市场竞争的残酷性。所以，斯密孜孜不倦地花费三十年时间来完善他的《道德情操论》。可见，在斯密那里，关于分工能否自然带来社会团结的问题是悬而未决的。而后的涂尔干正是要论证现代社会分工自带凝聚团结的潜能，从《社会分工论》到《职业伦理与公民道德》，再到《宗教生活的基本形式》，都显现了他对此问题一贯的努力。然而，涂尔干在其独生子于一战战死的悲痛中过早离世，他也未曾想到一战之后竟然还有更大规模的二战，更未曾预料到在工具理性发达的今天，我们会陷入各种风险之中。究其根本，那是涂尔干的理论还是属于工业化时代的社会理论。

随着人类社会进入到了信息化网络时代，治理问题经米歇尔·福柯的清晰讲述，我们意识到社会治理问题的普遍性，尤其是随着卢曼、贝克、吉登斯、卡斯特尔等人对风险社会、复杂性、身份认同的讨论，更加加深了我们对社会控制问题的关注。显然，社会控制在前现代社会、现代社

---

① ［德］卡尔·马克思：《1844 年经济学哲学手稿》，人民出版社 2002 年版，第 82 页。

② ［德］马克斯·韦伯：《韦伯作品集 I：学术与政治》，钱永祥等译，广西师范大学出版社 2004 年版，第 191 页。

会、风险社会时代具有不同的形式。社会控制在前现代更多是一种统治的问题，在现代更多是自治的问题，而在风险时代则发展成精准治理的问题。

风险的不确定性、偶发性、全球性、均沾性，会导致经济的、社会的、政治的等等不良后果，比如市场崩溃、货币贬值、巨额浪费、环境污染、法律权威丧失等。① 所以，惟有精准治理才能防范和挽回，精准治理能够精细、准确的回应问题和提供服务。精准治理体现在一个"熟"字上，它要求情况熟、方法熟、人情熟、手段熟、信息熟、资源熟，不熟就没法治理，因此，精准治理要求城市乡村结合、中心边缘结合、内部外部结合、虚虚实实结合、线上线下结合、官方民间结合、层层级级结合。

二 精准治理作为一种新行为方式

在信息化网络时代，人的个体化生存方式变得史无前例地显著，已经成为一种"新的社会化"模式，② 个体化和风险社会结合在一起，个体变得异常不稳定。个体化是一种现代历史现象，比如文艺复兴（布克哈特）、中世纪宗教（埃利亚斯）、清教徒教派兴起（韦伯）、封建制度瓦解（马克思）、职业团体（涂尔干）等社会历史现象均有个体化的影子。个体化与控制集中是现代性的一体两面，因此，个体化本身就意味着社会治理，同时也意味着社会治理会随着个体化内涵的变化而变化。

那在信息化、网络化、工业化、前现代、现代、后现代都叠加在一起时代里，我们的个体化内涵是怎么样的呢？和前现代的农业时代相比，以及和现代的工业化时代相比，人口规模在信息化网络时代里是否还有那么重要？我们每个人的"生涯"和"生活境况"发生了什么样的制度化转变？这些问题其实是根本性的，因为个体逐渐从传统纽带、社会形式脱离出来，家庭关系、阶级关系的作用越来越被消费时尚、社会政策、市场景气影响，也就是说，个体自身无法掌控自己，越来越受时空性的生活境况条件的影响，人如浮萍的情绪感受恰恰表现了信息化网络时代的非因果行为方式，极大地冲击社会治理的方式。比如，我们惯于生活在 We-chat、Facebook、网络视频、网络劳动市场、网络购物，网络电视中，它们将会模糊人们对父母、家庭、学校教育、国家的边界认知。很多新现象出现了，比如人们更多生活在互联网村、电视村里，劳动市场决定一切，孩子

---

① ［德］乌尔里希·贝克：《风险社会》，何博闻译，译林出版社 2004 年版，第 22 页。

② ［德］乌尔里希·贝克：《风险社会》，何博闻译，译林出版社 2004 年版，第 155 页。

不知父母生活，家庭分裂趋势增加。另外，如果人们没有被引导就业或给与补偿，那些习惯于寻求国家制度照顾和支撑的个体和家庭将会积累不满，从而会对各级政府带来很大压力。

正如贝克所言，我们信息化互联网时代出现了一种非常矛盾的基本特征：

> 个体化的生涯（individualized biographies），一方面关联着自我形塑，另一方面已彻底无限开放。按照系统理论视角显现出分离的每件事都成为个体化生涯的整合要素之一，比如家庭与计薪劳工、教育与就业，行政与交通系统，消费，教学法等的。①

也就是说，信息化网络时代的社会治理必须有一个基于个体化考量的一般框架（见表1）。这个框架大致涉及三个维度：一是针对脱离传统社会关系形式的新形式，比如新社会组织；二是针对安全感的新价值，比如重塑价值；三是针对新社会形式的整合行动，比如重新植入关系。

表1　　　　　　　　　　**基于个体化生存的新社会治理框架**

	客观的生活条件	主观的意识或认同
脱嵌与再嵌的辩证法	家庭、阶级、国家/群、圈子、跨界	新共同体观、成员资格
去魅与信念的辩证法	信仰、信念/仁爱	个人成功、初心使命
分化与整合的辩证法	市场、就业/信息、网络、分散办公	货币补偿、福利提供

资料来源：〔德〕乌尔里希·贝克：《风险社会》，何博闻译，译林出版社2004年版，第157页。

基于这一框架，我们在九龙街道看到了一些应对社会治理挑战的努力。比如，建立起了一种深入到社会末梢的网格制，从而在根本上搭建起了跨科层制和网格制的新社会治理构架，再有，坚持"红色治理"传统，更加明确了党组织是社会的核心的理念，形成了党建全面引领各项事业的方向，从价值和关系两个层面让党的组织力量重新植入。还有就是把所有的工作进行分类整合，根据市场、安全、就业、福利做出及时反应，把新社会的压力化解于日常生活，还有像社会工作服务中心建立以及老旧小区

---

① Ulrich Beck, *Risk Society: Towards a New Modernity*, London: Sage Publications Ltd, 1992, p. 136.

的改造，这些尝试在一定程度上都属于创建新的社会形式的行动。

三　精准治理参与社会的分化与整合

目前我们的社会，是一个不断涌现新社会形式的社会，出现了各种新职业和新工作，比如非营利慈善社会工作者、私人雇主及合伙人、网店商人、独立零售户、房地产开发商、租赁组织、捐客经纪人、物流企业及雇工、金融从业者、证券分析师、第三方评估师、企划咨询、广告业者、电竞游戏业者、旅行社、健身房、养生健康从业者、电子传媒平台、律师事务所、会计师事务所、网校教育等，这些就业人群已经蔚为大观，相比传统的体制内，形成了一个庞大的体制外人群。① 这些职业和人群从研究、技术、科学、微电子技术、基因技术和信息媒介的合作与应用中产生，他们也许已然代表了未来社会的可能景象。②

在中国基层社会治理中，体制内外的差异（分化）构成了社会治理（社会控制与社会整合）的基本前提。比如体制外人群相比体制内人群具有更为强烈的相对剥夺感或社会不公平感，构成了一种持续的社会治理压力，特别是当经济下滑导致的就业难和市场萎缩时，政治灵活行动的空间就会被压缩。另外，由于处于转型期，体制内外差异有别还导致了政府成为环境污染、贫富差距等公共成本的托底人，这也明显构成了社会治理压力的来源。

在基层社会中，如何梳理这些压力源并对这些压力进行化解呢？我们从九龙街道社会治理创新里看到就是把日渐分化的基层社会各群体进行网络整合，把商户（商品交易、市场数据分析、金融银行、认证评估、中介房地产、演艺人士等）、退休党员干部（律师、会计师、经纪人）、转业军人、网商、闲散人员（志愿者、网格员）、物业管理方、新乡贤（社会组织、社工、社团、行业协会和工会组织）等融入进社区党建联席会、五级党建、九龙红哨、党员邮政站、网格支部、五长制（街长、路长、巷长、楼长、店长）、九龙社工中心、自治金、社区共同体等组织或制度中。显然，如果认为新时期社会治理的目标主要是社会整合，那么我们在九龙街道看到的一些做法，正是在努力吸纳组织关联度较弱的各类体制外人群，由此，促成他们和中心体制之间的制度化关联。

---

① 张静、董彦峰：《组织分化、政治整合与新时代的社会治理》，《文化纵横》2018 年第 4 期。
② ［德］乌尔里希·贝克：《风险社会》，何博闻译，译林出版社 2004 年版，第 277 页。

四　精准治理在中国国家治理体系和治理能力现代化过程中的导向作用

在中国国家治理体系和治理能力现代化过程中，我国逐渐摸索出了一条普遍性的路径，那就是"精准治理"的方略及其方法。"精准治理"的方法主要体现在党和国家的反贫困事业中，因为只有精准才能真扶贫、扶真贫、脱真贫。从 2012 年的阜平讲话，到 2013 年提出的精准扶贫理念，再到 2021 年 2 月 25 日在全国脱贫攻坚总结表彰大会上的讲话，习近平总书记把精准方法上升为了"精准方略"、"创造了减贫治理的中国样本"[①]，可以说，通过我国的减贫治理事业的检验，"精准治理"方略业已成为我国国家治理体系和治理能力现代化的最重要理论成果之一，具有极强的普遍性和示范性。

九龙街道在"精准治理"理论的指引下，在基层社会治理方面做出了有益的探索。一方面，有助于实现从乡村社会到城市社会的转型。九龙街道于 2020 年成立，基本实现了城市化，但仍有一百多户没有实现完全转籍，这百人团的存在表明了我们社会城市化进程的艰难性和复杂性。不过，同时也昭示了"精准治理"在面对这些转型问题时的重要性。另一方面，有助于实现治理体系与治理能力的现代化转型。九龙街道的基层社会治理创新，是从 2012 年后开始启动的，也就是说，它在基层社会治理创新过程中开展的红色治理、网格治理、专业服务治理，从乡镇时代就开始建设，这些新的举措是对单位制、科层制、项目制的实质性超越。尤其是红色治理和网格治理的理论和实践意义最为明显、最为重要。红色治理重新确立了基层党组织与社会的联系，让党组织立基于社会之中。网格治理不同于以往历史上的单位制、项目制和科层制，在一定意义上建立起从微观到宏观之间的链接，将权威性力量、合法性支配、人情味服务、社会性共识、秩序性整合、效率性反应等机制集合在了一起，[②] 是对"项目治国"之后国家治理的网格制形态的鲜活呈现，在一定程度上可以认为，我们正在迈向网格治国。

---

① 习近平：《在全国脱贫攻坚总结表彰大会上的讲话》，载《习近平谈治国理政》（第四卷），外文出版社 2022 年版，第 130 页。

② ［美］爱德华·希尔斯：《中心与边缘：宏观社会学论集》，甘会斌、余昕译，译林出版社 2019 年版，第 1—42 页。

五　研究方法

1. 案例研究法

根据中国基层社会治理维度，确定典型基层社区治理案例。基于案例现场进入的可获得性、代表性等原则，选取重庆市九龙坡区镇街社会治理案例，聚焦红色治理资源、网格制、第三方参与、防疫社会资本治理，深入分析基层社会治理创新的背景与结构、复合关系、行动取向、内在机理、试错纠偏和适应调整等治理策略。本书的主要目的在于推进对基层社会治理机制、运作过程与内在逻辑的科学理解，运用扎根性的个案研究方法深度分析基层社会治理中不同治理主体的认知误区和冲突根源，阐明促进基层社会治理高质量发展的行动科学方法。

2. 行动研究法

通过行动研究，与田野调查点相关部门管理者建立合作沟通关系，以基层镇街社会治理情景为中心，共同定义亟待解决的合作议题，收集和组织相关的知识和数据，分析基层镇街社会治理环境信息并设计解决方案。推进基层镇街管理部门间合作治理知识信息传递和整合，进而使基层社会治理治理行动成为可能。

3. 扎根研究法

建立宏观与微观的连接，中层理论因此成为本研究的兴趣点，所以，本研究采用扎根理论探索该问题。在田野调查中通过参与观察资料发现影响某一问题的几类因素，并探寻变量间因果关系，形成相关概念和类属，归纳、总结和建构理论框架的原则，从而构建起中层理论。研究者从大量质性数据资料中提炼出信息化背景下及大转型背景下基层社会治理的关键因素，构建起更为科学的理论解释框架。

六　学术创新与价值

本书的研究视角和分析方法独特且有新意。基于治理的历史维度（红色治理历史资源传统、党在基层社会治理中的全面引领作用）、治理的网络维度（基层网络信息化的崛起深刻改变着自上而下的治理方式）、治理的制度维度（网格制以其超越性和整合性创造着新的治理格局）和治理的社会维度（跨政府、市场、社会边界的多元协同）等，构建中国基层社会精准治理理论分析框架。

研究选题独特且有新意，从已有理论研究中，提炼出基层社会精准治理的知识基础和关键命题，并实证研究基层社会治理的根本性变革，这将具有重要的学术价值和应用价值，体现了从市域社会治理转向镇街级社会治理研究的学术新前沿。

1. 理论价值。

镇街域基层社会治理的历史变迁过程和实践运行过程蕴含着新的社会发展理论和社会控制理论，从而有助于催生中国基层社会治理的机制重构和模式创新。并且，这一研究所包含的基层社会转型和发展问题需要我们重新审视和深度思考，特别是其中所蕴涵的国家治理网格制形态议题值得中国社会学界进一步深入和拓展。本书立足国情，将社会控制理论运用于中国特色基层社会治理问题的实证研究与理论探索，推进对中国镇街层级社会治理过程的知识创新和科学理解，为新时代中国基层社会治理研究乃至构建中国基层社会治理学科话语体系、学术体系注入新质素。

2. 实践价值。

本书注重实证案例研究，通过对镇街级基层社会治理机制创新的历史基础、制度逻辑与运行过程的研究，为新时代基层社会治理治理体系与治理能力现代化提供理论参考，为解决社会性、复杂性的基层治理难题提供新范式与新方法。通过镇街级社会治理创新之管见，以小见大，归纳总结中国基层社会治理之道与可复制性经验，为基层社会治理中的全面引领、精准治理、社会参与提供知识创新与政策建议。

七 存在问题和需要改进之处

首先，由于本书是对一个基层个案的深度解剖，属于一种探索性研究，因此本成果研究得出的结论可能并非具有普遍性，各部分可能会存在逻辑关系不够紧密，聚焦点不够明显等问题。受资源、地点、时间等条件的现实性约束，本书暂不能进行跨省跨区域的研究，而在选择典型案例上又可能存在有效性和可信度问题，因此，本成果的研究结论面临能否被普遍推广的挑战。其次，本书虽然研究基层社会治理的历史资源、网格制形态、社会参与、防疫社会资本、民情迁移等，但对网格制形态还没有开展普遍性的深入研究，对工青妇等群众组织的协同作用有所忽略；对于怎样建设党委、政府与社会力量互联、互补、互动的社会治理和公共服务网络还很不够。最后，定性研究作为一项对特殊社会现象的解释工具，在资料分析和综合分析的过程中，涉及到研究者的研究能力和主观价值判断，普遍性的评价指标或分析维度尚待深化，因此本成果研究结论面临能否被实践检验的挑战。这些问题只能有待未来解决。

（撰稿人：何健）

第一章　文献简评

第一节　范畴界定：关于治理的概念史

在西方社会治理发展史上，最具实体性的范畴是在政治史意义上的"统治"（rule）一词，该词的具体内涵是指某个阶层对另外的人实施奴役、剥削或控制。随着文明化的推进，新的术语不断涌现，先后出现了"管理"（management）、"管制"（regulation），以及"治理"（governance）等。从内容上看，不论是在蒙昧的部落时代，还是在有阶级的城邦时代，抑或是在封建主义时代和资本主义时代，不论是苏丹制，还是代议制，政治在本质上都是少数人享有对多数人的优越地位和利益分配。即使是用"管理"一词取代了"统治"一词，本质上并没有根本的变化，只是形式上、表面上变得更文明了。

从实际的社会政治历史情势看，治理的主体和客体都有一个范围扩大的历程。在柏拉图的《理想国》中，城邦的最高统治者是哲学王，而广大的奴隶则不算人。到了马基雅维里和霍布斯那里，一个具有理性自主的实证人跃然而出，这个理性的实证人可以通过契约实施一种代议制管理，从而扩展了治理主体和客体的范围。正如马基雅维里在《论李维》里指出，为避免死于非命，有必要实施一种"一人统治，众人扶持"的制度。马基雅维里简陋的代议制理想，最终在洛克那里通过财产制度、政府制度、议会制度、司法制度的制衡性设计而得到了部分实现。所以社会理论家张旅平和赵立玮认为，在当代西方，社会治理越来越不再是国家居高临下地掌控社会、让社会服从，而是以法治国的方式充当社会的"保护神"，不仅包括国家（政府）的治理，还要服务广大社会，要使国家向善和保持正义理性，始终以社会为焦点，始终受社会约束。①

---

① 张旅平、赵立玮：《自由与秩序：西方社会管理思想的演进》，《社会学研究》2012 年第 3 期。

不同于西方，中国古代的民本思想相当发达，总体上不存在西方历史上长期保持的人身依附关系，所以，治理的关系和内涵始终是一种作为管理者和统治者的君与养君的人民之间的君群相治的相存相养关系。正如《礼记》中的记载，

> 故君者所明也，非明人者也；君者所养也，非养人者也；君者所事也，非事人者也。故君明人则有过，养人则不足，事人则失位。故百姓则君以自治也，养君以自安也，事君以自显也。故礼达而分定，故人皆爱其死而患其生。①

在实际的治理制度安排中，相比西方的人身依附关系而言，中国古代的治理概念具有更大的自由度、弹性和开放性，② 比如中国古代的土地租佃制在实际的运作中产生了"一田二主"现象。"一田二主"实践原则上的土地租佃制是指一种充分照顾到地主、半地主、佃农、半佃农间利益关系、人情关系的租佃关系，土地所有权人必须持有守望相助的伦理。③ 所以孟子讲，"死徙无出乡，乡田同井。出入相友，守望相助，疾病相扶持，则百姓亲睦。"④ 这种"民为贵，社稷次之，君为轻"的相生相养治理理念一路沿袭，演化成"水能载舟，亦能覆舟"的居民共治治理理念，并在近代会通了西方的民治理念后，经马克思主义的中国化，中国共产党带领全体中国人民创造了人民民主专政的治理模式。

因此，从中外社会治理史来看，不仅在术语上经历了从统治到管理的形式变化，也在内涵上经历从小众治理到大众共治的实质变化。正如习近平总书记所说，"社会治理是一门科学"，"治理和管理一字之差，体现的是系统治理、依法治理、源头治理、综合施策。"⑤ 魏礼群认为，习近平总书记关于治理的论断在内涵上明显含有相信人民和社会、依靠人民和社会、服务人民和社会的意思，"坚持系统治理，从政府包揽向政府负责、社会共同治理转变；坚持依法治理，从管控规制向法治保障转变；坚持综

---

① （清）孙希旦：《礼记集解》，中华书局 1989 年版，第 605 页。
② 余军化、袁文艺：《公共治理：概念与内涵》，《中国行政管理》2013 年第 12 期；薛澜、张帆、武沐瑶：《国家治理体系与治理能力研究：回顾与前瞻》，《公共管理学报》2015 年第 3 期。
③ 杨懋春：《近代中国农村社会之演变》，载李培林、渠敬东、杨雅彬《中国社会学经典导读（上册）》，社会科学文献出版社 2009 年版，第 448—451 页。
④ （宋）朱熹：《四书章句集注》，中华书局 1983 年版，第 256 页。
⑤ 习近平：《推进中国上海自由贸易试验区建设加强和创新特大城市社会治理》，《人民日报》2014 年 3 月 6 日。

合治理，从单一手段向多种手段综合运用转变；坚持源头治理，从根本上解决矛盾、防微杜渐。"[①]

第二节　改革开放以来中国之治的制度社会学分析

（一）改革开放以来社会治理变革之理路

通过全面梳理相关文献发现，大多数涉及精准治理的研究主要是领域性研究，特别集中在贫困研究等领域，专门以精准治理为中心焦点的理论研究和实践研究目前仍很薄弱。从整体上看，精准治理方略是一个逐步凝练的过程，是以习近平总书记为代表的中国共产党人集体智慧"中国之治"的结晶，习近平总书记对此做了最重要的贡献。从学术史看，在习近平总书记提出精准治理方略以前，学术界更多是讨论中国治理的经验、模式、机制和变革。

渠敬东等学者基于中国改革经验的社会学分析，认为中国治理在1979—2009的三十年期间经历了从总体支配到技术治理的深度变革。他们看到了改革是从财政体制治理切入，从财政包干制迅速转换成了面向市场化的分税制，以双轨制为核心机制的二元社会结构开始向市场与权力、中央与地方以及社会分配的新格局重组模式。在这一转变过程中，中央和地方，个人与国家，国家、市场与社会之间的关系始终是三重核心关系。这三重矛盾关系推动了进一步的财税改革、市场改革、户籍改革、行政科层化治理改革，改革前的总体性支配模式已为一种技术化治理模式所替代。

这一研究的重要性在于，它提供了一个理解中国经验的合理框架和视角。基于此框架，产生了一系列关注改革开放前三十年国家治理的研究，包括渠敬东在内的好几位学者深入到地方法团（如张静）、乡镇企业（如渠敬东）、行政发包制（如周黎安）、项目制（如折晓叶、陈婴婴）、地方财政（如周飞舟）等领域的研究。[②] 这些研究无一例外地都关注到了我国

① 魏礼群：《实现从社会管理到社会治理的新飞跃》，《北京日报》2019 年 3 月 18 日。

② 〔匈〕雅诺什·科尔奈：《社会主义体制：共产主义政治经济学》，张安译，中央编译出版社 2007 年版；渠敬东：《占有、经营与治理：乡镇企业的三重分析概念——重返经典社会科学研究的一项尝试（上）》，《社会》2013 年第 1 期；渠敬东：《占有、经营与治理：乡镇企业的三重分析概念——重返经典社会科学研究的一项尝试（下）》，《社会》2013 年第 2 期；渠敬东：《项目制：一种新的国家治理体制》，《中国社会科学》2012 年第 5 期；周黎安：《行政发包制》，《社会》2014 年第 6 期；折晓叶、陈婴婴：《项目制的分级运作机制和治理逻辑——对"项目进村"案例的社会学分析》，《中国社会科学》2011 年第 4 期；周飞舟：《分税制十年：制度及其影响》，《中国社会科学》2006 年第 6 期；Andrew G. Walder, "Local Governments as Industrial Firms: Analysis of China's Transitional Economy", *American Journal of Sociology*, Vol. 101, No. 2, 1995, pp. 263 – 301.

治理体制的理性化、技术化、工具化趋势。尤其是行政发包制和项目治国这两个概念反映了中国社会学学者对中国治理经验的新认识。这些概念既对接了科尔奈、华尔德等海外中国研究专家关于社会主义体制的研究，也总结和深化了中国经验的特殊性和普遍性。

在这些研究之后，关于中国治理经验的关注热度随着 2013 年《中共中央关于全面深化改革若干重大问题的决定》出台而更加提升。随着中国国家治理体系和治理能力现代化成为战略性任务，"社会治理"的新提法取代了"社会管理"。学者们敏锐地注意到了这一变化的重大意义。夏志强指出，"国家治理的成败取决于国家治理的制度逻辑及其治理的有效性"。① 何艳玲在《理顺关系与国家治理结构的塑造》一文中进一步指出，"体系"和"能力"的现代化意味着全局的变化，不是分开来看党、政府、经济、政治、文化、社会、生态文明等方面，而是以系统的方式来看。因此，"理顺关系"与"转变职能"之间存在着逻辑关系，"国家治理体系"是"国家治理能力"的结构性约束，"体系"是体系各要素的"关系"。②

这一研究如果推演下去，就会发现"能力"将会是"体系"内外各要素互动作用和关系扭力的派生物。自然地，这一分析逻辑必然会再次回到治理的工具、手段和路径上来，也就是说，与治理研究相关的视角，无论是"政党中心"视角，还是"科层组织中心"视角，抑或是制度视角，都无一例外地着眼于治理手段的理性化、工具化和技术化。范如国因此力求在全面深化改革视域下探讨社会治理体制及其机制创新。他认为，现代社会高度复杂而不确定，传统社会治理理论已无法应对，现代社会治理实质上是多层次的社会工程性设计与分析，应对的是"虚实二相"的复杂社会系统，这实际上是援用自然科学的新系统论和新控制论，围绕"总体设计"，通过各种的机制系统、目标系统、指标系统、战略系统、规划系统、预测与控制系统和治理模型，有效统合"顶层设计"和"底层设计"，在异质性治理主体之间实现中央主导的多中心治理体系运行。③

我们看到大量学者在治理子系统和结构机制方面进行了探究。折晓叶和陈婴婴从微观社会运作的层面探讨了"项目进村"背后的项目制分级运

---

① 夏志强：《国家治理现代化的逻辑转换》，《中国社会科学》2020 年第 5 期。
② 何艳玲：《理顺关系与国家治理结构的塑造》，《中国社会科学》2018 年第 2 期。
③ 范如国：《复杂性治理：工程学范型与多元化实现机制》，《中国社会科学》2015 年第 10 期。

作机制和治理逻辑，从项目的表面"发包""打包""抓包"过程发现，"项目制"作为新旧体制衔接过程中对既得利益群体的补偿机制，为分级治理逻辑的汇合搭建了一个制度平台，国家公共部门正是通过公共品的供给，增加社会成员参与公共空间和公共治理的机会。① 然而问题是，项目制本是一种公共产品供给机制，但在实现国家财政的专项转移支付，以及中央地方之间的分级治理的同时，却产生了一些意外后果，比如，"行政—政治—公司"的"三位一体化"可能会引发基层集体债务、部门利益化、体制系统性风险，公共权力可能变形为"项目权力"，条块部门由于固有的资金、技术和程序而形成项目利维坦，势必会影响整体的国家决策和国计民生。②

显然，中国改革开放确实带来了增量发展，但也带来了一定程度的系统风险。因此，"全面深化改革"势在必行。

（二）全面深化改革进程中的整体性治理要求

朱光磊认为，在习近平总书记主持下出台的《中共中央关于全面深化改革若干重大问题的决定》等系列文件，赋予了"治理"概念在中国语境下更为崭新而明确的内涵，主要有八个方面：一是新治理观：调动一切积极力量参与社会建设；二是新职能观：以"两层次职责"丰富"16字职能"，变成了"宏观调控、市场监管、公共服务、社会管理、环境保护"的"20字职能"；三是新角色观：科学定位政府与市场的关系；四是新政社观：发挥社会组织在治理和服务中的积极作用；五是新政绩观：处理好经济建设与公共服务的关系；六是新审管观：以政府微观"确权"深入推进依法行政；七是新央地观：央地是关系调整向中央适度倾斜；八是新城乡观：以共享发展理念谋划城乡一体化建设。③

朱光磊所总结的"八新观"应该说是非常准确的。这八大变化在一定程度上说明了中国改革开放历经四十年的增量发展后，带来了体制上的系统风险，需要在国际国内新环境条件下加以应对和解决。因此，除了微观的治理机制研究以外，有学者也关注宏观的制度逻辑。陈进华认为，传统主流的西方治理话语消解了国家逻辑，与此相反，中国走的是

---

① 折晓叶、陈婴婴：《项目制的分级运作机制和治理逻辑——对"项目进村"案例的社会学分析》，《中国社会科学》2011年第4期。

② 渠敬东：《项目制：一种新的国家治理体制》，《中国社会科学》2012年第5期；周飞舟：《财政资金的专项化及其问题：兼论"项目治国"》，《社会》2012年第1期；折晓叶：《县域政府治理模式的新变化》，《中国社会科学》2014年第1期。

③ 朱光磊：《全面深化改革进程中的中国新治理观》，《中国社会科学》2017年第4期。

以国家逻辑为主导的现代化治理体系，不是简单延续我国历史文化逻辑，而是坚持问题导向，聚焦我国社会主要矛盾的转化，形成面向人民之治的国家善治，是从系统治理的角度回应信息化、全球化带来的国家治理变量的重大调整。治理体系现代化的国家逻辑植根于社会与国家关系的基本矛盾运动，其逻辑进路并非单一，而是由市场、社会、国家等多元治理主体之间要素分层和功能重叠的协同系统，它既需依附于社会治理系统，也可通过主动培育和发展治理主体的多元路径来促进现代化发展。中国之治的经验就是，创造性地形成了"党的领导、人民中心、依法治国"相结合的"协同型"现代化治理体系。具体而言，治理体系现代化的国家逻辑呈现为四大层面：一是作为治理主体的国家逻辑；二是作为治理对象的国家逻辑；三是作为治理运行机制的国家逻辑；四是作为治理结构的国家逻辑。[①]

显然，治理体系现代化的国家逻辑自然走向是归于整合。竺乾威、胡佳、卢守权、曾盛聪等学者适时引介或主张"整体性治理"的观点。整体性治理是相对于传统官僚制（20世纪80年代以前）、新公共管理（1980—2000）而言的第三种公共管理范型，具有以责任与公共利益导向为理念，以无缝隙政府为组织结构，以一站式服务为运行机制，以线上联合式网络为服务手段等功能性特点。[②] 曾盛聪提出了"政府融吸社会"的概念，他认为这是中国达致良政善治的真正逻辑所在，不仅仅是治理方法和途径上的"吸"（行政吸纳社会），还特别注重治理过程与结果上的"融"，能够做到政府与社会的协同化和整体化。[③]

走向整体性的治理，意味着打破条块的碎片化治理形式，用网络协调提供服务的方式增强整个治理制度的效率和公平。正如薛澜、张帆、武沐瑶认为，中国社会自1978年以来已经历了经济系统、产业结构、社会形态和治理体系几大转型。然而，在取得了重大经济成就的同时，也积累了不少问题与矛盾，政府效能（GE）、监管质量（RQ）和腐败控制（CC）等"全球治理指标"（WGI）等项目的治理水平提升仍比较缓慢。政府管理体制不完善、社会政策调整不到位等原因造成的城乡失衡、地区失衡和

---

① 陈进华：《治理体系现代化的国家逻辑》，《中国社会科学》2019年第5期。

② 胡佳：《迈向整体性治理：政府改革的整体性策略及在中国的适用性》，《南京社会科学》2010年第5期；卢守权：《中国政府迈向整体性治理的方略》，《湖南农业大学学报》（社会科学版）2015年第3期。

③ 曾盛聪：《迈向"国家—社会"相互融吸的整体性治理：良政善治的中国逻辑》，《教学与研究》2019年第1期。

贫富失衡，已致使各种社会问题和矛盾凸显。①

　　显然，要做好面向整体性治理的治理体系和治理能力的现代化，关键还是在于"总体设计"到底由谁来做，如何切实地把顶层设计和底层设计有效结合，这在理论和实践两个层面都是最根本的问题。

第三节　治理体系和治理能力现代化背景下的精准治理方略

　　2013 年出台的《中共中央关于全面深化改革若干重大问题的决定》明确指出，全面深化改革的总目标，是完善和发展中国特色社会主义制度，推进国家治理体系和治理能力现代化。"总目标"必然有总的领导、总的设计、总的任务、总的进度等，在这些环节之中，总的领导至关重要。总的领导一方面是党中央的坚强领导，另一方面是基层治理的党建引领，做到自上而下和自下而上两方面结合。因此，一种以问题为导向，以服务为抓手、以网络为方式的精准治理模式就会逐渐成为当前中国之治的重大方略。

　　黄晓春认为，立足于治理转型的历史进程，党建引领对于推动服务型政府改革、引领中国社会公共性有序发展、实现治理网络全覆盖具有重要战略意义，蕴含着中国特色社会学理论创新的新路径。党建引领社会治理创新的制度实践过程包含了三种基础性机制：一是政治引领机制，表现为党组织运用意识形态和政治话语引导多方治理主体，促使各方达成共识并协同合作；二是激励驱动机制，党组织通过设置一定激励以提升多方主体参与共治的积极性；三是网络整合机制，党组织将不同治理主体吸纳进同一党建网络并推动多方深层合作与资源互补。②

　　由此看，"完善和发展中国特色社会主义制度，推进国家治理体系和治理能力现代化"这一"总目标"的关键是通过的党的领导、党建引领将治理落到实处。

　　1. "精准治理方略"的形成过程

　　"精准治理方略"经历一个较长的形成过程。酝酿摸索阶段可回溯至

---

①　薛澜、张帆、武沐瑶：《国家治理体系与治理能力研究：回顾与前瞻》，《公共管理学报》2015 年第 3 期。

②　黄晓春：《党建引领下的当代中国社会治理创新》，《中国社会科学》2021 年第 6 期。

20 世纪 90 年代，习近平同志在福建宁德地委书记任上，在深入基层调查研究得来的翔实资料基础上，提出了脱贫应首先在"意识贫困""思路贫困"上下硬功夫，凝练出了"扶志""扶智""精准""扎实""攻坚"等重要谋略。形成发展阶段是在 2013 年至 2015 年期间，习近平总书记先是在湖南湘西十八洞村考察调研时提出"实事求是、因地制宜、分类指导、精准扶贫"的方法原则，后在 2015 年 6 月贵州考察时提出了"精准扶贫"要求："切实做到精准扶贫，扶贫开发贵在精准，重在精准，成败之举在于精准。各地都要在扶持对象精准、项目安排精准、资金使用精准、措施到户精准、因村派人（第一书记）精准、脱贫成效精准上想办法、出实招、见真效……"一连使用了十个"精准"。同年 11 月在党中央召开的扶贫开发工作会议上，提出实现脱贫攻坚目标的总体要求，实行扶持对象、项目安排、资金使用、措施到户、因村派人、脱贫成效"六个精准"，实行发展生产、易地搬迁、生态补偿、发展教育、社会保障兜底"五个一批"，发出打赢脱贫攻坚战的总攻令，这是"精准治理方略"的理念形成阶段。① 成熟发展阶段是 2018 年 2 月 12 日—2021 年 2 月 25 日。习近平总书记先后发表了与精准治理方略相关的《在打好精准脱贫攻坚战座谈会上的讲话》（2018 年 2 月 12 日）、《在决战决胜脱贫攻坚座谈会上的讲话》（2020 年 3 月 6 日）、《在全国脱贫攻坚总结表彰大会上的讲话》（2021 年 2 月 25 日）等重要讲话。从这些重要讲话中我们理解到，精准治理方略既是从扶贫实践活动得来的具体性方略，也是整个"中国之治"伟大实践的普遍性治理方略（见表 1 - 1）。

　　换言之，"精准治理方略"是中国国家治理体系和治理能力现代化过程中逐渐摸索出的一条普遍性路径。精准治理方略既成功地应用于反贫困领域，也可以广泛地应用在我国社会治理各领域。在一定程度上可以认为"精准治理方略"的提出，表明了我国的治理体系和治理能力正在从"管理"走向"治理"。比如我们现在讨论乡村振兴的公共政策机制设计问题时，就有海外学者明确指出，乡村振兴必须与精准治理有机结合，着重解决贫困的代际遗传问题，只有提升农村教育质量，才能够形成通过血缘网络和社会网络改变农村面貌，乡村振兴政策制定必须重视田野调查，政策推行要因地制宜。②

---

① 杨志臣：《"精准方略"是脱贫攻坚的"中国智慧"》，《广州日报》2020 年 8 月 17 日第 A8 版。

② 储德银、罗鸣令、贺晓宇：《助推乡村振兴的财税政策优化与机制设计——2019 年财税制度创新与乡村振兴国际研讨会综述储》，《经济研究》2019 年第 8 期。

表 1-1　　　　　　　　基于扶贫经验的精准治理方略主要内容

在打好精准脱贫攻坚战座谈会上的讲话（2018年2月12日）	在决战决胜脱贫攻坚座谈会上的讲话（2020年3月6日）	在全国脱贫攻坚总结表彰大会上的讲话（2021年2月25日）
1. 坚持党的领导，强化组织保证 2. 坚持精准方略，提高脱贫实效 3. 坚持加大投入，强化资金支持 4. 坚持社会动员，凝聚各方力量 5. 坚持从严要求，促进真抓实干 6. 坚持群众主体，激发内生动力	1. 聚焦"三区三州"等深度贫困地区，落实脱贫攻坚方案，瞄准突出问题和薄弱环节狠抓政策落实。确保剩余建档立卡贫困人口如期脱贫 2. 要落实分区分级精准防控策略 3. 全面排查，查找了漏洞缺项，要一项一项整改到位。要加大就业扶贫力度……。要加大产业扶贫力度……要加大易地扶贫搬迁后续扶持力度 4. 保持脱贫攻坚政策稳定。对退出的贫困县、贫困村、贫困人口，要保持现有帮扶政策总体稳定，扶上马送一程 5. 严格考核开展普查 6. 脱贫攻坚越到最后越要加强和改善党的领导。要深化东西部扶贫协作和中央单位定点扶贫。脱贫攻坚任务能否高质量完成，关键在人，关键在干部队伍作风……时改进工作，解决问题	1. 坚持党的领导，为脱贫攻坚提供坚强政治和组织保证 2. 坚持以人民为中心的发展思想，坚定不移走共同富裕道路 3. 坚持发挥我国社会主义制度能够集中力量办大事的政治优势，形成脱贫攻坚的共同意志、共同行动 4. 坚持精准扶贫方略，用发展的办法消除贫困根源 5. 坚持调动广大贫困群众积极性、主动性、创造性，激发脱贫内生动力 6. 坚持求真务实、较真碰硬，做到真扶贫、扶真贫、脱真贫

资料来源：习近平：《习近平谈治国理政》（第三卷），外文出版社2020年版，第154—158页；习近平：《习近平谈治国理政》（第四卷），外文出版社2022年版，第125—140页。

杨志成从思维、方法、落实等三个层面对精准治理方略作了理解：在思维层面上，这是一种以精准为内核，具有平衡、精度、数学规定性的新型治理哲学，重在以"精准哲学"之力助力新时代；在方法层面上，这是一种以精准为中轴，将定位格局、一体格局、制度格局相结合的新型治理格局，重在以精准格局之力助力新时代；在落实层面上，这是一种以精准为尺度，具有问题导向、目标清晰、耐力韧性等务实性特征，重在以精准治理助力新时代。①

2. "精准治理方略"的内涵、特征和运行机制

目前学术界主要还是从国外公共治理理论的发展趋势以及我国国家治理体系和治理能力现代化的实践经验相结合的基础上来理解精准治理方略，经历了一个从理解精准（细）治理向理解精准治理方略的转变。刘海龙和何修良全面比较和梳理了公共治理变革过程中的转型思维分析和范式

① 杨志臣：《"精准方略"是脱贫攻坚的"中国智慧"》，《广州日报》2020年8月17日第A8版。

生成分析后认为，精准治理是公共治理特定阶段的产物，有着自身生成的时代背景、理论渊源、逻辑机理和治理内容，旨在识别"真问题"，消除"短板效应"，超越了传统治理范式，完成了中国场景下政府治理范式的转换与进化（见表1-2）。[1]

表1-2　　　　　　　　　　政府治理的范式转移

内容＼范式	公共行政 PA	（新）公共管理（N）PM	精准治理 PG
治理主体	政治家	理性政治人	有作为的治理者
治理中介	官僚、公务员	公共部门、私营部门	个体化精准信息分析、推理网络
治理个体	公民1，公民2，公民 n	公民1，公民2，公民 n	公民1，公民2，公民 n

资料来源：李大宇、章昌平、许鹿：《精准治理：中国场景下的政府治理范式转换》，《公共管理学报》2017年第1期。

李大宇等学者认为，精准治理是一种新的政府治理范式，它是一种政府借助知识源云端、知识源集成网络、公众网络平台等主动回应公众需求的主动型治理架构。[2] 在此基础上，刘海龙和何修良给出了精准治理的运行模式类型学（见表1-3）。

表1-3　　　　　　　　　　精准治理的运行模式类型学

Ⅱ	"社会—志愿"模式 社会公益组织提供："供给—满足"模式	"社会—参与"模式 政府购买公共服务："合作—共治"模式	Ⅰ
Ⅲ	"政府—主动"模式 政府意识到需求："生产—供给"模式	"政府—回应"模式 政府根据社会需求："回应—满足"模式	Ⅳ

资料来源：刘海龙、何修良：《精准治理：内涵界定、基本特征与运行模式》，《中共福建省委党校（福建行政学院）学报》2021年第1期。

---

① 刘海龙、何修良：《精准治理：内涵界定、基本特征与运行模式》，《中共福建省委党校（福建行政学院）学报》2021年第1期。

② 李大宇、章昌平、许鹿：《精准治理：中国场景下的政府治理范式转换》，《公共管理学报》2017年第1期。

本章小结

精准治理方略及其方法和应用的兴起有三个层面的根源。一是学理上的从传统管理到新公共管理，再到整体性治理的深刻转变。从福柯关于"安全、领土和人口"相互关联的讨论，我们可以窥见现代民族国家发展中存在着极大的安全问题隐患，资本主义国家治理发展的历史表明现代国家始终没有解决好内在的冲突和对立的问题。在欧洲历史上出现的流行病、贫困、饥荒、鼠疫等问题在治理上随着资本主义生产方式和民族国家的兴起经历了从自然性牧领向人为性治理的转变，形成政府治理、人口治理、政治经济治理的"治理三角"，从宏观的宰制转换为深入到制度机制、社会末梢和自我灵魂等层面的微观治理。但是，西方国家的治理体系中始终存在着福柯所说的"引导/反引导"的对立矛盾，国家理性中的工具性往往具有压倒社会性的趋势，在福柯眼中，西方政治经济社会模式下的治理存在着极大的人和社会问题。二是根源于中国之治的实践逻辑。精准治理方略的提出是随着中国改革开放发展的全面深化而形成的。中国改革开放取得的伟大成就完全得益于很好地处理好了党、政府、人民、社会、市场等之间的关系，尤其是处理了党和人民的关系，人民是共和国的坚实根基，人民是我们执政的最大底气，中国共产党始终来自于人民、植根于人民、服务于人民。三是根源于基层的精准治理探索经验。精准治理不只是自上而下，也是广大人民的共同创造，它集大数据、网格化、社区发展、共享观念为一体，成为目前城乡基层社会发展的重要机制。

（撰稿人：何健）

第二章　精准治理的政治逻辑

2019 年，党的十九届四中全会提出完善"党委领导、政府负责、民主协商、社会协同、公众参与、法治保障、科技支撑"的社会治理体系。这一论断包含了党的自身建设与社会秩序达成的双重目标，使新时代社会治理传承了"红色治理"的基因。在社会治理体系构建过程中，一方面需要加强党建引领力，另一方面需要创新群众本位的治理路径。

第一节　基层社会治理的三大党史资源

社会历史不光表现为一种线性时间的历史发生次序，更具有多重维度，历史以不同的方式构成现实的社会经验。① 正如习近平总书记指出的那样，将学习党的创新理论同学习"新四史"（党史、新中国史、改革开放史和社会主义发展史）结合起来，实际上也是将党建的历史经验进行创造性转化，从而为社会治理行动增益实践智慧。②

从时间维度上看，"新四史"跨越多个时代，凝聚了大量社会治理经验。中国共产党自 1921 年建党以来，就始终是带领人民抗击侵略、建立国家、建设国家的核心，有关社会治理的大政方针、机制策略都带着党的历史精神和实践品格。如何深刻把握和运用我们党百年社会治理经验呢？一方面应聚焦党早期阶段的实践经验。回溯历史是社会学的传统之一，法国社会学家，埃米尔·涂尔干明确指出，追溯事物最原始、最简单的方式是认识与解释事物的真正途径，将历史带回分析中来有利于抓住事物变迁

---

① 渠敬东：《返回历史视野，重塑社会学的想象力中国近世变迁及经史研究的新传统》，《社会》2015 年第 1 期。

② 参见王凤青《领导干部要多读一点历史》，《福建党史月刊》2018 年第 11 期；中共中央办公厅《巩固深化"不忘初心、牢记使命"主题教育成果》，《人民日报》2020 年 9 月 15 日。

中的核心问题。① 党在早期阶段的各种措施和做法，一直为共产党人所传承、为党的领导工作所延续，成为一种文化基因，是当代社会治理的重要借鉴。另一方面，回到早期伟大实践的研究路径切实可行。事实上，目前一系列新党史研究很好地勾勒了中国共产党的实践经验。比如，中国共产党从低落走向成功，善于结合内部外部、高层底层等多种力量塑造革命机制和路线，创造出独特的支配结构和组织文化等。②

　　这样看来，要想真正弄清当代中国基层社会治理变革，必要的路径就是探寻源头，从以往历史中挖掘治理经验。目前不少研究开始从历史视角聚焦"技术治理""锦标赛体制""项目制""行政发包制"等治理问题，还有一些研究者直接挖掘中国古代社会的治理资源，如借助"黄宗羲定律"推演当代国家治理的制度安排，从魏晋"官吏分途"视角讨论行政体系的"层级分流"，从古代封建制与郡县制双轨交织论述治理中探讨制度与民情的关系问题等。③ 显然，通过聚焦共产党领导中国社会的历史经验，可以为当代中国社会治理体系与机制创新提供有益借鉴。

一　历史资源Ⅰ：以人民为中心的工作方法

（一）围绕生产生活组织发动群众

当梁启超提出新历史观的时候，他已经敏锐地感受到了中国变革的新

---

① 〔法〕埃米尔·涂尔干：《宗教生活的基本形式》，渠东、汲喆译，上海人民出版社 1999
　　年版，第 3—4 页；何健：《补偿的限度——有关征地的社会学研究》，人民出版社 2017 年
　　版，第 21—24 页。
② 应星：《"把革命带回来"：社会学新视野的拓展》，《社会》2016 年第 4 期；李金铮：
　　《"新革命史"：由来、理念及实践》，《中共党史研究》2018 年第 7 期；孟庆延：《社会学
　　视野下的中共制度史研究：理论传统与"问题意识"》，《中共党史研究》2019 年第 1 期；
　　李里峰：《何谓"新革命史"：学术回顾与概念分疏》，《中共党史研究》2019 年第 11 期；
　　黄道炫：《关山初度：七十年来的中共革命史研究》，《中共党史研究》2020 年第 1 期；
　　王奇生：《"高山滚石"：20 世纪中国革命的连续与递进》，《华中师范大学学报》2013 年
　　第 5 期；陈耀煌：《从中央到地方：三十年来西方中共农村革命史研究述评》，载《"中央
　　研究院"近代史研究所集刊》2010 年总第 68 期。
③ 渠敬东、周飞舟、应星：《总体支配到技术治理——基于中国 30 年改革经验的社会学分
　　析》，《中国社会科学》2009 年第 6 期；周飞舟：《锦标赛体制》，《社会学研究》2009 年
　　第 3 期；折晓叶、陈婴婴：《项目制的分级运作机制和治理逻辑——对"项目进村"案例
　　的社会学分析》，《中国社会科学》2011 年第 4 期；周黎安：《行政发包制》，《社会》
　　2014 年第 6 期；周雪光：《从"黄宗羲定律"到帝国的逻辑：中国国家治理逻辑的历史线
　　索》，《文化纵横》2014 年第 5 期；周雪光：《从"官吏分途"到"层级分流"：帝国逻辑
　　下的中国官僚人事制度》，《社会》2016 年第 1 期；渠敬东：《中国传统社会的双轨治理
　　体系封建与郡县之辨》，《社会》2016 年第 2 期。

方向，那就是面向生民、面向大众。① 1918 年 11 月一战落幕后，中国知识界就对协约国何以战胜同盟国的问题进行了种种讨论。与蔡元培、胡适等人的说法不同，李大钊认为这是庶民的胜利、布尔什维克主义的胜利。李大钊把胜利归结于看似普通的平民大众，并认为未来革命的方向是俄国的社会主义式革命，主张依靠占人口绝大多数的普通大众建立革命党组织。②

李大钊之后，毛泽东进一步提出了工农大众是革命主力军的论断。1926 年，他在《中国社会各级的分析》中从经济状况和革命态度两方面一一分析了地主阶级、买办阶级、中产阶级、半无产阶级、无产阶级、游民无产者的特性，提出工业无产阶级经济地位最低、革命性最强，是革命的领导力量。③ 1927 年，他又在《湖南农民运动考察报告》中分析了农民阶级的特点，认识到农民力量的革命性，提出"没有贫农，便没有革命"的著名论断，④ 验证了马克思关于农民是无产阶级天然同盟者论断的正确性。⑤ 这无疑是看清了革命的力量在于建立无产阶级与农民的联盟，革命的开展在于以人民为中心开展工作。

确立了工业无产阶级为领导者、农民为天然同盟者后，共产党人面临的是如何力促他们参加革命事业的问题。李大钊曾指出革命须尊重民情，"彝性之所背，虽以法律迫之，非所从也"。⑥ 继之，毛泽东提出要关心群众生活、注意工作方法，党要在农村开展土地斗争，帮助群众解决穿衣吃饭的问题，才能得到群众的拥护。⑦ 而改善群众的生活并不是简单地将土地分给群众，还要把他们组织起来，发展合作社经济，实行规模生产。8F48F⑧ 除了用分田到户激励群众生产外，党自身以及军队也积极参与生

① 梁启超：《中国历史研究法》，河北教育出版社 2000 年版，第 6—48 页。
② 李大钊：《庶民的胜利》《布尔什维克主义的胜利》《法俄革命之比较观》，杨琥《中国近代思想家文库·李大钊卷》，中国人民大学出版社 2014 年版，第 228—230、231—235、222—224 页。
③ 毛泽东：《中国社会各阶级的分析》，《毛泽东著作选读》（上册），人民出版社 1986 年版，第 4—10 页。
④ 毛泽东：《湖南农民运动考察报告》，《毛泽东著作选读》（上册），人民出版社 1986 年版，第 11—22 页。
⑤ 〔德〕卡尔·马克思：《路易·波拿巴的雾月十八日》，中共中央编译局译，人民出版社 2018 年版，第 114 页。
⑥ 李大钊：《民彝与政治》，杨琥《中国近代思想家文库·李大钊卷》，中国人民大学出版社 2014 年版，第 63—79 页。
⑦ 毛泽东：《关心群众生活，注意工作方法》，《毛泽东著作选读》（上册），人民出版社 1986 年版，第 59—64 页。
⑧ 毛泽东：《必须注意经济工作》，《毛泽东选集》（第 1 卷），人民出版社 1991 年版，第 119—126 页。

产，实现丰衣足食。①"一把镢头一支枪"的生产斗争方式不仅实现了粮食自给、减轻群众负担的目标，还有余粮帮助困难群众、支援前线抗战，党组织在与群众共同劳动中增强了群众对党的信任、密切了军民关系。党在白区的工作同样也以生产活动为中心，强调减租减息、增加工资是发动工人参加抗日战争的前提。② 这样一来，一方面通过生活保障增强了群众的革命决心，另一方面确认了改善群众生活事关党对革命的领导权。毛泽东提出"要给群众以看得见的利益"③ 就是这个道理，人民得了实惠，人民才能真正支持革命事业。

（二）群众教学法

组织团结群众并非单方面地满足群众穿衣吃饭的需求，还要引导他们支持抗日和革命事业。④ 这就需要群众教学法来提高群众觉悟，中国共产党的群众教学法不同于以往知识阶级那种空谈的做法，而是"因人因事施策"来提高群众的革命意识和国家意识。

第一，教育对象普遍。党的群众教育不仅仅局限于少数知识分子、青年学生，而是包括小孩、农民、妇女、工人等所有群众在内的普及教育、平民教育。

第二，教育内容丰富。首先，党组织既教会群众识字读写算术，去除专制时代残留下来的种种封建思想和迷信旧习，⑤ 又开展生产知识教育，如帮助妇女同志学习犁耙，⑥ 提高群众生产活动的效率。其次，强调生产工作与其他工作不割裂，开展大规模的拥政爱民和拥军优抗教育。马克思曾在《共产党宣言》讲共产党一分钟也不能忽略对工人的阶级教育，⑦ 中国共产党同样不放松对群众的阶级教育，时常在群众间进行政治觉悟教育、共产

---

① 毛泽东：《组织起来》，《毛泽东选集》（第 3 卷），人民出版社 1991 年版，第 928—936 页。

② 刘少奇：《给贺龙、关向应及华北各地党组织电》，《刘少奇选集》（上卷），人民出版社 1981 年版，第 92—93 页；刘少奇：《领导权问题是民族统一战线的中心问题》，《刘少奇选集》（上卷），人民出版社 1981 年版，第 46—54 页。

③ 毛泽东：《必须给人民看得见的物质利益》，《毛泽东著作选读》（下册），人民出版社 1986 年版，第 563—566 页。

④ 毛泽东：《抗日时期的经济问题和财政问题》，《毛泽东著作选读》（下册），人民出版社 1986 年版，第 557—562 页。

⑤ 毛泽东：《井冈山的斗争》，《毛泽东选集》（第 1 卷），人民出版社 1991 年版，第 57—84 页。

⑥ 毛泽东：《关心群众生活，注意工作方法》，《毛泽东著作选读》（上册），人民出版社 1986 年版，第 59—64 页。

⑦ 〔德〕卡尔·马克思、弗里德里希·恩格斯：《共产党宣言》，中共中央编译局译，人民出版社 1997 年版，第 62 页。

主义精神教育、国际形势教育，① 深化党对群众的影响，巩固工农联盟。

第三，教育方式多样。一方面开办小学、中学供部分群众专职学习，另一方面开办分散的村学、夜校、读报班、识字组、讲习所，供农民、工人进行业余学习。② 为保证各种学校和学习小组的教员供应，党不仅号召党员到教务机关服务，而且吸收大量知识分子③参与教学活动。④ 文艺也是整个革命机器的一部分，⑤ 除了学校、书籍、报纸等形式外，党组织还充分利用多种群众喜闻乐见的形式开展群众教育，日常的秦腔、秧歌、戏曲、聚会⑥等也都成为重要的载体。

第四，教育革命同行。李达曾指出，要推倒资本主义和解救工人困境，"劳动者自己非有觉悟不可"。⑦ 因此，革命必须要配着能唤醒群众的教育。党的革命抗战工作与群众教育之间是双向互动的关系，不存在谁先谁后的问题。

党在革命战争时期的群众教学法早已被证明是一种行之有效的群众工作方法，也表明中国共产党拥有在基层社会建立关系纽带的能力和资源。

二 历史资源Ⅱ：党组织是社会的核心

（一）"支部建在连上"

早期中国共产党人不仅意识到工人阶级的革命领导地位及其代表的"平民利益""平民政治"⑧，而且意识到党是工人阶级的领导核心。1923年中共三大结束后，陈独秀、蔡和森、邓中夏等先后撰写《中国农民问题》《外力，中流阶级与国民党》《论工人运动》等文章分析党对革命的

---

① 刘少奇：《争取全国民主统一与党在统一战线中的领导权》，《刘少奇选集》（上卷），人民出版社1981年版，第72—79页。
② 毛泽东：《文化工作中的统一战线》，《毛泽东选集》（第3卷），人民出版社1991年版，第1011—1013页。
③ 毛泽东：《大量吸收知识分子》，《毛泽东著作选读》（上册），人民出版社1986年版，第319—321页。
④ 刘少奇：《克服困难，准备反攻，为战后建立新中国创造条件》，《刘少奇选集》（上卷），人民出版社1981年版，第223—232页。
⑤ 毛泽东：《在延安文艺座谈会上的讲话》，《毛泽东著作选读》（下册），人民出版社1986年版，第523—556页。
⑥ 毛泽东：《文化工作中的统一战线》，《毛泽东选集》（第3卷），人民出版社1991年版，第1011—1013页。
⑦ 李达：《劳动者与社会主义》，《李达文集》（第1卷），人民出版社1980年版，第41页。
⑧ 李大钊：《平民政治与工人政治》，杨琥《中国近代思想家文库·李大钊卷》，中国人民大学出版社2014年版，第348—352页。

领导权问题。① 虽然早在 1922 年中共二大就明确提出支部是党组织"中央—地区—地方—基层"四级体系中的重要一环。但还没有完全体认到支部对于党的生死存亡的至关重要性，随着城市大革命的失败，革命的领导权对党来说越来越生死攸关，这就必须思考党的工作如何做、党如何立于不败之地的问题，也就越来越意识到党的力量要从广大社会中汲取。

从 1927 年开始，党的工作重心逐渐向农村转移，逐渐在领导群众和壮大组织力量方面摸索出了一套行之有效的工作方法。在这一过程中，最著名的就是"三湾改编"，毛泽东适应斗争形势的发展，提出了"支部建在连上"的原则，从而确立起党对军队力量的绝对领导。从这之后，支部成为党组织吸纳社会力量和掌握领导权的关键载体。因此，对于中国共产党基层工作的认识，往往要从分析基层组织的结构、关系与功能着手。②

（二）使支部成为社会的核心

从结构上讲，支部具有高度的组织理性。1925 年中共四大形成的《对于组织问题之决议案》提出以生产单位和地域两种标准划分党支部。③ 前者指在工厂、兵营、学校、机关等单位建立党支部，作为党领导群众的核心。后者则指在分散的农村地区，以行政单位建党支部作为领导政权的堡垒。支部组织建设日益规范化，比如规定凡有三至五个党员的地方都应成立党小组并推举小组长，隶属党支部；支部的领导机关是委员会，包括书记及组织、宣传、军事、政府、工会、农会、青年、妇女等各种工作干事。④ 可以看出，不管是支部结构层次的设置，还是支部内领导人员的安排，都具有切事化、纪律化、专门化特征。

从功能上讲，支部是党群纽带。关于党支部的基层作用问题，赵世炎提出了"使支部成为社会之核心"⑤ 的观点。他从词源上解释了党支部（Party Nuclei）中"Nuclei"本身就是"核心"与"中心"的意思，所以，

① 陈独秀：《中国农民问题》，《陈独秀著作选编》（第 3 卷），上海人民出版社 2009 年版，第 94 页；蔡和森：《外力，中流阶级与国民党》，《蔡和森文集》（上），湖南人民出版社 1978 年版，第 152 页；邓中夏：《论工人运动》，《邓中夏文集》，人民出版社 1983 年版，第 42—44 页。

② 〔美〕詹姆斯·汤森、布莱特利·沃马克：《中国政治》，顾速、董方译，江苏人民出版社 1995 年版，第 81 页。

③ 《对于组织问题之议决案》，中央档案馆《中共中央文件选集（1921—1925）》（第 1 册），中共中央党校出版社 1989 年版，第 380 页。

④ 陈云：《党的支部》，《陈云文选》（第 1 卷），人民出版社 2015 年版，第 145—155 页。

⑤ 赵世炎：《组织问题与支部工作》，《赵世炎选集》，四川人民出版社 1984 年版，第 512—521 页。

支部不是分部，而是党在政府、军队、工厂、学校、村庄等特定空间区域的核心。① 党支部是"社会的核心"有两层含义：一方面，支部成为每一位党员生产生活的领导核心；另一方面，支部是连接党组织和群众的纽带。作为党组织体系中上连党组织、下接群众的特殊一环，通过支部的工作，党可以准确无误地感知群众的需求和革命性，据此制定出合适的领导策略，使群众拥护党的领导。因此，支部承担了团结群众、征收党员、教育党员、领导辖区内党政军民学等任务。②

（三）党性教育转化社会成员

集体性的"社会构成体"（Soziale Gebilde）不可能自己行动，③ 党的使命与宗旨最终还是要落实到具体的党员身上，党员是组织的有机构成体，其政治修养、工作能力关系着党组织的力量大小。在建党早期，党员的先赋身份主要是农民，以及不少的富家子弟、小资产阶级知识分子，因此党性教育尤为迫切和重要，急需借此将吸纳的社会成员转化为具有先锋模范品质的组织成员。

符合入党标准，是党性教育的第一步。1921 年中共一大提出的入党条件是"承认本党纲领和政策，并愿成为忠实党员"，随后党员数量大幅增长，但党员教育却没有跟上，党组织显得软弱化、散漫化和无纪律。因此1922 年中共二大通过《组织问题议决案》，要求对党员加以"严密的集权的有纪律的组织与训练"。④ 为保证党员同时做到"组织入党"和"思想入党"⑤，党内加紧对新党员进行马列主义和共产主义教育，引导新党员学会用马列主义的观点和方法分析中国革命实践。

贴近群众组织，是党性教育的关键步骤。基层党性教育的关键在于坚持民主集中制和群众路线，教育党员既服从组织，又联系群众。培养党员"为共产主义的实现而奋斗到底""时刻注意为群众谋福利"⑥ 等服务精

① 赵世炎：《组织问题与支部工作》，《赵世炎选集》，四川人民出版社 1984 年版，第 516—517 页。
② 陈云：《党的支部》，《陈云文选》（第 1 卷），人民出版社 2015 年版，第 145—155 页。
③ 〔德〕马克斯·韦伯：《社会学的基本概念》，顾忠华译，广西师范大学出版社 2005 年版，第 14 页。
④ 《关于共产党的组织章程决议案》，中央档案馆《中共中央文件选集（1921—1925）》（第 1 册），中共中央党校出版社 1989 年版，第 90—92 页。
⑤ 毛泽东：《在延安文艺座谈会上的讲话》，《毛泽东著作选读》（下册），人民出版社 1986 年版，第 523—556 页。
⑥ 陈云：《怎样做一个共产党员》，《陈云文选（1926—1949）》，人民出版社 1984 年版，第 72—78 页；陈云：《陕甘宁边区的群众工作》，刘明逵、唐玉良《中国近代工人阶级和工人运动》（第 11 册），中共中央党校出版社 2002 年版，第 203 页。

神，使之成为支部区域内的革命带头人。

培养先锋模范，是党性教育的聚焦点。以党的思想理论、纪律作风、工作方法教育党员，就是将从组织外吸收来的社会成员转化为"马列的好学生""无产阶级战士"，调试党员阶级出身与党组织先锋性之间的张力，[①] 党组织成为党员的中心、铸就党群一心的血肉联系。

三　历史资源Ⅲ：以实践知识变革社会

（一）变革社会：调查研究之鹄

认识社会是为了改造社会，正如马克思所说，"哲学家们只是用不同的方式解释世界，而问题在于改变世界"[②]。一直以来，中国共产党在革命与建设工作中强调将理论学习和调查研究、认识情况和改造行动有机结合，形成了从调查研究材料中提炼概念、以实践知识来改变社会的工作作风。

在理论学习方面，毛泽东、刘少奇等人多次强调要灵活运用马列主义。因此，以毛泽东为代表的共产党人非常注重对现实状况进行调查研究，这是中国共产党与以往资产阶级政党的一大区别。康有为、梁启超等人宣扬变法，主要是在少数知识分子间进行学理性质的申述，而中国共产党不仅将马克思主义学说的宣传变为实地的调查，还将研究对象由少数读书人扩展到广大人民群众，以调查研究得来的实践知识变革旧秩序、创造新世界，所以毛泽东提出了"没有调查就没有发言权""反对本本主义""反对党八股"等重要论断。

（二）调查即工作，调查即革命

对于中国革命而言，中国共产党在工作上高度重视社会调查不是为了调查本身，而是要在调查的基础上形成正确的政策方针，是要用调查得来的实践知识变革社会。早期的《总政治部关于调查人口和土地状况的通知》（1931）、《中共中央关于调查研究的决定》（1941）等文献，都把土地和人口调查与根据地建设和革命策略相联系，正所谓"不做调查没有发言权，不做正确的调查同样没有发言权"[③]。因此，以毛泽东为代表的中国

---

① 刘少奇：《论党员的修养》，《刘少奇选集》（上卷），人民出版社 1981 年版，第 97—167 页；应星：《政党治理传统的实践逻辑》，《学海》2020 年第 4 期。

② 〔德〕卡尔·马克思：《关于费尔巴哈的提纲》，《马克思恩格斯全集》（第 3 卷），人民出版社 1988 年版，第 6 页。

③ 中共中央文献研究室：《毛泽东周恩来刘少奇朱德邓小平陈云论调查研究》，中央文献出版社 2006 年版，第 71—73、79—82 页。

共产党人一直热衷做调查，比如革命战争时期在寻乌、兴国、东塘、木口、长冈、才溪等地的乡村调查，新中国成立后在全国各地的工作调查，形成了《中国社会各阶级的分析》（1926）、《湖南农民运动考察报告》（1927）、《宁冈调查》（1927）、《永新调查》（1928）、《论十大关系》（1956）等重要调查报告和政策文献。我们不无理由地说，对于中国共产党而言，调查即是工作、调查即是革命、调查即是建设。

第一，社会调查是党了解农村情况的认识工具。在有关湖南农民运动的考察中，毛泽东发现调查得来的资料与听来的情况完全相反，因此坚定地认为，农民非但不是绅士阶级口中那样"糟得很"，反而是"好得很"，是重要而宝贵的革命力量。

第二，社会调查是动员农民、组织群众的重要方法。与西方国家相比，传统中国社会是一个"有流品无阶级"①"有职业分途无阶级对立"②的散漫社会，生活在底层的"生民"既不参与国事也缺乏对国家的责任心。毛泽东在农村进行土地调查后，将传统乡土社会里"地主—佃农—自耕农"式的阶层划分，更易为"富农—中农—贫农"这样的阶级划分，使广大劳苦贫民意识到地主对自身的剥削，从而动员他们奋起反抗，积极参与土地革命。

第三，调查所得事实在党组织制定斗争策略上具有知识支撑价值。在《中国社会各阶级的分析》一文中，毛泽东将阶级状况作为分清敌我的标准，在阶级（经济状况）与革命性（革命态度）之间建立直接关联。③当遇到"平分一切土地"策略在执行上遇到诸如公私田区别的困境时，通过实际调查形成了"抽多补少，抽肥补瘦，不要打乱平分"④的灵活策略，从而对保证了"没收地主土地""耕者有其田"总体方针的贯彻。

第四，深入调查有利于具体问题的具体解决。调查研究与问题解决的关系犹如"十月怀胎"和"一朝分娩"⑤，说难也不难，关键是通过调查理清来龙去脉，问题就迎刃而解了。1931年，毛泽东调查发现土地未定、耕牛缺乏、靖匪侵扰等问题导致农民春耕缓慢，他立即出台《加强春耕工

---

① 钱穆：《中国历代政治得失》，生活·读书·新知三联书店2001年版，第124页。
② 梁漱溟：《中国文化要义》，上海人民出版社2005年版，第124页。
③ 孟庆延：《理念、策略与实践：毛泽东早期农村调查的历史社会学考察》，《社会学研究》2018年第4期。
④ 邓子恢：《邓子恢自述》，人民出版社2007年版，第10页。
⑤ 毛泽东：《反对本本主义》，《毛泽东著作选读》（上册），人民出版社1986年版，第48—58页。

作的意见》，提出农民土地自主、邻里耕种互助、武装打击地主等策略，迅速平息了农民耕地的忧虑，从而极大地促进了粮食生产。

第五，调查工作也是对马列主义原理的中国化调适。[①] 马克思提出的"从具体到抽象，从抽象上升到具体"[②] 是指导理论与实践相结合的方法论准则，党的群众路线就是对这一原则的创造性运用。"从群众中来"就是到群众中去广泛收集情况、甄别问题、形成策略，即"从具体到抽象"；"到群众中去"就是把党的方针、政策贯彻下去，在群众的生产、生活、学习中落实，即"从抽象到具体"。这种情况调查与问题总结、政策设计与贯彻落实相结合的工作方法，对反对本本主义、主观主义、官僚主义、盲动主义等错误倾向大有裨益。

以上这些都是中国共产党早期参与社会、组织活动、立基于社会的智慧、精神、原则与方法。晚清以来，中国各阶层各党派在救亡与富强道路上，不是没有努力过，但种种法子似乎都不怎么奏效，[③] 旧王朝的士大夫、资产阶级的维新派与革命派，他们领导的政治运动以失败均收场。在某种程度上说，这是在组织群众上的失败，而真正能把民众组织工作做好了的是共产党人的群众路线。从"以史治国"的角度看，基层社会治理的党史资源是我们今天理解和创新基层社会治理的路径和方法。新时代的社会治理，离不开中国共产党早期发动群众、组织群众的历史经验。正如习近平总书记所说，调查研究仍然是"关系党和人民事业得失成败的大问题"[④]，"民心向背是最大的政治"[⑤]，党的组织建设要做到"纵到底、横到边"，时刻将党性修养列为共产党人修身养性的必修课。

第二节　组织枢纽：基层党建与社区治理的系统化

一　职能统合：回归新时代社区治理前台

从系统论看，构成社会的各子系统发挥着适应、整合、达鹄、维模的

---

① 孟庆延：《历史社会学视野下毛泽东农村调查的多重意涵》，《中共党史研究》2018 年第 11 期。

② 〔德〕卡尔·马克思：《政治经济学批判》，《马克思恩格斯全集》（第 46 卷·上），人民出版社 1979 年版，第 38 页。

③ 王尔敏：《中国近代思想史论》，社会科学文献出版社 2003 年版，第 8—10 页。

④ 习近平：《谈谈调查研究》，《学习时报》2011 年 11 月 21 日第 1 版。

⑤ 《十八届中央纪律检查委员会向中国共产党第十九次全国代表大会的工作报告》，《中国共产党第十九次全国代表大会文件汇编》，人民出版社 2017 年版，第 151 页。

功能。[①] 根据基层党委在社会治理中发挥的整合性作用,我们把这种现象界定为职能统合。职能统合指的是组织因外部环境和内部需求的变化,拓展自己的职能边界,将系统各部分整合连接起来,使之相互配合、交换能量、维模整体。在党建引领社会治理的实践中,党组织以领导者的角色,从信息等级的最高层次统合基层社会的物质能量和情感能量,使各要素、各层次、各主体间得以沟通和连接。[②] 党组织对基层社会治理各部分的统合,是应对基层社会流动性剧变而生发的职能边界扩展,目的在于加强社会团结和维系社会秩序。

（一）党组织统合社会的历史要求

从 1921 年至今,中国社会形势与人民需求不断变化,党的职能也随之调整。1921 年到 1949 年,中国面临反殖民、反剥削、反压迫的要求,党的主要职能就是带领人民投身革命。1949 年到 1978 年,中国面临建国立基的任务,所以建国之后党的主要职能就是领导人民做好国防工作、恢复国民经济和全面建设工业化体系。1978 年以来,中国经过之前一段时间的积累已经有了相当的发展水平,党的职能转为领导国家现代化建设,党的十一届三中全会明确了党和国家工作中心转移到经济建设上。党的十六大强调加强党的执政能力建设和先进性建设。党的十八大以来强调推进国家治理体系和治理能力现代化建设,着力增强改革的系统性、整体性、协同性,着力抓好重大制度创新,着力提升人民群众的获得感、幸福感、安全感。进入新时代,社会的政治、经济、文化等子系统不断分化,党的职能则是整合社会各部分,推进国家治理体系和治理能力现代化。

具体来说,党组织统合社会有两方面的历史要求。一方面是进一步增强党的社会影响力。20 世纪 90 年代以来的大规模国企改革、非公有制经济发展使得体制外的社会急剧扩展,基层党组织由建在单位变为建在社区,加上党政分开的体制改革倾向于效率逻辑,以及人们工作与居家场域的区隔化,这些变化使得党的影响在基层社会有所弱化,存在一定程度的"脱嵌"现象。事实上,一个组织越能适应环境,就越具有制度化能力和应对挑战的韧性,[③] 因此在新的条件下,让党组织嵌入社会生活中各个角

---

① 〔美〕塔尔科特·帕森斯:《现代社会的结构与过程》,梁向阳译,光明日报出版社 1988 年版,第 132—135 页。

② 〔美〕乔纳森·特纳:《社会学理论的结构》,邱泽奇等译,华夏出版社 2001 年版,第 38—39 页。

③ 〔美〕萨缪尔·亨廷顿:《变化社会中的政治秩序》,王冠华等译,生活·读书·新知三联书店 1989 年版,第 12 页。

落的行动就变得尤为迫切了。另一方面是进一步发挥党的社会团结力。随着 20 世纪末开始的城乡人员大流动和住房商品化制度推开，社区、小区的日常管理也倾向于市场化、物业化，公共精神越来越弱化，业主、业委会和物业公司之间的信任度低。在理论和实践上，唯有信任才能简化人与人之间的合作关系、降低情境复杂度，[①] 这就需要一定的权威人物或组织来引导构建居民之间的相互信任机制。党的十八大强调，坚持党对一切工作的领导，提高党把方向、谋大局、定政策、促改革的能力和定力，确保党始终总揽全局、协调各方，因此无论是从过往历史还是现实条件来看，都只有党的基层组织才可能实现基层社会的团结和凝聚。

（二）党组织职能统合的社会条件

一般而言，城市基层社会治理主要以社区为单元。我们这里研究的九龙街道个案主要是一种城市化社区格局。20 世纪 90 年代，辖区大多属于村庄建制，但随着城市化进程中城市用地的扩展，乡村被纳入了"村改居"项目进行改造。最早实施社区化改造的是九龙花园、龙泉等社区，稍后是彩云湖、巴国城、广厦城等社区，最后是盘龙新城、上游社区。早期村庄的城市化，属于集中就地城市化类型，人员更易幅度不大，而进入快速城市化后，社区建设过程出现了居民大量流动和高度异质化特点。

在这个由"乡"到"城"的变换过程中，个体性和流动性明显增强，人们的社会心理与社会行为相应变化，由此带来诸多社区治理难题。除了社区设施养护、公共区域收入等大事项外，宠物、花草、垃圾等小事项，也经常成为影响邻里关系乃至社区秩序的因素。这些大小纠纷在性质上属于主体间意见不合、方式不一的生活矛盾，往往达不到以正式的诉讼手段解决问题的程度，因此必须寻找一个非诉讼的程序化机制对此进行调解。

目前的社区，一般设有居委会、业委会、物业公司等三类社区组织调解矛盾，但在缺乏统合的情况下，实际的调解效果往往大打折扣。虽然居委会在法理上被认为是居民自我管理、自我教育、自我服务的基层群众自治组织，不过由于城市空间格局中住宅区和工作区分离化，朝九晚五的人们较少有社区的概念。居委会因为上级政府委派的综治、医保、环保、城管、消防、治违等众多管理事务越来越"半行政化"，对于居民之间的情感、关系等内生性问题往往悬搁，不时陷入一种"居而不会"的尴尬之中；就业委会而言，由于居民之间关系陌生化、成员的利益卷入、管理不

---

① 〔德〕尼古拉斯·卢曼：《信任：一个社会复杂性的简化机制》，瞿铁鹏、李强译，生活·读书·新知三联书店 2005 年版，第 30—40 页。

透明以及解决小区问题不力等问题,业委会经常陷入不被信任、不被支持、不联系(居民)、不作为的动荡之中;在物业公司方面,开发商派生的物业公司的性质往往是营利性的而非公益性的,作为提供服务的商业公司,一旦营利欲胜过服务心,就既不能满足老旧社区的服务需求,也无法解决业主们之间的矛盾。因此,商业型的物业公司并不能真正作为社区团结的纽带。

先天能力上,居委会、业委会、物业公司以及居民个体并不能够单独地对基层社区的内生性矛盾和多主体之间的整合问题进行有效解决。所以,社区党组织为黏合剂可以用来加强社会的整合,从而促进基层社会治理。①

(三) 职能统合:九龙街道社区党组织的组织韧性

九龙街道社区党建引领社区治理,属于党组织为适应治理环境变化而采取的职能统合行为。一般而言,党组织的环境适应性在概念上可以分为组织适应性、程序适应性和职能适应性三类。② 组织适应性是指内外形势的变化,带来的党在组织结构、成员吸纳等方面的变化行为。比如三湾改编中实行"支部建在连上"的策略就属于组织适应性;程序适应性是指在民主集中制基础上,参照组织所处的具体情境而灵活地推进事项。职能适应性是指党在衡量自身内部组织能力和制度环境变化的基础上,根据现实需要和成本投入的关系,做出的拓展职能或是收缩边界的决策,从而增强组织生命力;职能统合属于职能拓展类型,但它并非简单的职能增加,而是指党组织作为基层社会的领导核心,统合涉及社会治理的多个主体、多种过程、全部领域,并且作为纽带来汇集资源、凝结人心和团集力量。

作为中国社会转型中的一个微观缩影,九龙街道的基层社会治理在改革开放过程中经历了从分化到整合的过程,这一过程具有分化性。在党政分开的体制改革中,居民和企事业单位等主体具有了更多自主性,居委会成为社区治理的责任主体,而社区党组织的职能单一化为管理与教育党员,从而导致基层党组织对基层治理的主导和参与度不够。俗话说"分久必合",随着改革开放的进一步深入,需要通过发挥基层党组织的作用来实现整合治理。九龙街道作为一个地处重庆都市核心区域的中心城镇,经历了由乡到城的产业结构、生活方式、价值理念的现代化转变,居民生活

---

① 熊万胜:《社会治理,还是生活治理?——审思当代中国的基层治理》,《文化纵横》2018年第 1 期。

② 〔美〕萨缪尔·亨廷顿:《变化社会中的政治秩序》,王冠华等译,生活·读书·新知三联书店 1989 年版,第 14—16 页。

需求日益细化，这使得社会治理工作必须随之严密化和复杂化。进而需要党组织根据新形势扩展自己的职能边界，将组织建设、党员管理与群众服务串联起来。

党组织对基层社会治理的职能统合，涉及多个领域、多项资源、多个主体。就治理领域而言，包括综治、环保、消防、医疗、就业、治安、户籍等多个方面，每一项内容都对接到居民日常吃穿行住，多对一的锥形治理结构就需要力量的整合，因为只有高效度的服务性治理才能增进老百姓的幸福感。就治理资源而言，基层既是政府资源的获取者，又是将这些资源投入治理领域的分配者，由于资源类型多样、性质多元、来源多途，就需要一个把控全局的主体对其进行统合。就治理主体而言，基层社会事务既有政府、社区两委等正式组织参与，也有社工机构、志愿团体、支持单位等社会力量参与，更有广大居民群众的直接参与，对这些多元主体的治理目标、理念、行动进行协调就需要一个强有力的统筹者。

简言之，基层党组织作为统筹社区治理的引领者，对社区内的治理事务、资源、主体进行系统的整合，实现了基层社会秩序建构和基层党组织引领力提升的双重目标，从而增强了社会治理的组织韧性。

二　共治系统：民主协商机制的生成

（一）协商理性：基层党建促进社区共识

20 世纪 90 年代，九龙街道乡镇企业异军突起，兴起了一大批摩托、机械、建材、印刷等企业，实现了经济的快速发展。近年来，九龙街道又通过产业结构的升级，大力发展服务业、商业，保持了较高的经济发展水平。这显示出两个重要信息：一是九龙社会治理创新有较好的经济社会基础，九龙地方经济发达，政府有较高的财政收入，居民也有较为富裕的生活，因此九龙街道有相对宽松的经济条件施行"五级党建""网格治理""自治金""九龙社工"等一系列的治理举措，这是一个地方实施社会治理的基础；二是辖区内经济所有制形式丰富，非公有制企业发展繁荣，社会流动性大，意味着社会治理的主体多元化，协调难度比较大。对九龙街道而言，党建引领社会治理的主要压力不在财政预算，而是如何整合辖区内社区居委会、居民、社会组织、企事业单位尤其是物业公司等主体的治理资源与目标，从而使各主体相互协商、配合行动，提高基层社会治理共建共治共享的能力。

社区党建联席会是九龙街道党建引领基层社会协商治理的重要机制创新。社区党建联席会是由社区党委牵头的多主体会议协商机制。社区工作人员、居民代表、党员代表、社区志愿者、楼栋长、业委会成员、物业公司经理、辖区企业单位负责人、公安消防综治环保队伍等相关主体共同参与进来，就社区内邻里矛盾、社会环境、基础设施、公共收益、工作安排等各种治理事项，采用线上线下相结合的方式，通过相互讨论，寻求问题解决、经验交流，以及资源共享。

社区党建联席会具备明显的协商理性特征。首先，它能够降低治理成本。从学理的角度分析，党建联席会实际上是一个社区党委领导、多元主体共同参与的协商行动共同体。它以尊重社区成员的意见为前提，能够以基层民主的方式达成为多方公认的共同意识，正如哈贝马斯指出，人与其他生物最重要的区别在于人可以用语言来表达自己的观点，与其他人进行协商，通过协商行动谋求共识。① 协商行动带来的信息交流，能以较小的成本得到对事物更为全面的认识。九龙街道社区治理采用党建联席会机制，目的在于克服单一主体的信息片面性，防止因信息不全面而出现治理决策失误的问题。同时，多元主体相互商谈不仅是信息交流的过程，也是相互讨论、辩驳的过程，与会主体对现场他人意见和观点的合理性进行斟酌和反思，可以过滤个体决策的偏差，汇集众人的智慧，从而选择出最佳行动方案。

> 2020 年重庆雨季期间，水碾社区加油站山崖边一棵树被大雨冲刷得快倒了，加油站的工作人员看见后马上报备给了社区，社区就和消防队商量怎么把这棵树移走以免砸伤行人。在这个过程中，加油站作为水碾社区辖区的商户，看到树要倒后直接告知社区这一行为的成本，比等着社区派人四处巡查而发现问题的成本要低得多，也避免了树枝处理不及时砸伤行人的风险。一叶窥秋，水碾社区的个案显示出了党建联席会协商理性的第一层作用，促进社区内以党委为领导的多元治理主体之间共享社区信息，降低治理成本。（CWS1）

其次，能够促进程序正义。一般而言，多主体间达成共识有两种程序：一种是占主导地位的一方运用其科层权威将统一的决定告知其他主体，敦促其他主体照章执行；另一种是占主导地位的一方运用其较高的影响力动员其他主体一起相互讨论，逐步从开始的意见不合向集体共识推

---

① 〔德〕尤尔根·哈贝马斯：《交往行为理论》（第 1 卷），曹卫东译，上海人民出版社 2004 年版，第 274 页。

进。前一种方法形成的共识的方式是命令式的，虽然能带来较高的执行率，但它去除了多数主体表达的机会，导致其他主体很难对命令决策形成真正认同，因此并不可取。2013 年党的十八届三中全会提出以"社会治理"概念替代原来的"社会管理"概念，意味着新时期社会秩序的达成方式不再是以党政机关为单一主体进行的科层式管理，而要迈向各个主体间相互协调。所以当今社会治理，更多的是以协商的方式达成共识。社区召开党建联席会，众多主体参与到联席会议中，将自己的观点摆出来和其他主体的观点进行相互碰撞、相互比较、相互融合，共同寻找论据来证明各种意见和决策的合理性与不合理性，见证最后的共识如何从最初五花八门的意见一步一步酝酿、提炼、蜕变出来，有利于各主体充分理解最终方案的具体内容和意义，从而更好地在实践中落实商讨的决策。对那些自身方案被协商过程中更优选择替代了的主体来说，参与讨论、体悟共识的生产过程，尤其可以减低不合作的可能性。

最后，有利于培育社会资本。从社会资本的视角看，一个行为主体的社会关系异质性越强，嵌入其中的社会资本对行动的便利程度便越高。[1]比如物业党建联席会就很好的培育了社区社会资本。通过联席会，原先没有交集的居民、党员、物业经理、业委会代表、企业负责人等不仅与他们的同行建立了联系，还与不同类别主体发生交集，相互交流进而促进了社区关系。党建联席会生成的社会关系可以辅助社会治理过程，增强治理行动的有效性与灵活性。梁漱溟曾言中国是一个伦理本位的社会，即"伦理本位者，关系本位也"，[2]切中肯綮地表达了中国人以关系远近为尺度的行动逻辑，即关系越好越熟悉，越可能产生合作的态度与行动，关系越陌生则越可能相互作难。党建联席会中各主体因商讨社区治理事务而将彼此的陌生关系转化为熟人关系，增加了矛盾纠纷各方的忍让程度和韧性，强化了主体间的理解与信任。

　　盘龙社区内辖多个钢材公司，刚开始这些公司对党建联席会兴趣不高，不愿意参加。社区工作人员最初也觉得工作起来很难，很费心，但发现"死皮赖脸"多去几回，慢慢混熟了，有人情了，工作开展起来就顺利多了，钢材公司慢慢也理解社区的苦心，懂得参加社区

---

[1] 〔美〕林南：《社会资本：关于社会结构和行动的理论》，张磊译，上海人民出版社 2005 年版，第 64—68 页；周雪光：《组织社会学十讲》，社会科学文献出版社 2003 年版，第 111—158 页。

[2] 梁漱溟：《中国文化要义》，上海人民出版社 2003 年版，第 109 页。

治理的好处。（CYP2）

（二）协商行动：盘龙新城社区的共治故事

与独白式、计算性的工具理性不同，协商理性看重反复的说理和论证，尊重各个主体的独特性，是一种对话式理性。[①] 协商理性不仅是社会行动的指导，而且它自身也是社会行动，即协商行动的产物。九龙街道各社区普遍实行的党建联席会就是一种协商行动，其本质是通过主体间的语言表达而求得协商理性，从而使多元主体相互分享信息、交换观点、达成共识、建立关系。

盘龙新城社区依托党建联席会这个平台，在很大程度上实现了社会治理共建共享新格局构建。盘龙新城社区成立于 2017 年 7 月，辖区 1.2 平方公里，现有 12 个小区 77 栋楼、居民 21533 户，共有 4 万余人。盘龙新城社区将党建联席会的目标与功能界定为"优资源"。

> "优资源"就是通过党建联席会把社区整合起来。所有的基层治理要形成互利互惠、共建共治共享就得在这里面做文章。社区居民和单位的矛盾，往往意味着需要我们提供良好的服务。由于社区的资源和精力有限，就可以搭建一些平台把大家聚在一起，实现相互帮忙。这样问题解决起来就快，而且实在，居民受益了，社区的工作也好做些。（CFP3）

盘龙新城社区内有商品房、还建房、安置房、散居楼等多种住房类型，居民诉求多元，治理难度大。老旧小区因为经济基础差，往往没有引入物业公司和门禁，管理机制、基础设施等已经不太能适应现在的形势，需要更新改造。新建商品房在物质设施、物业条件方面较好，但因为外地流入的人口多、群体异质性较强，居民遇到事情都讲究维护自己的权利，不愿意让步，邻里矛盾比较多。虽然集中安置房居民相互之间关系比较熟悉，但拆迁安置的城市化过程将原来乡村中空间广阔、公私界限不甚严格的人们塞入现代密集的、空间稀缺的高层楼房，也容易产生邻里纠纷。党建联席会机制因此具有重要作用，能够在社区党委的引领下推动各主体间资源的优化配置，使每个主体的需求都得到相对满足。

---

① 〔德〕尤尔根·哈贝马斯：《交往行为理论》（第 1 卷），曹卫东译，上海人民出版社 2004 年版，第 273 页。

1. 共治故事一：盘龙一村供电问题商讨

盘龙一村属于老旧小区，近两年来区域内人口快速增长，变电房设备没有随之升级，导致小区时常出现跳闸、停电的现象，影响居家生活。居民代表在党建联席会上提出该问题后，隔壁的万科西城物业主动为盘龙一村变电房送去降温扇，安排电管员值班，明显改善了盘龙一村的供电情况。2019 年 11 月，为彻底解决盘龙一村的用电问题，社区书记召集电力公司、物业公司以及万科西城物业公司，就盘龙一村的供电问题进行周密商谈，拟出改造方案。这期间，万科西城物业公司还表示愿意负责盘龙一村的日常巡防工作，为社区居民安全尽一份力。① 在这个协商事例中，社区党委利用自身在党建联席会中的主导影响力，召集电力公司、维修公司、物业公司协同商量解决问题，让服务单位行动起来为居民解决问题，而不是等居民分头跑腿，彰显出党建服务群众、致力社会治理的解决。居民日常生活的用电问题，得以在联席会上反映，引起社区内干部、物业、电力公司的重视和解决，联席会成为了居民寻求帮助的有效平台。万科西城物业公司，从职业责任的角度来说，它并没有义务为盘龙一村提供变电房值班、小区安全巡防的服务，现在它不仅积极参与到后者跳闸问题的讨论，还主动提供了帮助，正是共建共享式社会治理的重要表现。（资料来源：《九龙报》）

2. 共治故事二：小区空间的公私关系处理

中国人的生活哲学，有一种公私不分、你我不分的特征。② 在传统社会中，这种倾向有利于集体意识的形成，但到了现代化的城市社区，这种伦理行为就成了社会秩序的阻碍者。尤其是在非排他性的公共场所，人们的公德心往往被自私心驱逐，出现据公为私的现象。

> 在联发欣悦小区，就出现了这类问题。许多人图方便，在过道堆放杂物，带来消防隐患；也有人在小区大门乱停乱放，影响他人出行。针对这类问题，社区党委通过党建联席会，联合交巡警、城管等部门进行了整治，分派党员志愿者劝导监督，保障人们的安全出行。而在云湖天都小区，有烧烤店每到晚上就散出滚滚油烟，严重污染了小区空气，居民纷纷投诉。社区因此发出信号，召集物业、城管、食

---

① 曾建渝：《盘龙新城社区吹响"物业红哨"共同解决物业问题》，《九龙报》2019 年 11 月 22 日。

② 熊万胜：《社会治理，还是生活治理？——审思当代中国的基层治理》，《文化纵横》2018 年第 1 期。

药监一起上门查探情况,一方面劝导店主规范经营,另一方面为降低油烟出主意。最后,店主同意将烧烤架移入后厨,不让油烟扩散到临街空气中。(CYP4)

这些故事显示出我国基层社区党建联席会的协商行动与哈贝马斯所讲的西方社会的沟通行动有很大的不同。在西方制度环境中,沟通行动的公共空间与赋权空间是分离的,公共空间内形成的公共诉求,倘若没有一定的社会影响力,便不会为官方注意到并对其进行回应。同时,沟通行动要求各主体有自由表达意见的权利,但事实上这其实很难满足,即使满足了还有可能产生相互倾轧现象。中国基层社区的协商行动与之不同,九龙街道的社区党建联席会这一平台本身就是由社会治理的引领者——社区党委号召辖区内各主体构建起来的,协商治理中公共空间和赋权空间有重叠。这里面既有居民、物业公司、志愿者等主体参与进来的协商讨论,也有政府部门的主导作用,可以防止各个主体之间因意见不合而相互排挤,能够保证协商出来的民众诉求和难题在当时当地就进入相关职能部门的视野。所以我们看见,盘龙一村电力跳闸、欣悦小区违占公共空间、云湖天都烧烤油烟等问题能够得到快速有效的解决。

(三)协商机制:党建联席会的结构分析

现代社会充满分化与整合的"转型悖论",[1] 社会必须分工才能提高效率,但分工带来的区隔又要求职能统合。九龙街道以党建联席会为载体,将社会治理的主体、目标、资源、方式整合在一起,构建出民主化的协商系统。不少学者曾讨论过协商系统,继哈贝马斯提出沟通行动"双轨模型"(公共空间和赋权空间)之后,德雷泽克进一步提出了包括公共空间、授权空间、传导机制、问责制、元协商、决断力六要素组成的协商系统。[2] 从协商系统的理论视角看,九龙街道社区党建联席会已经形成相对稳定的协商系统,但对比西方沟通行动而言,有很大的差异,哈贝马斯和德雷泽克的模型并不适用于九龙街道的例子。倒是帕森斯在《社会行动的结构》中提出的包括行动者(Actors)、手段(Ways)、目的(Aims)、规范(Norms)

① 冯仕政:《发展、秩序、现代化:转型悖论与当代中国社会治理的主题》,《中国人民大学学报》2021 年第 1 期;冯仕政:《社会治理与公共生活:从连结到团结》,《社会学研究》2021 年第 1 期。

② John S. Dryzek. *Foundations and Frontiers of Deliberative Governance.* Oxford:Oxford University Press,2010,pp. 11 - 13.

等的行动单位（Unit of Act）① 可作为分析社区党建联席会的"质点"。社区党建联席会具有协商形式的社会行动，这一行动首先具有会议性质，主体的行为都要围绕着一定内容展开，使得议题（Agenda）也成为联席会不可或缺的要素之一。以下按行动单位的框架和联席会的会议性质，逐一从协商的主体、议题、手段、规范、目的等五个方面对社区党建联席会的系统结构进行分析（参见图 2 - 1）。

1. 协商主体。社区党建联席会的协商主体可以分为两类。一类是以社区党委工作人员为代表的行动引领者。中国现阶段"社会空间"尚未发育完善，居民还没形成与多元主体自发组织起来协商公共事务的习惯和能力。社区党委负责把社区内治理相关各方发动起来参与协商会议，引导他们思考社区治理问题，培养他们在社区事务治理方面的能力。从党建的角度来说，这也是基层党组织联系群众、服务群众的机制。另一类协商主体是包括党员代表、居民代表、业委会成员、物业公司经理、企单位负责人、综治、公安、消防、城管、环保、医疗服务团队等在内的会议参与者。显然，这些参与主体既是协商议题的提供者，也是问题解决的参与者。

2. 协商议题。从来源看，协商议题有普通居民主动反映的日常生活纠纷，如楼道垃圾清理不及时、邻居深夜扰民等；也有社区工作人员、楼栋长等在日常走访与巡逻中发现的问题，如小吃摊占用人行道、马路边井盖松动等。从议题重要性质看，可分为重大议题和临时问题。重大议题涉及社区全体居民，一般在每一季度上的全体党建联席会上讨论；临时议题则由各种负责相关事宜的工作人员即时讨论与处理。从内容上看，议题可分为五类：①党建联席会的建设，如居民代表和党员代表的推举换届、联席会财务公开与监督、联席会运作机制更新等；②社区公共事务的管理，如社区安全巡逻、自然灾害防治、违章搭建拆除、高空抛物整治等；③社区设施的维护与更新，如下水道疏通、配电房温控、广场座椅检修、公共绿植养护等问题；④社区里的人际关系，如夫妻关系、亲子关系、婆媳关系、邻里关系、党群关系的调解，一般以好言劝导、开展联谊会、送服务上门等手段展开；⑤社区精神文明建设，如节日文艺会演、四点半课堂、环保知识竞赛、社会主义核心价值观宣讲等。综合看，这些议题贴近居民切身需求，涵盖社区生活方方面面，按议题性质采取不同讨论方式，整个治理形如绣花。

---

① 〔美〕塔尔科特·帕森斯：《社会行动的结构》，张明德等译，译林出版社 2003 年版，第49—50 页。

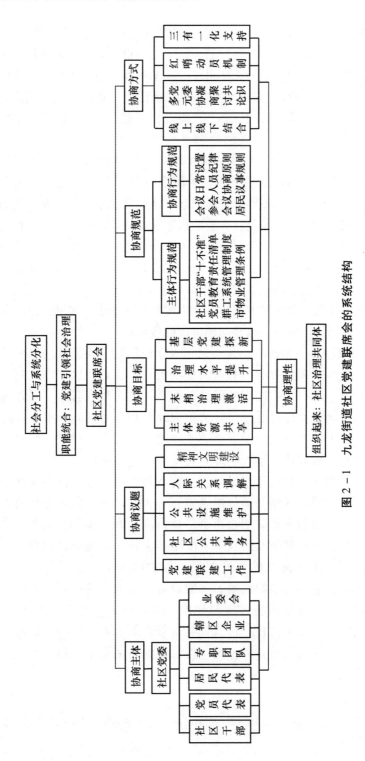

图 2 - 1　九龙街道社区党建联席会的系统结构

3. 协商手段。党建联席会工作方式灵活，除了有把大家召集起来面对面交谈的传统会议形式，还可以网络方式，充分利用微信、视频会议等方式开展协商活动，提高对居民求助的反应灵敏度，节约了工作时间成本。多元主体协商将引领推动和民主决策适度地结合起来，有助于突破传统科层制社会管理"一收就死，一放就乱"的怪圈。一方面是协商的动力机制，社区党委工作人员作为引领者可以把握议题议程、推进讨论进程、促动后续行动。另一方面是协商的可靠手段。各社区在"三有一化"（有人管事、有钱办事、有场所议事，以及构建城市区域化党建格局）的党建项目推动下，建立了专门的党建教育基地、多功能活动室、群众接待室、公共广场、社区图书室等。

4. 协商规范。党建联席会有着对主体行为和协商行为的两方面规范。①在主体行为规范上，提供了可资借鉴的行为范本，增强了各主体行为的严谨性。一是提出社区干部"不准擅离职守""不准优亲厚友""不准弄虚作假"等"十不准"行为守则，从引领源头上保证联席会的清正民主；二是要求党员积极参与"两学一做"学习教育、主动认领六类服务岗位、参加社区服务项目，配合社区两委治理工作；三是规定社区群工干事遵守社会公德和职业道德、加强政治理论学习，热情接待群众、虚心听取意见；四是明确业委会和物业公司以2020年颁布的《民法典》和2019年新修订的《重庆市物业管理条例》为行动规范，并嵌套物业领域的党支部章程、党员标准作为补充。②在协商行为规范上，为评价履职行为和联席会工作程序提供衡量标准。一是既有季度联席会全员到的统一性原则，又有日常事务商讨即时到的差异化原则；二是确立参会考勤的时间性原则；三是明确参会成员不存在隶属指挥关系的平等化原则；四是决议问题采取平等协商、集思广益的办法，充分尊重各方意见，不允许恶意打压他人观点的开放性原则；五是社区党委适时推进会议进程、总结观点，在民主讨论的基础上引导各方主体达成共识的目的性原则。

5. 协商目标。九龙街道对社区党建联席会的定位是"优资源"。其一，联席会促进社区多元主体间形成资源共享、成果共享的合作关系。譬如针对"自扫门前雪"现象，联席会倡导大家在交界处"多扫一扫把"，有效改善了交界处卫生状况。其二，联席协商打通了基层服务的"最后500米"。联席会以社区党委为引领，汇集了党员代表、居民代表、业委会、物业公司等对社区生活有切身感受的多元主体，让居民群众自己说出需求，代替社区对群众需求的单向揣摩，在处理社区内生性群众需求上具有高度灵敏性，激活了社区治理的"末梢神经"。其三，创新基层社会治理的学习机制。从"创新基层治理新格局"到"推进基层社会治理现代化",党和国家对基层治理水平的要求越来越高。社区是城市治理的基层,社区党建联席会的定位不仅是共享资源等工具性目标,还通过联席会抛砖引玉,探索出更多更好的社区治理"金点子"。其四,促进基层党建工作推陈出新。社区党建联席会中,有社区党委作为会议的引领者,也有网格支部书记作为党员代表收集议题,还有普通党员同志作为志愿者为居民提供服务,更有广大群众建言献策、参与到社区活动中去,真正做到"以基层党建为体,以社区治理为用"。

社会结构对社会成员的影响力,深受心理距离远近与个人认知兴趣的影响。事实上,任何认知都需要附着一定的具体事件才能获得持久感动与生命力。在基层社会治理中,居民群众对于社区、党建、服务的认知往往是"蛮好""可以""不错"这种模糊的、抽象的总体性评价。显然,社区成员受例行化的现代时钟的规制,对社区生活的注意力投入很少。由于没能与具体的时间、空间、人物相关联,人们对社区服务的印象越来越陷入到一种"无事件境"① 的困境中。因此,相比其他治理机制,党建联席会的独特性在于,它按照现代居民的记忆周期性规律,在扎根基层做实事的基础上,刻画社区工作的良好形象。一方面,以服务事件化降低认知的选择性偏差,把抽象的群众服务精神具象化为可见可感的服务活动,比如调解邻里关系、做好公共卫生、提供爱心帮助等。另一方面,每一场党建联席会都有其特定的时空条件,虽然会议时间的随机性容易使居民产生认知疲劳,但多人聚集形成的空间场所总是由各种一般与特殊、集体与个体条件整合而成的情境。在组织领导、会议程序、宗旨口号、象征符号等元素的襄助下,联席会在参会者心中构建了群众工作的重要性,向群众展现了社区党建工作的实际努力,向社会表达了基层治理的民主过程。

总之,党建联席会各系统要素的相互关联作用,重构了以社区居民为中心的事件化情境,这不仅是社区事务的讨论与解决,更是通过"真实事件",使群众对基层党组织的认识由总体叙事和结果叙事转向过程叙事和事件叙事,加深社区居民对社区工作与服务重要性的理解。

三　组织起来:党建新生态下的治理共同体

2017 年党和国家基于事实研判,中国社会的主要诉求由"物质文化需

---

① 方慧容:《"无事件境"与生活世界中的"真实"》,载杨念群《空间·记忆·社会转型》,上海人民出版社 2001 年版,第 467—572 页。

要"转向"美好生活需要",昭示着"丰裕社会"的来临。[①] 与过去重生产、重管理有所不同,丰裕社会强调对品质的追求,强调对生活的治理。生活治理意味着深度介入群众的日常生活,[②] 对人们的心理、观念和行为要有所关切。因此,社会治理不仅要谋求工具性、目的性的组织行为嵌入,而且要"移风易俗",力求在情感、价值层面获得群众的认同。九龙街道以党建联席会带动社区生活治理,在"寓党建于服务中"的新生态下将基层社会组织起来,探索程序与情感二维的治理共同体建构。

(一)程序形式:上下联动的全周期治理

在风险化与专业化兼具的现代社会,社会系统各组织部分之间的联系越来越强。新时代的社会治理,必须建立整体观、系统观的治理机制,也可谓之为生态理论观照下的治理理论。因此,社区党建联席会参照生态系统理论,建立了议题安排→协商讨论→民主决策→责任分工→办理监督→回访评议六环节组成的闭环治理工作法(参见表2-1)。

表2-1 九龙街道社区党建联席会的闭环治理工作法

环节	功能
议题安排	各主体将治理问题分类记录,能单独解决便及时妥当处理,不能单独解决则列表上报,附上可能的解决办法及所需的人力、资金、时间计划 社区党委收到来自居民代表、党员代表、共建单位等的问题报送后,根据事情牵涉的责任相关方和社区资源安排,选择适当的时间和地点召集联席会议
协商讨论	社区党委作为会议主持人把握讨论过程,即时总结各个主体的观点 多元主体参与讨论,逐一介绍自己报送问题之背景、难点和可能解决方案,其他主体充分讨论该问题,提出自己的见解
民主决策	经过多方充分的辩论后,社区党委作为主持人引导大家总结各方观点,趋向多数人都认可观点和方案,从而形成关于问题的共识,做出讨论决策
责任分工	联席会选定最佳行动方案后,采取党委分配和主动认领结合的方式,将方案分解为各个主体分工合作的小步骤
监督办理	各主体根据联席会的安排,分工合作完成任务,并接受来自社区党委、党员、群众等的监督
回访评议	社区发动党员代表进行回访工作,接受来自居民群众的反馈和评价,并根据回访情况与居民反馈总结经验得失

资料来源:九龙街道盘龙新城社区居委会宣。

---

① 〔美〕加耳布雷斯著:《丰裕社会》,徐世平译,上海人民出版社1965年版,第1—2页。
② 吕德文:《基层中国:国家治理的基石》,东方出版社2021年版,第177页。

以党建联席会为平台的全周期治理，把分散的多元主体召集起来，相互配合参与社区治理，兼及议题采择、讨论协商、共识达成等过程，将工作程序延伸到方案的落实与回访环节，形成从问题产生到问题解决的全周期治理过程。这样一个党委与群众、社区与居民有效对话的生态治理系统，从程序上将人们组织起来，进而构成了上下联动的治理共同体。

> 盘龙社区交通文明劝导这一志愿者队伍，本来是一些社区退休老干部、老党员在日常散步中，自发对一些闯红灯行为进行劝阻。社区看到后，觉得这批热心的老人做得很好，开始与他们接触，顺势成立了社区"夕阳红"志愿者队伍。在这个事例中，先是老人们自发的文明劝导行为，自下而上地引起了社区的关注，然后又是通过社区主动与老人们交流，自上而下地组建了正式的志愿者队伍。（CYP5）

第一，制度与民情的结合。一定的党建机制必须关联一定的社区民情，才能确立合适的治理机制。① 九龙街道社区党建联席会由社区党委发起并主导，为联席会召开和后续执行工作提供了主要的物力财力，是制度力量的发挥；但它又有居民代表、企业单位、社会组织等多元主体参与，是民情作用的展现。民情中包含的群众具体需求、情感状态合法化地进入了联席会议程，为形成新的、更契合民情的制度积累着认同，从而实现了民情向治理机制的转化。

第二，秩序与差异的结合。按过去的社会管理观，社会秩序来自统一，差异有害于秩序稳定。事实上，对于底线范围内的差异，如果使其有合法的表达途径，构筑释放差异的调节阀，② 反而可以促进和谐秩序的达成。因为正是那些具体的、细微的差异，才是社区治理工作的活力所在和关键之处。社区党建联席会包含多元主体，每次召开联席会都是对当下鲜活问题的回应，将社会主义的制度优势和居民的日常需求变化结合起来，使社区在差异化治理中实现了精准服务。

第三，常规状态与应急状态的结合。在传统意义上，应急治理因频次低、时间短而被认为是与常态治理相反的工作方法，因此治理体系中常态

① 〔法〕查理·路易·孟德斯鸠：《论法的精神》（上册），张雁深译，商务印书馆1995年版，第205页；〔法〕阿历克西·德·托克维尔：《论美国的民主》（上卷），董果良译，商务印书馆1991年版，第10—12页。

② 〔美〕刘易斯·科塞：《社会冲突的功能》，孙立平等译，华夏出版社1989年版，第24—25页。

治理与应急治理是割裂的。但在风险系统化的今天，社会机体任何一块短板、任何一处塌陷、任何一个漏洞都会影响社会整体的运转，因此必须将常态治理和应急治理有机连接起来，防风险于未然。社区党建联席会把社区治理视为一个动态的有机体，从结构要素、系统功能、耦合机制等层面进行全周期治理，在打破常态治理与应急治理二元工作模式上作出了重要探索。

（二）情感形式：生活知识培育集体意识

不同于"社会"（Gesellschaft）的法理特征，"共同体"（Gemeinschaft）中充满了集体意识。① 因此，对于塑造社会治理共同体而言，除了要融入程序正义、协商理性等现代性元素以外，还必须加上情感与价值的维度，从观念与心态上将人们组织起来。

中国共产党历来就有以知识建构集体情感的传统。如果说革命时期是以实践知识塑造群众的阶级意识，那么新时代就是要以生活知识塑造集体认同感。党建引领治理在本质上是探索群众"过日子"的本领，社会的复杂化使得代际经验的参考价值减弱，生活知识对于群众美好生活需要和党委治理能力提升的重要性就凸显出来。九龙街道党建联席会向社区传播的生活知识，构成了以群众生活为中心的类型化知识体系（参见表2-2）。

表2-2　　　　九龙街道社区党建联席会生活知识工作的类型化

类型	内容	功能	
环保知识	垃圾分类、植物保护等	促进宜居环境建设	
灾害知识	自然灾害与社会灾害防范	提高自救自助能力	
健康知识	医药、急救、传染病等常识	提升健康管理水平	增强社区认同感
党建知识	党的理论、方针、政策	深化思想政治修养	
文化知识	楹联、诗词、书画等知识	丰富休闲娱乐方式	
地方知识	区域基本情况与党政工作等	强化党群紧密关系	

资料来源：九龙街道办事处宣。

在内容上，环保、灾害、健康、党建、文化、地方知识既各司其职，又相互耦合，既提升了群众的自我服务能力、思想文化修养，又以共同知

---

① 〔德〕斐迪南·滕尼斯：《共同体与社会》，林荣远译，商务印书馆1999年版，第52—54页。

识的输入培育了包括群众人格、气质、心理、惯习等维度的集体向心力。在方式上，社区调查分析群众的注意力偏好，甄选群众信息获取利益关切的公约数，以海报、传单、广播、短信等形式将生活知识呈现于群众视野。也许从表面上看，这些生活知识并未对群众产生直接、即时的影响，但实际上，知识是一个"人文化成"的过程，重复出现的生活知识形成多次认知印象，总会有部分融进人们的思维体系，在那些极少但极关键的时刻给人们以指导。

> 现在青春期的孩子都很叛逆，心理也比较脆弱。近两年，小孩因为作业被大人批评以至自杀的新闻时不时就会上演，家长们还是很紧张的。社区会请一些从事精神健康干预的社工专家到社区讲课，给家长们讲一讲如何跟娃儿相处、心理问题有哪些征兆之类的。这类活动很受欢迎，尤其是那些已经有孩子的人，毕竟关系到居民的切身利益了。(CYP6)

虽然在传统社会迈入现代社会的进程中，凝聚总体性社会的集体意志不断衰退，[①] 但集体意识并不是消失了，而是以更个体的方式在社会范围内发挥着作用。社区以宣传栏、告示牌等形式将上述各种生活知识呈现给居民，正是在构建社区层面的新集体意识，以道德共识、价值共识过程中将公民组织起来。

第三节　全面引领：社区行政与社区服务的融合

一　基层社会治理新理念：党建引领社会建设

在西方社会科学研究史上，"国家—社会"的二分视角是分析政治社会变迁的主要视角，但这一视角未必适合中国发展的实际。从 19 世纪末到 20 世纪初，西方民族国家权力的快速增长及其对个人自由的压制，激起了对社会与国家矛盾性的认识。在这一认识下，国家与社会的关系是对抗性的。新托克维尔主义认为，繁荣的民间结社可以促进社区信任与合作

---

① 〔法〕埃米尔·涂尔干：《社会分工论》，渠东译，生活·读书·新知三联书店 2000 年版，第 128 页。

等社会资本，提升社会自主性，有利于民主制的运转。① 而韦伯认为，国家处于社会之外，是具有明确边界、垄断暴力、以官僚制理性地实现支配的独立性组织。② 关于国家与社会之间对抗性的理论认识，分别有"国家中心说"和"社会中心说"两种。"国家中心说"强调国家的相对自主性，认为国家具有抵抗侵略、统合资源、建筑设施的功能；"社会中心说"认为国家与社会相互抵触，反对国家的过分干预。③ 在西方政治实践中，国家与社会呈现出一种二元循环的特点，先是国家退出，为社会提供自主成长的空间，但这可能带来某种失序，于是国家再次介入，通过行政命令和政治动员的方式来解决问题。④ 发展到 20 世纪 90 年代，这一分析视角出现调和的动向，即一部分学者提出要破除国家与社会的二分对立，建立"社会中的国家"。⑤

事实上，现代中国整个政治体系是由中国共产党领导的中国特色社会主义制度，包括了人民代表大会制、多党合作的政治协商制度、民族区域自治制度以及基层群众自治制度等。从历史与现实过程看，中国的政治体系是一种"社会—政党—国家"的合作模式，而不是那种国家与社会的二元对立模式。所以，当代中国研究的学者尝试构建更适合中国国情的解释范式，如周黎安提出的行政发包制、折晓叶等提出的项目制、金耀基提出的行政吸纳政治、康晓光等提出的行政吸纳社会等。⑥ 但这些范式仍有待商榷之处，虽然是侧重于国家与社会间的运作关系，但对共产党在国家与社会之间的位置和作用有所忽略，特别是忽略了基层组织中党组织的社会建构作用。正如林尚立和景跃进两位学者主张的，由于党组织不仅是国家

---

① 〔法〕阿历克西·德·托克维尔：《论美国的民主》（上卷），董果良译，商务印书馆 1991 年版，第 213—221 页；纪莺莺：《从"双向嵌入"到"双向赋权"：以 N 市社区社会组织为例》，《浙江学刊》2017 年第 1 期。

② 〔德〕马克斯·韦伯：《社会学的基本概念》，顾忠华译，广西师范大学出版社 2005 年版，第 75—76 页。

③ 张静：《政治社会学及其主要研究方向》，《社会学研究》1998 年第 3 期。

④ 熊易寒：《国家助推与社会成长：现代熟人社区建构的案例研究》，《中国行政管理》2020 年第 5 期。

⑤ 〔美〕乔尔·S. 米格代尔：《社会中的国家：国家与社会如何相互改变与相互构成》，李杨、郭一聪译，江苏人民出版社 2013 年版，第 37—38 页。

⑥ 周黎安：《行政发包制》，《社会》2014 年第 6 期；折晓叶、陈婴婴：《项目制的分级运作机制和治理逻辑——对"项目进村"案例的社会学分析》，《中国社会科学》2011 年第 4 期；金耀基：《行政吸纳政治》，金耀基《中国政治与文化》，牛津大学出版社 2013 年版，第 229—254 页；康晓光等：《改革时代的国家与社会关系——行政吸纳社会》，王名《中国民间组织 30 年》，中国社会科学出版社 2008 年版，第 333 页。

的政治核心，而且是社会的组织核心，具有连接国家与社会的中介作用，所以，应当把政党带进分析中来。①

可见，从历史到现在，从国家到社会，从文化到制度，中国共产党令人信服地做到了以党建引领来保障中国特色社会主义社会建设。就最末梢的基层社会治理而言，党建全面引领是指在党的集中统一领导下，以党建工作引领社区行政与社区服务。①党建引领保障社区行政。社区行政，不只是社会管理式的科层行政，更多指社会行政（Social Administration），强调将社会政策转化为社会服务的具体过程。② 党建全面引领社区行政，就是对社区的人力、财力、物力进行领导、组织、计划、协调，从而达到社区建设与服务的目标。②党建引领保障社区服务。党建引领社区服务必然要落到群众服务事项上，正如毛泽东所说，"党的普遍性号召必须充实以具体内容"③。当然，党的建设与社区服务并不是单向关系，而是通过贯彻群众路线，以社会调查了解社会动态，建立抓好党建服务群众与社区促进党建的双向互动关系。

二　党组织作为政治核心：党建引领社区行政

九龙街道以社区党建联席会作为主轴，从组织结构、工作模式、岗位角色、职业素养、动员机制等多个方面，创建了一系列党建工作全面引领社区行政的机制。

（一）组织结构：五级党建与网格支部

近年来，中央一直强调要以"纵到底、横到边"的格局落实党建主体责任。为此，九龙街道构建了街道党工委—社区党委—网格党支部—片区或楼栋党小组—党员个体五个层次的基层党组织体系。

> ●街道党工委全面领导街道内的社会治理工作与党员教育责任，负责总体规划与统一决策，派出党工委成员到各个社区负责联络工作。

---

① 林尚立：《社区自治中的政党：对党、国家与社会关系的微观考察——以上海社区为考察对象》，上海市社科联《组织与体制：上海社区发展理论研讨会会议资料汇编》（会议论文）2002年，第45页；景跃进：《将政党带进来——国家与社会关系范畴的反思与重构》，《探索与争鸣》2019年第8期。

② 王思斌等：《社会行政》，高等教育出版社2013年版，第7页。

③ 毛泽东：《关于领导方法的若干问题》，《毛泽东著作选读》（下册），人民出版社1986年版，第567—572页。

● 社区党委承担本社区的基层治理和党务工作，派出社区党委成员担任网格支部书记。

● 网格支部负责网格内吸收党员、教育党员、管理党员等工作，加强网格治理。

● 党小组在楼栋亮明身份，参与楼栋政策宣传、精神文明建设等工作。

● 党员则按照单元责任制对接具体的居民家庭和商圈店铺，做好群众团结工作。（资料来源：九龙街道党建办）

撤镇设街道后，在镇街—社区—网格—楼栋—个体的五级组织体系中，街道党组织由原来的镇党委变为上级党组织派出的党工委，社区党组织由原来的党支部升级为社区党委，党支部则由"建在社区"变为建在社区治理的单元网格上。

街道、社区的党组织升格，不仅是简单的党组织结构变动，更意味着党与街道行政机关、社会居委会在组织上的领导关系、在基层治理业务上合作关系的加强，能够为街道和社区汇集更多治理资源。党支部从社区下沉到单元网格上更是意义重大，"支部是党在群众中的耳目手足"[1]，网格党支部上连社区党委、下接社区群众，是党与群众联系的新时代纽带。九龙街道的社区党委将网格党支部与基层网格治理进行了互嵌，网格党支部所在地就是网格治理所辖的区域，网格支部书记、网格长原则上由社区党委成员担任，部分党员承担网格员、楼栋长等职责。基层党支部建在网格，延伸了党组织的链条，带动了治理单元、治理资源的下沉，拉近了党和群众的距离。

（二）工作模式："124X"治理与服务

在工作模式上，为了克服社区居委会长期以来形成的"半自治""半行政""半社会""半政治""半群众"的职能问题，九龙街道创新了社区"124X"治理与服务框架（参见图2-2）。通过"124X"工作框架，社区党委职责不再限于党员的管理与教育，而是要确立起对居委会及其具体业务的全面领导。

● "1"指社区党委，它领导着下面的"2"。

---

[1] 《支部的组织及其进行的计划》，中央档案馆《中共中央文件选集》（第2册），中共中央党校出版社1989年版，第611—612页。

- "2"指社区居委会和便民服务中心。社区居委会以自治和监督为主；便民服务中心以协助政府管理为主。
- "4"指社区自治、居务监督、公共服务、便民服务四项业务。
- "X"指民主决策、群防群治、文明建设、民主评议、居务公开、监督听证、助老助残、特困救灾、家庭服务、民事代办等具体治理与服务工作。（资料来源：彩云湖社区）

首先，实现了社区工作队伍的新陈代谢。一方面，在单位制时代，居委会总是退休老年人的代名词，但随着市场化的深入，社会职业分工细密化、基层治理事务复杂化、基层人口流动急剧化催逼着基层社区治理体制和社区工作队伍的更新。九龙街道各社区适时将社区工作人员由以前的退休老职工兼任改为由平均年龄不超过40岁的年轻队伍专职专任，实现了社区工作队伍的专业化更新，为社区治理提供了组织保障和人力资源。另一方面，在很长一段时间内，社区居委会存在功能困境，它可以被定义为一个"半政治""半行政""半自治""半社会""半群众"的"五半"组织。因此，社区居委会和社区便民服务中心，看似是两个组织，实际上两支工作队伍常常"交叉任职、双向进入"。

其次，社区党委将"X"类末梢事务纳入"六联工作法"。党建工作联做、服务资源联享、公益事业联办、精神文明联创、小区难题联解、宜居环境联建，打破了基层多元主体间的工作壁垒。显然，具体事务与服务过程的相互联动使社区党组织对居委会和便民服务中心的领导落到了实处。

最后，社区党委在领导治理过程中实现了自身建设。一方面，通过多种方式如"学习强国"APP，激励社区工作人员研习党的历史、理论、政策、新闻，在思想上占据堡垒地位。另一方面，通过党员的吸收与教育，扩大党员在社区工作队伍中的占比，为党组织注入新鲜血液。

（三）岗位角色："党政"工作"一肩挑"

九龙街道构建了社区"党政"工作"一肩挑"机制以解决"角色盲区"问题。所谓角色盲区是指，以书记为代表的社区党委职责容易偏向党务，以社区主任为代表的居委会职责容易偏向居务，社区书记与居委会主任、社区党委与居委会双方在工作上虽有交流，但总体上角色差异不小。因此，要实现党建引领社区治理，就要加强上述双方的相互融入，增强党委会和居委会之间的统一性。

从微观上看，社区"党政"工作"一肩挑"是社区党委书记和居委会主任两个角色的"一肩挑"。这打破了过去两个工作岗位之间的隔阂，让

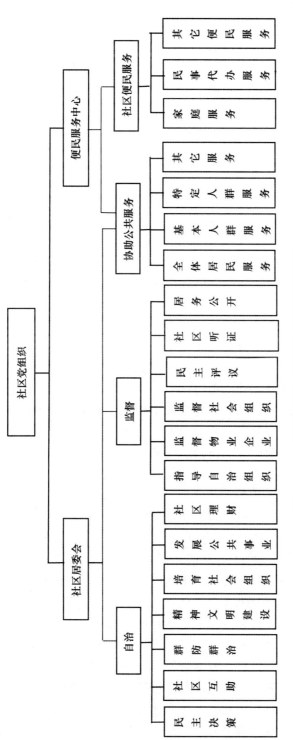

图 2 - 2　九龙街道社区 "124X" 治理与服务框架

"一肩挑"干部在党务、居务一手抓的过程中熟悉各种社区工作和治理事项，增强化解矛盾、服务居民的业务水平。

从中观上看，社区"党政"工作"一肩挑"是社区党务工作与居务工作两项任务的"一肩挑"。党委书记与居委会主任岗位角色"一肩挑"，必然增加社区党委会和居委会两个工作班子的交流与沟通，减少二者在工作思路和行事方法上的不一致，节约治理协商成本。

> 上游社区有两个特点：一是社区内有印刷、建材、玻璃、钢材、仓储等类型民营企业30余家，社区治理过程中协商难度较大；二是社区正处于撤村并居的过渡期，集体资产清算、农民土地补偿、公共服务供给等棘手问题较多。实行社区"党政"工作"一肩挑"制度后，不仅减少了社区两委内部沟通成本，还增强了辖区企业和居民对社区的信任度，号召企业参加党建联席会的工作难度降低了，撤村的进度也明显加快。（HCS7）

从宏观上看，社区"党政"工作"一肩挑"是基层党组织对基层政权领导的深化。一方面，从区县级层面看，在"两级政府、三级管理"模式中，居委会承接了街道治违、消防、环保、社保等大量职能部门的基层工作而"拟行政化"，街道也在很大程度上构成了对居委会的结构性支配；另一方面，九龙街道社区实行网格治理，在网格内就近选择居委会成员、居民代表、党员代表等担任网格长、网格员、楼栋长，使原来居委会中的基层群众自我管理、自我教育、自我服务的场域，由居委会转变到单元网格。

（四）职业素养："一好双强"显担当

如果说"党政"工作"一肩挑"是对社区工作人员职业角色的新定义，"一好双强"则是对其职业素养的新要求。具体来讲，"一好"（建设一个好组织）是针对社区党委领导下的整体工作要求提出来的，目的是补足社区党组织工作中的短板。"双强"（思想政治素质强、群众工作能力强）是针对每个社区工作者提出来的，目的是加强两委班子的思想理论修养和群众服务能力，在思想政治和工作实践两方面提升职业素养。

为保证社区真正做到"一好双强"，九龙街道规定每个社区工作者必须考取初级社会工作师证。社工证考试包括社会工作法规与政策、社会工作综合能力和社会工作实务三大板块。这种知识规范构成一般原则与地方伦理、专业理念与一线体验、职业素养与服务品格的多层次结合，不仅改观了一线社区工作者的知识结构，更以毛细血管般的机理将社工的专业、情感、良知注入社区工作。[1]

（五）新动员机制："九龙红哨"

最后，基于"五级党建落责任""124X 治理与服务框架""党政工作一肩挑""一好双强职业担当"等举措，九龙街道在党组织开展工作的动员机制上，创新了"九龙红哨"工作法（参见表 2-3）。

表 2-3　　　　　　　　九龙街道的"五哨五到"新动员机制

动员主客体	动员运作机制
组织吹哨，党员报到	社区党组织发出集结信号后，党员迅速报到反馈，按照"群众所需"对接"党员所长"的原则，为党员参与治理服务搭建平台
社区吹哨，单位报到	遇到关涉社区内企事业单位的治理事件时，由社区召集他们共同参与物业联席会、协调议事会、现场联合办公和重大事件商讨会，形成破解社区管理难题、共同参与社区治理的合力
业主吹哨，物业报到	小区业主遇到问题向物业反映时，物业公司第一时间予以反馈解决，并在其中梳理共性问题，成立联调小组，运用群众智慧解决群众问题，融合社会资源实现业主服务
居民吹哨，团队报到	居民在生活中遇到各种需要专业化帮助的问题，向社区群众服务干事寻求帮忙，社区安排心理疏导、法律援助、健康检查等专业社团为其服务，确保群众服务的科学化水平
百姓吹哨，志愿报到	"有困难找志愿者，有时间做志愿者"。一方面为各类志愿者发挥热情搭建平台，安排服务项目；另一方面采用多种方式激励居民参加志愿活动，壮大志愿者队伍，形成社区价值导向

资料来源：九龙街道党建办宣。

孟子曾说，"徒善不足以为政，徒法不能以自行"，[2] "九龙红哨"其实就是一个将治理资源投入治理实践的动员机制。一般而言，动员机制包括动员主体、动员客体、动员方法和组织动力四个要素。[3] 在动员主体上，"九龙红哨"改变了上级党组织、政府为单一动员主体的做法，将社区党组织、居委会、小区业主、普通居民和百姓都列为动员主体，赋予"吹哨"的权利与自主性。在动员客体上，虽然党员、辖区企事业单位、物业

---

① 〔美〕约瑟夫·劳斯：《知识与权力：走向科学的政治哲学》，盛晓明等译，北京大学出版社 2004 年版，第 228—229 页。

② 万丽华、蓝旭译注：《孟子》，中华书局 2006 年版，第 146 页。

③ 袁小平、潘明东：《农村社区建设中的社会动员机制研究》，《农村经济》2017 年第 4 期。

公司、志愿者、环保综治消防医疗等团队都被纳入动员对象，但并不是"兴师动众"，而是遵循事项相关原则，动员那些与事项问题有关的对象，降低动员成本、提高动员效率。在动员方法上，传统的动员方式采取自上而下的路径，而"九龙红哨"将动员范围扩大后，普通居民也可以在规定范围内发声动员，形成了自上而下和自下而上两条路径。在组织动力上，以往科层式的动员主要是为了传达上层的指示、决议，而"红哨"动员则是各主体都可以就社区中的治理事项动员讨论，使得动员内容生活化、全面化。总之，不同于过去那种行政式动员和运动式动员，"九龙红哨"在主体上、对象上、方式上、动力上采取分类动员的方法，改观了过去动员主体单一、范围覆盖狭窄、内容针对性不足等缺憾，创新出党建引领社区行政的"参与式动员"① 结构。

三　党组织作为社会核心：党建引领社区服务

在党建引领社区服务方面，九龙街道实行了党组织全面覆盖、党员邮递铸先锋、老杨群工帮您忙、培育社会组织四项具体工作，在群众教育实践中培育和发展党群互信关系。

（一）组织全覆盖：党群面对面互动

党组织全覆盖包括纵向和横向两个方面。纵向全覆盖就是前述"五级党建"责任制。在党的基层组织下沉中，党组织、党员直接深入到群众的日常生活，面对面的互动可以产出持续的表现性交换（Expressivity Exchange），使双方获得沉甸甸的交往真实感。② 这样一来，面对面服务的"事件化"呈现带动了群众的注意力分配③，让群众无须刻意寻找便能看见党建引领社会治理的所作所为，感知党的关怀就在身边，从而产生对党组织的信任与认可。

盘龙新城社区每月 20 日有爱心集市，联合了社区党员、九龙社工和热心居民，开展爱心义卖、爱心义诊、爱心理发等活动，集合爱心

---

① Thomas P. Bernstein, 1967, *Leadership and Mass Mobilisation in the Soviet and Chinese Collectivisation Campaigns of* 1929 – 1930 *and* 1955 – 1956： *A Comparison*, The China Quarterly 31： 1 – 47.

② 〔美〕彼得·伯格、托马斯·卢克曼：《现实的社会建构：知识社会学论纲》，吴肃然译，北京大学出版社 2019 年版，第 38—39 页。

③ 张晨、刘育宛：《"红色管家"何以管用？——基层治理创新"内卷化"的破解之道》，《公共行政评论》2021 年第 1 期。

资源为群众送温暖。爱心集市时间间隔适度、活动形象视觉化，使居民群众感受到生动的现实情景，形成对党的深刻印象，并在活动的重复中不断得到强化。（资料来源：盘龙新城社区宣）

党组织横向覆盖是指，社区、村组织、企业、学校、社会组织等领域都要建立党的基层组织，发挥党的领导核心与政治核心作用，对社区治理而言，物业党建、企业党建意义突出。在城市社会中，小区不仅是人们的居所，也是社会治理的基本空间单位，[①] 九龙街道把党建工作深入到物业公司，就是把党建深入到居民生活中，帮助党组织了解居民群众那些细微的、隐性的、多样的需求与特征，为党的群众工作积累生动的"近经验"。[②] 同时，物业党建并不止于分散的党支部工作，而是在社区党委的领导下以联建联管的方式梳理问题类型、挖掘深层原因、提炼程序方案，使物业党建工作跳出细枝末节，形成关于社会治理的制度性思维。可以看出，九龙街道以党建引领社区服务，不同于那种把工作化约为"建党支部"的表面化做法，而是真正地做到了建设支部、建实支部、建好支部。

在"村改居"过程中，街道物业小区快速增长，物业管理成为承载各种群众利益、需求、矛盾的平台。街道在物业企业间实行党的组织与工作的"两个覆盖"，辖区内中地、天居、奥园、万科西城等物业公司均已单独或联合建立党支部。在此基础上，成立物业联建联管党支部，将物业管理问题和职责清单化，推动物业管理和社区治理双管齐下。目前，九龙街道物业公司党支部广泛开展了党史知识竞赛、"五一"表彰活动、消防应急演练、物业普法、小区邻里节、儿童爱心义卖等党建和群众服务活动。（资料来源：九龙街道党建办主任许彩慧）

为落实党建引领社区服务的总体规划，九龙街道以"五级党建"落实责任、通过物业党建开展"三方联动"（社区、业委会和物业公司三方"双向进入，交叉任职"），实现了党在社区治理中的组织覆盖。

（二）"党员邮政站"铸先锋

党组织的战斗堡垒作用是通过党员行动者发挥先锋模范作用来实现

---

① 贺勇：《以党建引领提升物业管理水平》，《人民日报》2020年4月15日第5版。
② 〔美〕克利福德·格尔茨：《地方知识》，杨德睿译，商务印书馆2016年版，第92—93页。

的，即党员实际地执行组织的领导、统筹、服务、活动等，九龙街道发动党员扎根基层做实事的重要机制之一是"党员邮政站"。

> "党员邮政站"以网格党支部为单位，各支部党员充当邮递员，每周五定时收取"爱心邮件"送到居民群众家里。"党员邮政站"机制拓展了党员管理教育的领域，让各个党员在社区治理网格中亮身份、亮职责，强化党员身份认同和职业责任，使其克服匿名化与隐身化倾向。（资料来源：九龙街道党政办主任赵书丹）

在组织信息的层级传递中，每一个层次会对信息重新加工，导致信息难以准确传递到基层，从而产生执行偏差。[①] 有鉴于此，九龙街道党员邮政站每周进行一次"邮递"活动，以时空可见性的方式引导党员为群众服务，有效吸引党组织和党员的注意力，帮助党员正确理解党组织工作安排的具体含义，提高他们在邮递活动中的工作热情。

（三）"老杨群工"服务居民需求

民心是共产党执政的基础，民情是党委领导社会治理的依据。习近平总书记提出"增强群众工作本领，创新群众工作体制机制和方式方法"，[②]要求党组织和党员在服务群众的实践中关心民情、致力民生。"老杨群工"是九龙街道群众工作的重要项目之一。

九龙坡区通过发掘、总结基层干部杨永根的好经验好做法，总结出一套群众工作秘笈，提炼出"老杨群众工作方法"。2016 年，首先在金凤镇成立群众工作站，同时在 8 个村成立工作室，在 26 个网格成立工作点，其后又在杨家坪街道和九龙镇试点运行，逐步在全区推广，构建了可复制、可推广的"五个一体化"（建立一体化组织体系、规范一体化建设标准、建立一体化运行方式、推广一体化工作方法、完善一体化工作机制）基层社会治理模式——"老杨群工"。九龙街道自 2016 年试点运行以来，充分发挥"老杨""千里眼""顺风耳"的作用，践行"有事找老杨，老杨帮您忙"的服务承诺，专门为群众化解各类矛盾纠纷、提供民生服务。[③]

---

① 周雪光：《组织社会学十讲》，社会科学文献出版社 2003 年版，第 105 页。
② 习近平：《决胜全面建成小康社会，夺取新时代中国特色社会主义伟大胜利》，《中国共产党第十九次全国代表大会文件汇编》，人民出版社 2017 年版，第 55 页。
③ 王雪：《"我们都姓'杨'，专帮百姓忙"——九龙坡区"老杨群工"基层社会治理经验侧记》，《当代党员》2020 年第 7 期。

　　"老杨群工"中的"老杨"，是指以九龙坡金凤镇原综治办主任杨永根为原型的群众工作者，"群工"则是指为民谋利、为民办事、为民解忧的群众工作。"老杨群工"以杨永根类的同志为"领头杨"，联合镇街党代表、人大代表、政协委员、社区干部、社区城管、九龙社工、共建单位、社区法援、居民骨干等一大批"小杨"队伍为社区群众提供服务。"老杨群工"的核心要义是整合资源、创新方法、化解矛纠、服务群众，强调"人法德理事"五字工作方法。目前，"老杨群工"已成为九龙坡区乃至重庆市学习实践"枫桥经验"的一个重要载体，形成了"老杨群工＋五长制＋网格化"一体的基层社会治理创新模式。而九龙街道，也建立起街道"老杨群工站"—社区"老杨群工室"—网格"老杨群工点"的完整群工体系。（资料来源：九龙街道政法书记李华勇）

　　"老杨群工"不仅是服务群众的有效力量，还是收集基层工作信息的重要途径。老杨群工收集民情民意，一方面是深入基层治理"末梢"，直接掌握社区各种治理信息，为后续制定各种治理策略先行问路；另一方面结合"综治中心＋网格化＋信息化"，构建线上线下结合的群众服务机制，形成"有事找老杨，老杨帮您忙"的良好氛围。

　　（四）社会组织：共同体之桥

　　党建全面引领社区服务，不仅要号召党组织、党员积极为群众服务，还要引导群众组织起来，自己服务自己。因此，党建引领下的社区社会组织培育就显得非常重要。因为城市社区越来越陌生人化，传统熟人关系的互帮互助作用越来越减弱，个人容易原子化①，往往疏离社区邻里，这时候需要社区党组织助推社区居民增加相互交流。

　　九龙街道各社区培育了暑期嘉年华、读书会、创业沙龙、艺术队、国学课堂、邻里节、社工日等居民喜闻乐见的社会组织与活动平台，让居民在收获快乐的同时也收获友谊。社区社会组织不是处于"野生"或"放养"状态，党组织从一开始就参与了社会组织的筹备、建立和发展，将社区内分散的居民聚合在治理事务上，减轻社区两委的工作压力，党组织具有明显的"在场效应"。

---

　　①　田毅鹏：《后单位时期社会的原子化动向及其对基层协商的影响》，《南京社会科学》2015年第6期。

盘龙社区的"三麦"平台

麦苗平台：为少年儿童建立"暑假安全教育""硬笔书法课堂""忆传统品文化"等活动项目，丰富孩子们的业余生活。

青麦平台：为中年群众打造亲子课堂、妇女之家、辣妈育儿交流会等团体，鼓励社区居民相互交流生活经验。

麦子平台：为老年群众打造腰鼓队、舞蹈队、读书会等社会组织，搭建社区老年人愉悦自我的平台。（资料来源：盘龙社区宣）

从社会学互动仪式链的观点来看，社区培育社会组织、开展邻里活动，将居民聚集在同一个互动情境中交流，共同参与每一次活动中凳子如何摆放、队服选哪种颜色、如何分享一本书等具体事件，在相互揣摩、谈话、合作中促进了彼此间情感能量交换和同情能力增长，培育集体情感，构建了社区治理共同体的微观基础。[①]

（五）群众教育：党群互信关系建构

共产党是最代表广大人民群众利益的先锋队，因此，党在工作中不仅要顺应群众、服务群众需求，也要时刻运用自己的先锋队性质引领群众、感染群众。[②] 如果说前面的党员邮递铸先锋、老杨群工帮您忙、培育社会组织偏向于服务群众的话，那么贯穿于其中的组织生活会、党的理论知识竞赛、新时代文明实践中心、"学习强国 APP"等活动，则偏向于引领群众。

九龙街道以社区服务引领群众工作，方式多样。①通过标语直接影响群众，"微公益、微组织、微治理""有困难找社工，有时间做义工""有事找老杨，老杨帮您忙"等标语让人喜闻乐见，能够激发群众自我服务。②引导群众学习党的理论与历史知识，正所谓"内化于心、外化于行"，学习党的理论与历史有助于构建党群互信关系，对居民的行为产生引领作用。③通过便民图书室等，以阅读和课堂的方式潜移默化地提升群众的思想境界和道德修养。④深入开展新时代文明实践，以志愿者为主体力量，以志愿活动为主要载体，着力推进"1 所 10 站 5 基地 16 个示范点"建设，同时力倡"九学九行"，通过整合资源、创新方式、以文化人、成风化俗，进一步打通宣传、教育、关心、服务群众的"最后一公里"。⑤以"主社

---

① 〔美〕兰德尔·柯林斯：《互动仪式链》，林聚任等译，商务印书馆 2009 年版，第 15—26 页。
② 应星、刘水展：《在顺应群众与引领群众之间：党群关系的早期调适》，《西北师大学报》2019 年第 6 期。

联动"（后发展为"五社联动"）为载体，通过微组织、微治理、微公益"三微"行动，链接专业资源进驻相关社区和物业小区，将群众教育常态化。

本章小结

人们的社会实践，既不是随心所欲地行动，也不是单纯囿于所处环境，"而是在直接碰到的、既定的、从过去承继下来的条件下创造"，① 历史对于后来之事有着深刻的影响。在转型期，党和国家强调以党建引领社会治理，就是要把党的历史、思想、组织、作风和党的执政能力、先进性、纯洁性建设融入基层社会治理，构建一种迈向治理观的基层党建。九龙街道关注中国社会转型和本地"撤村改居"的双背景，注意到基层社会治理已经不能像过去那样由政府"一手包办"，基层党建也不能像过去那样限于"党的内部建设"，而是在新的形势下将基层党建和基层治理结合起来，建构基层社会的红色治理图景。

在党建引领社会治理的逻辑上，党一方面通过组织架构、职能统合等方式，全面引领社区行政，为基层社会治理带来更多的资源，保证了基层社会治理的实效；另一方面嵌入社会，联合基层社会治理的多元主体协商行动、达成共识，全面引领社区服务，使得治理过程更具有组织理性。无论是孔德的社会静力学与社会动力学的理念型分类，还是涂尔干的有关机械团结与有机团结的论述，都启示我们的社会不是单向度的社会，而是多因素综合作用的社会。基层社会治理既不是以国家的总体治理锻造社会的相似性与平面化，也不是以社会的灵活治理超越国家影响的个体主义，而是将二者结合起来，构建动态平衡的弹性结构。② 九龙街道推行的"五级党建"落责任、"网格支部"抓规范、"九龙红哨"强统筹、"党员邮递"铸先锋、"党建联席"优资源等具体治理策略，正是在全面引领社区行政与社区服务的基础上，把国家治理的秩序特征和社会治理的活力特征整合起来，"寓党建于治理"，提升了基层党建成效和治理水平。

---

① 〔德〕卡尔·马克思：《路易·波拿巴的雾月十八日》，中共中央编译局译，人民出版社2018年版，第9页。

② 李友梅：《秩序与活力：中国社会变迁的动态平衡》，《探索与争鸣》2019年第6期。

　　事物的共性寓于个性之间，解剖一只麻雀或许可以知道麻雀的一般面貌。① 九龙街道以党建为体、以治理为用，在民主协商行动中整合了社区治理行政与群众服务工作，取得了党的建设与群众服务双全的治理结果，呈现的不仅是九龙街道党建引领社会治理的新生态，更是新时代中国特色社会主义"红色治理"的新形态。

（撰稿人：陈保香　何健）

---

① 　毛泽东：《在广州中央工作会议上的讲话》，中共中央文献研究室《毛泽东周恩来刘少奇朱德邓小平陈云论调查研究》，中央文献出版社 2006 年版，第 131—142 页。

第三章　精准治理的网格制形态
——基于九龙网格的实践经验

第一节　网络化社会治理的来临

一　网络社会特征：传染性和间距性

1991 年，荷兰学者狄杰克（Jan van Dijk）最早提出网络社会概念，它是指现代社会越来越以信息、媒体等为基础，网络开始全面渗透到个人、族群、组织与国家等。[1] 1996 年，美国社会学家曼纽尔·卡斯特尔（Manuel Castells）出版了《网络社会的崛起》一书，该书深刻探讨了网络技术发展在现代性晚期阶段对社会形态、社会结构、社会机制等方面的改变和影响，[2] 这一著作的社会影响力堪比马克斯·韦伯的《新教伦理与资本主义精神》。在卡斯特尔看来，网络社会是一种不同于农业社会、工业社会的新社会形态。在这种新的社会中，科学技术和信息革命使人们有能力突破原有的限制，不断创造新事物，并极大地改变原有的生活交往方式。[3]

（一）传染性

这里所讲的"传染性"不同于生物医学上的传染，是指情感、行为等的人际传递。关于传染现象的研究由来已久，但是网络社会的兴起却加速和放大了这一社会现象。在深受新冠病毒影响时期，传染性并不仅限于病毒疫情本身，网络和信息带来的流动性也加剧了传染。有学者指出，在传染性社会中，人们可以在瞬间内或一定时段爆发性地产生联系，进而出现

---

[1] Jan A. G. M. Dijk, *The Network Society*, London: Sage Publications, 2006 [1991], p. 24.

[2] 〔美〕曼纽尔·卡斯特尔：《网络社会的崛起》，夏铸九、王志弘等译，社会科学文献出版社 2003 年版，第 570 页。

[3] 〔美〕曼纽尔·卡斯特尔：《认同的力量》，夏铸九、黄丽玲等译，社会科学文献出版社 2003 年版，第 2 页。

剧烈扩散性影响的聚集效应。[①] 现代网络技术容易使人突破时间和空间的限制,在任何时候任何地点都能获取或发布信息,针对信息产生的海量评论或真或假,又可能进一步卷入更多信息,信息胜似货币,由手段而成目的,从而深刻影响社会发展。

就社会治理而言,网络社会的传染效应十分明显。比如国庆时,有网友秀出"我与国旗的一张合照",众多网友纷纷秀出自己与国旗的合照,网络瞬间成为爱国主义的沃土。又比如疫情暴发初期,有网友在各个网络平台记录自己居家隔离期间的正能量生活,从而影响到更多网友参与进来创作有关疫情和隔离的视频,这既保障了自身健康安全,又支持了全民抗疫。

(二) 间距性

网络社会加速了信息的传播与共享,一方面增加了人们之间的交往可能性,另一方面也增加了认同的间距性。在网络技术出现以前,拜访朋友往往需要我们乘坐交通工具亲自到朋友家中进行面对面的访问;接受教育需要学生到学校与老师和同学们面对面的教学;欣赏美景需要行万里到景区亲身感受。生活交往受到了技术条件的限制,需要人与人面对面的互动和交流,在空间意义上人们之间的距离非常近,因此前网络社会中的社会交往是近距离的和实名制的。而在网络技术发达以后,卫星地图让我们足不出户就能看遍世界的美景,购物软件和物流网络让我们在家就能收到需要的商品,远程教育系统让我们能随时享受世界各国的优质教育等,这些现象表明网络技术的使用打破了地理空间距离的限制,生活交往更加多元开放。

不过,网络在实现了远距离交流的同时,也将传统的面对面互动方式转变为了一种匿名化生存方式。网民在网络空间中可以拥有一个或多个非实名的用户名,彼此间在虚拟世界中进行符号互动,虽然可能恪守法律,但在价值观、世界观、人生观等领域则可能出现多种分裂。

二　科技支撑治理：生活事实的统计学

现代社会科学在其发展初期,就开始运用数学方法,这甚至被马克思认为是一门学科是否成熟的标志。[②] 社会学是一门关注社会秩序的学科,

---

① 渠敬东：《传染的社会与恐惧的人》,《清华社会科学》2020 年第 1 期。
② 〔法〕保尔·拉法格：《忆马克思》,《回忆马克思》,中共中央马克思恩格斯列宁斯大林著作编译局译,人民出版社 2005 年版,第 190—191 页。

作为它的创始人之一的涂尔干，很早就注意到了道德统计学，并将道德统计学作为社会学学科的基础方法之一，从而提出了社会密度、道德密度、社会形态学等重要范畴。[①] 今天我们讲的社会治理越来越和统计学发生联系，比如开始逐级运用"大数据""云计算""5G""AI"等技术手段，这些技术开始逐渐被运用到社会治理领域，以期改进社会治理方式。[②] 将网络技术运用进社会治理可以"让城市更聪明一些、更智慧一些，是推动城市治理体系和治理能力现代化的必由之路"[③]。

（一）从数目字管理迈向数字化治理

法国社会理论家米歇尔·福柯深入探讨了现代社会的治理术问题。西欧社会在从封建的基督教神权统治向现代民族国家统治的转变过程中，经历了一个民族国家竞争的局面。世俗国家要达成真正的"朕即国家"的目标，就必须对组成国家的最根本的人口这一要素进行治理，而且能就政治共同体的语言、历史、心理、种族和文化等要素展现出一种霍布斯所说的"人的艺术"。[④] 福柯的研究的重要性在于拓展了16世纪以来的统治权含义，从领土拓展为人口，也就是从统治（rule）拓展为治理（governance），因为从18世纪开始，经济和财富的发展促进了人口的增长，对人口的管理也成为统治者的需求，正如福柯的那句名言，"西方人慢慢地明白了生物在一个生命世界中的含义。"[⑤] 既然人这个生物对于统治如此重要，那就需要研究涉及人的规训和惩罚的权力和治理。福柯指出了传统社会的权力是看得见的，需要通过那种敞开式仪式化酷刑来展示统治者的权威，而近代化以来的权力则是隐蔽性的，是透过人们的日常行为引导，以及对身体的规训来实现。也就是说，现代社会治理体系中的统治职能逐步让位于治理职能，从而变得隐而不彰。[⑥]

涉及人口治理的方法莫过于借助数学方法，数学统计方法可以描述和记录日常生活中的社会事实，能够进行综合监测和制定社会政策，进

① 〔法〕埃米尔·涂尔干：《社会分工论》，渠东译，生活·读书·新知三联书店2000年版，第219页。
② 葛秀芳：《网络时代呼唤智慧治理》，《人民论坛》2019年第8期。
③ 参见王琦等《让城市更聪明更智慧——习近平总书记浙江考察为推进城市治理体系和治理能力现代化提供重要遵循》，《重庆建筑》2020年第7期。
④ 莫伟民：《从国家到自然现实——福柯论治理理由的转型及其与马克思思想的歧异》，《复旦学报》（社会科学版）2013年第1期。
⑤ 〔法〕米歇尔·福柯：《性经验史》，佘碧平译，上海人民出版社2010年版，第92页。
⑥ 宋侃：《论福柯的"治理术"》，《经典中的法理》2013年第1期。

而为预测社会生活未来发展趋势提供依据。① 中国的现代民族国家之路颇为不易，② 其中最大的障碍便是黄仁宇所说的"数目字管理"问题。在黄仁宇看来，中国过去一百多年来的动乱，并不是因为道德问题导致，也不全由于统治阶级专横，而是缺乏像西方那样的数目字管理。③ 那么，何为"数目字管理"呢？它是指将社会中的资源用数字标注并且做好记录和统计，为统治者的决策提供依据，这是一种具有理性的、精确的、可计算特征的管理方式，④ 可以实现商业系统资金、人才以及技术等的充分利用，最终实现社会资源的有效配置。⑤

新中国成立后，数目字管理最先运用在了计生领域。⑥ 随着时代的发展和进步，尤其是网络技术的运用，今天社会治理的内涵和手段越来越丰富和科学，逐步实现了从数目字向数字化迈进。在我们田野调查的重庆市九龙坡区九龙街道的网格化治理工作中，利用信息设备监控街道的相关数据、网格员定位打卡、后台记录和分析网格员工作完成情况等均是数字化的体现。数字化与数目字相比，超越了传统计数方面的功能，更强调一个个数字借助智能技术设备生成为具有科学性和逻辑性的参考指标。2012 年，中央编译局与清华大学联合发布"中国社会治理评价指标体系"标准，为中国社会治理的评估提供了参照。"指标体系"由众多学者从过往的经验研究和事实材料中提炼而出，并经过多次论证和实践最终问世。网络技术的运用无疑为这些指标的计算带来了统计学意义上的便利。专门的运算系统自动将各项指标分类，将每项指标赋予一定的数值，能很方便地得到相应的结果，精确化的统计分析不仅省时省力，得到的结果也更加客观。⑦

（二）从粗放式管理到精细化治理

社会治理需要立足于一定的社会现实基础，不同的社会，其情境、

---

① 丁大同：《道德统计与道德景气监测理论》，《现代哲学》2001 年第 2 期。
② 〔美〕孔飞力：《中国现代国家的起源》，陈兼、陈之宏译，生活·读书·新知三联书店 2013 年版；〔美〕王国斌：《转变的中国：历史变迁与欧洲经验的局限》，李伯重、连玲玲译，江苏人民出版社 2010 年版。
③ 黄仁宇：《赫逊河畔谈中国历史》，生活·读书·新知三联书店 1992 年版，第 223—224 页；泮伟江：《黄仁宇的数目字管理错了吗》，《读书》2020 年第 7 期。
④ 竺乾威：《数目字管理与人本的回归》，《中国行政管理》2011 年第 3 期。
⑤ 黄仁宇：《资本主义与二十一世纪》，生活·读书·新知三联书店 1997 年版，第 31—32、27 页。
⑥ 周雪光：《权威体制与有效治理：当代中国国家治理的制度逻辑》，《开放时代》2011 年第 10 期。
⑦ "中国社会管理评价体系"课题组：《中国社会治理评价指标体系》，《中国治理评论》2012 年第 2 期。

逻辑与策略各有不同，因此须采取与之相适应的思维方式。① 传统的农业社会，由于生产力水平不高，流动程度低，社会结构比较稳定，社会生活以静态化为主，出现的社会问题也相对单一和简单，比如中国历史上黄宗羲定律所讲的治乱循环现象。在这种社会环境下，统治者只要能够维持社会的基本稳定即可，社会统治往往呈现粗放经营的特征，即管理的理性化水平和可控性程度较低。② 当社会发展进入后工业信息化时代，与之相伴随的是社会的高度复杂性和不确定性，国家和政府无法承担起社会管理的全部责任，须将一部分责任交给社会自治，政府的角色也从管理转变为治理。与此同时，粗放管理模式也就不能再适应愈发复杂的社会环境了，城市化的发展与社会流动加速，日益多样的现实社会问题就要求一套更加精细化的治理模式。③ 陈玉生进一步指出这种精细化的治理要求表现为国家权力渗透到社会生活的各个方面，尤其是在一些特殊领域，日常事务的处理可能会呈现出国家化的特征。④

在迈向治理体系与治理能力现代化的征程中，互联网技术成为重要依托。2016 年，随着"社会治理智能化"口号的提出，"科技""智能"等相关的词汇频繁出现在党和国家的各项文件以及习近平总书记的讲话中。⑤ 到了 2019 年，党的十九届四中全会决定在党的十九大报告"二十字"社会治理体制的基础上，增加"民主协商"和"科技支撑"，从而使社会治理体系的表述更加全面系统和完善，"科技支撑"正式进入党和国家的重要文件。这是看中了新兴科技能为社会治理提供更加智能化、专业化的手段和工具，能为问题的解决提供新的思路和方案，⑥ 充分相信并利用大数据网络和计算机系统算法分析，能够优化社会治理的结构、流

---

① 景天魁、高和荣：《探索复杂社会的治理之道——中国社会治理的情境、逻辑与策略》，《人民论坛·学术前沿》2016 年第 1 期。

② 韩志明：《从粗放式管理到精细化治理——迈向复杂社会的治理转型》，《云南大学学报》（社会科学版）2019 年第 1 期。

③ 张康之：《论高度复杂性条件下的社会治理变革》，《国家行政学院学报》2014 年第 4 期。

④ 陈玉生：《细事细治——基层网格化中的科层化精细治理与社会修复》，《公共行政评论》2021 年第 1 期。

⑤ 《审时度势精心谋划超前布局力争主动　实施国家大数据战略加快建设数字中国》，《人民日报》2017 年 12 月 10 日第 1 版；《加强领导做好规划明确任务夯实基础　推动我国新一代人工智能健康发展》，《人民日报》2018 年 11 月 1 日第 1 版；谢环驰、李刚：《坚定改革开放再出发信心和决心　加快提升城市能级和核心竞争力》，《人民日报》2018 年 11 月 8 日第 1 版。

⑥ 张成岗：《走向"智治"时代以科技创新推动社会治理现代化》，《国家治理》2020 年第 14 期。

程、决策和执行，使社会治理更加精准，评估效果更可靠。① "九龙云社区" APP 便是九龙街道精细化治理的重要体现，它是借助信息科技开发出的一款针对九龙街道实际情况的软件，在九龙社会治理中发挥了重要作用。

（三）从分散化治理到整合性治理

分化与整合是现代社会发展的双重逻辑，当分化带来社会困境的时候，整合也就成为现代社会的普遍诉求和价值指向。② 涂尔干对"机械团结"和"有机团结"的区分是最早有关于社会整合的论述，他指出了社会整合是社会不同要素、不同部分结合成一个统一、协调的整体的过程，是与社会解体相对应的社会学概念。③ 帕森斯提出 AGIL 分析框架，关注社会系统及内部子系统间的相互关系。哈贝马斯在帕森斯理论的基础之上，进一步提出"生活世界"和"系统"的概念，主张通过寻求社会力量的整合，弥合系统理性与社会生活的罅隙，使生活世界挣脱"殖民化"枷锁。④

以往的社会管理往往是各自为政，最后形成"条块分割"的局面，引发信息孤岛等问题，管理效果不明显。九龙街道在开展全科网格治理之前也存在这样的困境，消防、治安、市政、人口计生等各个领域的网格相互分离。按照"整合与分化"的逻辑，社会治理也应该转向整合性治理的方式，于是九龙的网格从之前的综治网格转向了今天的全科网格。数字时代的来临是整合性治理理论发展的重要背景，⑤ 我们今天所处的时代具有一个重要的优势，就是能随时随地获取想要的资源供我们使用。这一优势得以实现离不开网络技术对信息资源的整合。"大数据""云计算"等高科技手段将一切能获取的信息整合到信息系统中，"储存"一切相关的记忆。比如，在日常生活中，手机应用会根据我们经常搜索的内容自动推荐相关的新闻或链接；在通行类 APP 里，只要输入我们的出发地和目的地，系统自动帮我们选择最佳的交通方式；新冠疫情初期，大数据系统分析了在华南海鲜市场有过消费记录的人们的出行去向，预测哪些省市疫情传播会比

---

① 罗依平、汤资岚：《社会治理精细化的科技支撑研究》，《中共山西省委党校学报》2020 年第 1 期。

② 王虎学、万资姿：《分化与整合：现代社会的哲学诠释》，《山西师大学报》（社会科学版）2009 年第 4 期。

③ 袁泽民、莫瑞丽：《"社会整合"的类型及建构——对涂尔干的"社会整合"思想的解读》，《理论界》2008 年第 5 期。

④ 肖小芳、曾特清：《马克思社会整合理论的新诠释——从帕森斯、洛克伍德到哈贝马斯》，《伦理学研究》2015 年第 2 期。

⑤ 竺乾威：《从新公共管理到整体性治理》，《中国行政管理》2008 年第 10 期。

较严重。这些功能的实现都离不开信息的整合。

社会治理可以利用多媒体行业展开专题报道，这实际上是社会治理信息的分类整合，九龙的治理经验也自然地经常出现在重庆市的相关报道中。网络平台将有关信息汇集成为一个信息汇集地，信息获取者可以很便捷地根据自己的需要选择性地获取信息。随着越来越多的信息填充进来，关于事件的呈现也更加全面和客观，这就是信息整合的作用。日常生活中人们面对的信息愈发多样，而个人经历有限，不可能将所有的信息全盘吸收，信息整合的过程其实也是信息选择和过滤的过程。"城市大脑"的工作人员每天的工作内容就是处理整合有用信息，根据信息做出判断。电子屏幕上显示的每一个字符都是对具体情况的反映，专门的运算系统又按照特定的程序进行信息加工，最终生成有用信息。没有网络技术的运用，仅依靠人为加工信息是难以办到的，至少与高速发展的社会格格不入。

第二节 迈向网格治理

一 网格制的历史基础

（一）从编户齐民到保甲制

中国历史上的人口管理可追溯至有甲骨文记载的商代，当时的人口管理是控制族而不是控制人，是一项用于耕种、收获、国事等征调的附带性工作。[①] 战国及至秦汉，古代中国的国家形态和社会结构都发生了巨大变革，贵族分封制逐渐瓦解，随之而来的是君主集权的郡县制，以及以户为单位统计人口的国家定型化社会控制手段。[②] "编户齐民"（或简称"编户"）作为一种"以财力相君"（《汉书·货殖传》）的手段可见之于《淮南子》《盐铁论》《史记》《汉书》《后汉书》等。中国古代户籍制行至隋唐，内容上日益丰富，包含了户主、人口、公课、土地等项，也随着土地制度的变化（比如从"均田制"到"租佣调"等的变化），逐渐从简单的名籍变化为户帐同并，再到户帐分离。[③] 到了宋代，王安石实行保甲制，以家庭为单位登记人口，实行族群连带责任，既可清查户口，又能维护社

① 王宇信、徐义华：《商代国家与社会》，中国社会科学出版社 2011 年版，第 432—433 页。

② 陈小葵：《中国古代户籍制度略论》，《法制与经济》2008 年第 8 期；张琳：《中国古代户籍制度的演变及其政治逻辑分析》，《河南师范大学学报》（哲学社会科学版）2012 年第 3 期。

③ 宋昌斌：《中国古代户籍制度史稿》，三秦出版社 1991 年版，第 102 页。

会治安。①

> 荆公保甲行于畿甸，其始固咈人情，元佑诸公尽罢之，却是坏其
> 已成之法。……京畿保甲之法，荆公做十年方成。至元佑时，温公废
> 了，深可惜！盖此是已成之事，初时人固有怨者，后来做得成，想人
> 亦安之矣。却将来废了，可惜！②（《朱子语类卷第一三十·自熙宁至
> 靖康用人》）

1932 年，南京国民政府重新推行保甲制，这是当中国被卷入近现代之
后，受西方政治影响，尝试将传统保甲融于现代自治，试图将西方基层民
主自治与中国传统基层控制模式结合，但是这一做法最终随国民政府的垮
台而破产。③

（二）从户籍管理到网格治理

新中国成立后，为推动新中国城市工业化的发展，实行了城乡二元分
立的户籍制度。1951 年开始颁布相关条例，1958 年出台《中华人民共和
国户口登记条例》，以法律的形式规定了户口管理的各项细则。④ 改革开放
以后，中国社会迎来巨变，户籍制度开始松解，城市入户改革为农民工市
民化提供了保障，也提高了城市人口占比。⑤ 为维持社会稳定，社会治理
吸收并推广了偏"弹性"、重"疏导"的"枫桥经验"，致力于构建可持
续性的维稳机制。⑥ 随着社会转型加速和社会领域的迅速扩大，需要大量
公共产品和社会服务，除了规范和机制的创新之外，还需要风险预警系
统、危机管理体系以及社会安全阀机制等的建立和培育，进一步维护社会
的稳定。⑦ 党的十八届五中全会适时提出"加快推进社会治理精细化，构
建全民共建共享的社会治理格局"，网格化成为国家治理体系和政府治理
能力现代化的重要路径。具体操作是指行政区域被划分成一个个小网格，

---

① 张维迎、邓峰：《信息、激励与连带责任——对中国古代连坐、保甲制度的法和经济学解
　　释》，《中国社会科学》2003 年第 3 期。
② （宋）朱熹：《朱子语类》（第 8 册），王星贤点校，中华书局 1986 年版，第 3102—3103 页。
③ 柳德军：《国民政府"融保甲于自治"的历史逻辑》，《档案》2020 年第 3 期。
④ 王美艳、蔡昉：《户籍制度改革的历程与展望》，《广东社会科学》2008 年第 6 期。
⑤ 郭东杰：《新中国 70 年：户籍制度变迁、人口流动与城乡一体化》，《浙江社会科学》
　　2019 年第 10 期。
⑥ 中共绍兴市委党校、绍兴市"枫桥经验"研究会：《"枫桥经验"与新城镇社会管理创新
　　研究》，中国社会科学出版社 2013 年版，第 5 页。
⑦ 何增科：《中国政治体制改革研究》，中央编译出版社 2004 年版，第 405 页。

各方资源被纳入其中，以期实现对人口的管理与服务。

重庆市作为西部特大型城市，网格治理虽然起步较晚，但为适应城市转型和社会转型带来的双重流动性变化，积累了很多具有领先性的经验，比如我们这里遇到的重庆市九龙坡区九龙街道的网格治理田野个案。从区位看，九龙街道位于重庆市主城九区之一的九龙坡区东部，紧临区人民政府和杨家坪商圈，2020 年从乡镇转变成街道；从人口构成看，全街道 20 万常住人口中，仅有农业人口 166 人（117 户），基本实现全域城镇化；从经济结构看，城市经济特征显著，街道入统数据（不含园区）显示 2019 年辖区工业总产值完成 14.4 亿元，限上社零、批零和住餐分别完成 16.7 亿元、61.7 亿元、5856 万元，服务业已成为主要业态；从社会形态看，辖区有市场主体 13000 余家，有商务楼栋 92 栋，居民小区 89 个，其中有 60 个新型小区，已完全呈现城市社会形态。

九龙街道的信息化网格系统的前身是九龙镇根据区政法委指示建立的综治网格，这是一个建立在镇级财政基础上的现代化网格。撤镇设街道后，九龙街道仍然保持原来的财政体制。九龙街道的网格发展经历了从综治化网格到社会化网格两个阶段，在综治化网格阶段，九龙镇每年支出约 220 万，每月投入主要为 100 多名网格长和楼栋长的补助，合计每月支出接近 18 万。建成社会化网格治理系统后，九龙街道坚持社会化发展原则，将网格治理工作外包给社会组织，由九龙坡区集美社会工作服务中心组建 49 名专职网格员队伍为社区提供公共服务。街道与社会组织签署的合同以年为单位，资金结算同样以年为单位，年支出 330 多万，经费有所增加，工作成效更加明显。九龙街道的网格治理呈现出信息化、网络化、社会化等特点，它不只是一种单纯意义上的技术手段，而是有着取代传统科层制的趋势，代表着一种新的组织形态。

二 超越科层制

（一）科层制在基层社会的困境

从一种管理形态学的意义上看，今天的网格制有日益超越、整合、甚至替代科层制的趋势和可能，这一点可以从我们观察到的基层社会治理实践经验中看出。我们在九龙街道进行田野调查时看到，它在城市转型和社会转型的双重转换过程中，冀图通过网格制来全面带动基层社会治理转型。

一般而言，科层制是一种理性化的组织方式，能够推动现代国家向理性和善的方向发展，也推动社会成员的社会化，促进社会成员向现代公民转变,① 因为科层制能够行之有效地掌握国家的物质资源和人力资源,② 正如马克斯·韦伯指出,这是理性化国家对现代社会实施合法统治的行政组织制度。③ 所以,几乎所有现代国家在进行治理时都无一例外地采用了科层制。

在中国历史上虽然有过长时期的科举官僚制度,但这套制度更多遵循天下国家的逻辑。④ 由于现代的科层制管理"只能发生在属于法理型统治的理性国家"⑤,所以晚清维新变法为了推动中国的近现代化,一个重要举措就是废除科举制。近代中国经历了旧民主主义革命和新民主主义革命,无论是孙中山的三民主义,还是过渡时期的共同纲领,都有自觉或不自觉地采用科层制⑥。通过社会主义革命,现代中国真正在民族国家的意义上将传统的郡县制和科层制相结合,将单位制与户籍制相结合,使个人、单位组织与国家之间相互依存。⑦ 但是,随着中国由计划经济向市场经济转型,由封闭发展向开放发展转型,逐渐步入一个需求多样、流动迅速、分化剧烈、文化多元、主动选择、风险突增、信息技术日新月异的新社会情境,不仅那种全面管理方式受到了挑战,甚至那种从理性化的工业生产中孕育出来的科层制也受到了挑战。不过庆幸的是,当代中国的治理经验正好可以用来说明这种挑战,并提出一种不同于科层制的新阐释。

在理论和实践的双重意义上,当代中国社会治理创新实践中的网格制似乎可以和韦伯意义上的科层制等量齐观。韦伯曾指出:"中国的伦理,在自然生成的个人关系团体里,发展出其最强烈的推动力。"⑧ 从历史发展来看,这种推力是跨越时代的,能够亲和现实的政治体制和技术力量。从现实角度来看,中国共产党领导一切、统筹全局的能力首先是因为党的宗旨和性质决定了它的行动方向,所以它在治理实践中,能够以其绝对的政

---

① 张旅平、赵立玮:《自由与秩序:西方社会管理思想的演进》,《社会学研究》2012 年第 3 期。

② 〔美〕詹姆斯·斯科特:《国家的视角:那些试图改善人类状况的项目是如何失败的》,王晓毅译,社会科学文献出版社 2004 年版,第 65 页。

③ 苏国勋:《理性化及其限制》,商务印书馆 2016 年版,第 205 页。

④ 王亚南:《中国官僚政治研究》,中国社会科学出版社 1981 年版,第 39 页。

⑤ 苏国勋:《理性化及其限制》,商务印书馆 2016 年版,第 205—206 页。

⑥ 刘会军、李晔晔:《孙中山宪政思想中几个问题的辨析》,《民国档案》2012 年第 1 期。

⑦ 〔美〕安德鲁·华尔德:《共产党社会的新传统主义》,龚小夏译,香港:牛津大学出版社 1996 年版;李汉林:《转型社会中的整合与控制——关于中国单位制度变迁的思考》,《吉林大学社会科学学报》2007 年第 4 期。

⑧ 〔德〕马克斯·韦伯:《韦伯作品集Ⅴ:中国的宗教·宗教与世界》,康乐、简惠美译,广西师范大学出版社 2004 年版,第 319 页。

治优势有效抑制行政端表现出来的负功能。① 因此，引领社会治理的中国共产党的执政优势并不只限于它引入了科层制，而是它更具有网格制特征，克服了科层制的弊端，跨越了"科层制的藩篱"。②

传统的官僚制，主要包含了集权管理、档案编制、规范责成等机制，它虽然精确、稳定、可靠，③ 但往往对现实因素显得片面，往往用僵化的规则模型桎梏实际的变化。事实上，在制度的实践过程中，每个组织都有自己的特殊性，面对不同的问题，有着不同的需求，同时受到社会大环境的影响，不可能将理想模型等同于现实发展。随着社会的发展，社会矛盾积聚，亟待解决的基层问题也越来越多，传统的科层制思想指导下的管理模式也暴露出越来越多的问题，难以适应基层治理的需要。这主要表现在以下几个方面：①程序至上陷入刻板化窘境。在常规性组织中，程序正义要求按流程办事，这保证了处理一般事务的公正性和合理性，能为事后问责提供依据，确保组织能按正常秩序运行。但是，对于大转型社会而言，制度和程序在基层工作中出现"失灵"现象，容易导致推诿并贻误时机。②硬性考核指标缺乏温度。科层制天然的计算属性容易造成人际冷漠，从而造成对成员个体生命的漠视，这对于处于急剧变迁的社会来说，容易牵一发而动全身，突发性群体事件往往就是源于粗暴硬性的苛责。③分工导致分散。科层制虽然强调专业化，但也容易导致各自为政。九龙在全科网格治理工作展开之前已经成立了平安、消防、市政等众多网格，但是这些网格"共存而不交"，形成"信息孤岛"的困境。④政府有限理性。科层制标榜了政府无限理性，但其实际是有限理性，政府往往是心有余而力不足，基层社会的稳定，往往需要政府和社会组织合作。④

（二）网格制的实践逻辑

改革开放以后，大量人口告别面朝黄土背朝天的农业生产方式，从农村涌向城市，从农田走进工厂。城市人口数量急剧增多，社会流动和社会分层加速。在这一背景下，如何保证社会平稳运行，如何满足流动性增强背景下的转型需求，成为城乡社会治理亟须解决的问题。

---

① 王浦劬、汤彬：《当代中国治理的党政结构与功能机制分析》，《中国社会科学》2019 年第 9 期。

② 吴新叶：《基层治理需要跨越科层制范式的藩篱——与王龙飞博士商榷》，《探索与争鸣》2016 年第 1 期。

③ 〔德〕马克斯·韦伯：《经济与社会》（上卷），林荣远译，商务印书馆 1997 年版，第 248 页。

④ 朴贞子、柳亦博：《共在与共生：论社会治理中政府与社会组织的关系》，《天津行政学院学报》2016 年第 4 期。

1. 从领域治理到综合治理

随着城市化的迅速发展,各种新的社会问题接踵而至。从 2004 年开始,全国各主要城市都在一些领域进行治理探索。比如,北京市运用网格地图的管理思路,将东城区所辖范围划分成若干网格,每个网格由专门的城市管理人员进行全天候监控。① 成都市对劳动监察进行网格化管理,对网格内的企业全面"摸底",实现所有街道社区监察信息网全覆盖,摸清当地农民工的底数,为有针对性的维权管理打下基础。② 同时期的河南省济源市以网格化环境管理为手段开展节能减排、保护环境的工作,加大资金投入,定区域、定企业、定人员、定奖惩措施,同时建立健全信息系统,安装在线监控设施,并与环保部门联网,利用在线监测数据采集系统和环境质量预测模型,实现对环境污染事故超前预警,最终环境质量大为提升。③ 这些做法具有一些共性:①责任细分,②采用地理编码与信息技术,③以居民问题为中心。

网格治理经历了从具体领域走向全局性综合治理的过程。2007 年底,浙江舟山普陀区桃花镇开始试点,2008 年 8 月形成新的工作思路:以为民、惠民、便民为宗旨,以"网格化定位、立体化组团、多元化服务、信息化管理"为基本方法开展社会治理工作。舟山成为农村网格治理最早的"试验田",贡献出了组团式服务社会治理的新模式,即在基层党组织的统一领导下,把各种社会力量纳入网格,成为为网格服务的资源,以家庭为最基本的服务单位,建立起基层社会管理服务新体系。④ 2010 年,北京东城区正式启动网格化治理,这一综合性举措将"网格化"提升到新高度,其主要做法包括:①人和物全覆盖;②服务大民生,从生活到就业;③资源大动员,条块融合服务基层;④信息化协同。⑤ 随后全国各城市的领域治理都逐步升级为综合治理。

2. "把支部建在网格上"

在网格化治理进程中,基层党组织建设找到了新的阵地。"党建 + 网格"能够凝聚基层治理的新力量,⑥ 解决了随着经济社会发展形势变化的

---

① 赖仁琼:《北京东城区:分网格管城市》,《人民日报》2005 年 2 月 23 日第 10 版。
② 白天亮:《"网格化"铺就安全网》,《人民日报》2007 年 5 月 27 日第 7 版。
③ 曲昌荣:《河南济源环境管理实现网格化》,《人民日报》2007 年 7 月 12 日第 1 版。
④ 袁亚平:《海风吹来平安日》,《人民日报》2009 年 10 月 24 日第 1 版。
⑤ 朱竞若、余荣华、毕交:《"凡事不出网格"(见证)》,《人民日报》2011 年 4 月 20 日第 17 版。
⑥ 代玉启、刘妍:《党建 + 治理:党建引领基层社会治理的浙江探索》,《中共宁波市委党校学报》2017 年第 5 期。

流动党员问题。比如山西长治城区创新网格地图：全区被划分为超过四百个网格，所有的党员群众，经济、社会组织以及驻街单位等全部纳入网格管理，每个网格设置党小组长，让网格成为教育、管理、服务党员的基地，做到"一网通全区"，网格化破解了"口袋"党员难题，做到了流动党员离乡不离党。[①] 北京市东城区接续"把支部建在连上"的光荣传统，明确了"把支部建在网格上"的建设路径，即以党支部书记为先导，把各方资源纳入进网格，一张网格做到了虚实结合。[②]

3. 精细化的"绣花治理"

在新的网络技术支撑下，社会治理可以像绣花一样精细。上海市根据城市管理范围，划分出了两千多个网格，做成一张网格"电子地图"，实现精确定位，准确查找。在地图的基础上，纳入其他资源，叠加交通、市政、环保等部件，做到实时监控，将整个城市纳入动态的网格化管理。搭建好主体框架之后，上海各区根据自身实际情况"绣"好每一"针"。比如，闵行区网格中心联合区法制办制定了《闵行"大联动"三级管理平台案件办理工作手册》，统一制定居、村、街面和拓展责任网格的前端管理任务清单。[③] 又比如，2018 年伊始，成都在全市启动网格整合，建立全市"大联动·微治理"信息系统，统一划分网格，建立专职网格员队伍，充分利用群众资源和志愿活动积极分子，发展兼职网格员参与城市治理，网格员通过系统客户端随时随地上报发现的问题，实现部门之间联动处置。[④]

（三）网格制作为一种新的总体性治理

工业时代产生了科层制理论，信息大数据时代催生了网格制理论；科层制把现代工业组织起来，但停留在最后一公里之外，而网格制则把现代社会团结起来，或许能打通最后一公里。社会网格治理的思路来源于计算机技术和信息学原理，网格是网络之上运行的软件基础设施，网格技术不仅实现超级计算，还能实现资源和信息的联通和共享。利用仿生这一思路，社会网格治理将行政区域范围以道路、水道等为界限划分网格，对接各方资源，协同合作，为网格内的社会行动者提供服务。[⑤] 虽然网格治理

---

① 刘鑫焱：《"网格联动"扫除基层党建盲点》，《人民日报》2010 年 7 月 19 日第 11 版。
② 朱竞若、余荣华：《支部建在"网格"上》，《人民日报》2011 年 12 月 14 日第 5 版。
③ 孙小静：《上海大数据绣出活地图（民生调查·聚焦城市精细化管理）》，《人民日报》2017 年 9 月 22 日第 23 版。
④ 宋豪新：《"绣花治理"让成都更有温情》，《人民日报》2019 年 10 月 23 日第 11 版。
⑤ 谢康、吴瑶、肖静华：《数据驱动的组织结构适应性创新——数字经济的创新逻辑》，《北京交通大学学报》（社会科学版）2020 年第 3 期。

的运行仍然有科层制的影子，但是它已经充分显现出超越科层制的新总体性特征。

1. 网格治理的嵌入

波兰尼（Polanyi）和格兰诺维特（Granovetter）先后提出了嵌入性（embeddedness）的概念，对市场与社会的关系问题进行了自己的解释，其嵌入性思想也分别代表两种不同的市场观。① 在格兰诺维特看来，经济行为是以信任作为机制嵌入到社会结构中的，其中最核心的社会结构便是社会网络。因此嵌入性概念可以有助于理解发生在强关系社会网络中的经济行为和社会行为。②

王思斌等学者结合自己的专业领域对嵌入性概念的内涵和外延进行了扩展，嵌入性理论也适用于社会组织现象。网格治理的嵌入性可以理解为专业的网格治理运用于基层社会组织，推动网格治理在基层社会的全面展开。在网格治理实践的过程中，社会组织对于网格员的选拔、管理、考评等工作仍然按照科层制的工具理性原则来执行，确保网格工作按正常秩序运行。社会组织作为政府意志在基层的代表也体现国家科层体系向基层的深入，直面基层事务以及居民的个体需求，③ 科层制在网格治理工作中仍然作用明显。在现阶段，网格治理对基层治理的嵌入实质上是对科层制的嵌入与整合。王思斌指出，对于嵌入性的理解不仅要关注嵌入的过程、嵌入的机制，还要关注嵌入后的状态。④ 顺此思路我们认为，网格治理对科层制的嵌入最终呈现出网格制这一新的国家治理形态，它一方面体现了科层制理论中的工具理性在基层治理实践中的作用，另一方面，它结合了中国社会的实际，克服了科层制理论中抽象化、非人格性、形式主义等弊端，让基层治理焕发新的活力，因此网格制是对科层制的超越。

网格制与科层制的相互嵌入，带动了其他事物嵌入于网格治理中，网格治理表现出越来越强的总体性。九龙街道、九龙社工中心以及专业人员指导并开展治理工作，反映了社会组织和科层制与网格治理的相互嵌入。综治中心（信息指挥中心）、"九龙云社区" APP 作为技术支持辅助网格治理，这是信息平台与网格治理的相互嵌入。⑤ 网格制将各种资源要素嵌入

① 符平：《"嵌入性"：两种取向及其分歧》，《社会学研究》2009 年第 5 期。
② 孙立平等编：《社会学导论》，首都经济贸易大学出版社 2004 年版，第 150 页。
③ 陈玉生：《细事细治——基层网格化中的科层化精细治理与社会修复》，《公共行政评论》2021 年第 1 期。
④ 王思斌：《中国社会工作的嵌入性发展》，《社会科学战线》2011 年第 2 期。
⑤ 郭春甫、张丽梅：《基层社会治理创新实证研究》，吉林大学出版社 2020 年版，第 80—86 页。

进来，实现了社会治理从分化走向整合，在一定程度上通过整合更多的柔性资源来克服科层制的刚性和单一性。

2. 基层事务的具化

不同于科层制的非人格性，网格制可以具体到每个人。九龙街道目前有 50 个网格，用无数根线贯穿到九龙街道行政范围内所有人和物。这不仅有抽象的设计，也有看得到的物理介质、社会空间和生活人群，网格制努力把现代社会本已变得陌生的人们重新又编织进一个可以识别的熟人系统中。

（1）边界具化

网格划分是按照一定的原则将管辖的范围划分为一定数量面积适中的网格。各个网格之间必须边界清晰且无交叉，还要避免盲点遗漏。九龙街道的网格首先依据社区的范围来划分，按照"就近利民便民、方便网格管理"的要求对彩云湖、盘龙新城等 11 个基层社区（管委会）服务区域进行调整；然后依据调整后的社区范围划分出网格。在区域范围内的任何地点都有所属的网格和社区，尽可能减少灰色地带，保证网格范围与社区范围不割裂，方便和其他事务的统一管理，这样不仅方便了网格综合治理工作，更方便了群众办事，杜绝服务真空。

（2）责任具化

网格系统在设计时将常见的治理问题进行分类。九龙街道开发的"九龙云社区"APP 将上报的问题划分为城管监察、综治平安、市场监管、物业管理、规建环保、应急管理、社会事务、新冠肺炎防控以及就业和社保工作 9 大类别，基本上将所有问题全部囊括其中。网格员在上报问题时，根据问题的性质分门别类上报。网格系统内的所有工作人员都有明确的职责，9 大问题类别分别对应不同的工作人员。这些要求都以科层制中规章制度的形式存在，因此在网格系统中很少存在责任推诿的现象，遇到该自己负责的问题尽全力解决，责任具体化效果明显。

3. 反应灵敏

网格制以解决问题为导向，没有条条框框限制，在实际运作过程中，虽然也有一定的工作程序和要求，但是更看重问题解决的效率和效果。在网格员发现问题、上报问题以后，各部门协同配合，顺利处置。

（1）对外部环境的适应性

网格制是顺应时代发展的产物，反映了数字经济时代社会治理的需求。网格中组织的运行、人员的配置等都体现出对环境的高度适应性。网格治理紧跟国家的方针政策，能应对各种突发性社会事件。面对波及全球的新冠疫情，过往的处理经验几乎为零，为保证国民健康安全，作为基层治理的网格制必须在第一时间站出来发挥其在基层治理中的作用。

> 九龙街道数个社区内出现确诊病例后，社区工作人员和网格员立即组成应急分队，根据社区情况制定隔离方案，按楼栋建立微信群，根据居民的生活需要组织专门的工作人员配送物资，并在群内安抚居民的情绪。在疫情后期，针对实在有外出需求的居民，重点做好登记、检测、排查等工作，并没有"一刀切"。

事实证明网格制的作用是巨大的，在全民居家隔离的关键时刻为居民提供物质保障甚至精神慰藉，反映出网格制在应对外部环境变化的高度适应性。

（2）网格内部的变通性

变通在网格工作中随处可见。一位网格员既可以是问题的发现者，又可以是问题的解决者；既是社区工作的监督者，又是社区工作的参与者。

> ● 网格员身兼多种角色，可以随时切换角色。
> ● 网格考核机制根据实际情况而定，网格工作人员精力不够，其他同事可随时顶上。

一些情况特殊的网格中，问题解决的难度较大，对其考核的标准就做出相应的变通。

> ● 彩云湖湿地公园网格主要维护公园里面的花草树木、保证游客的游玩体验，其重点是对环境的关注。
> ● 盘龙市场网格区域内均为钢铁建材市场，网格工作的重点在于督促安全生产。
> ● 上游网格由于行政区划的原因网格之间处于分散状态，并未连接起来。

将特殊性纳入考核过程中的参考因素，这并非徇情枉法，而恰恰是公平和人性的体现。不拘泥于纸面的规章制度，充分考虑各方因素，体现对内部工作人员的鼓励和关怀，也增加了信息流动、问题解决的速度。网格制带来的灵活性让基层组织"活"了起来。

4. 资源力量的整合

精准治理是从分散走向整合，把资源和力量集中起来。在全科网格开展之前，网格治理的工作呈现分散化的状态，消防、市政、社保、平安等网格"共存而不交"，但是在 2018 年网格治理工作全面升级后，最明显的效果便是改变了以往分散的工作方式。

（1）实现资源整合

以前的网格各自为政，单打独斗，现在这些资源都一并纳入同一个网格系统中，并且彼此的信息相互流通和共享，整合后的资源打破了以往分布不均的状况，促进资源在不同区域之间均匀分配，实现协同发展。"九龙云社区"APP 将九大问题类别同时囊括进来，有关的信息在 APP 中都能查询。关于九龙街道范围内的各项数据都能在综治中心（信息指挥中心）后台集中显示出来，一目了然，清晰反映出街道当前的状况。

（2）实现力量整合

社会由多个主体组成，每个主体都代表一种力量，网格将这些不同的力量聚合起来，成为社会发展的巨大推力。具体来说，网格治理将社区党组织、居民自治组织、社会组织、企事业单位和居民群众等力量整合到一起，推动群防群治工作，重点解决工作人员各自为政、单打独斗的问题，避免以往信息采集口径不一、各采所需的问题，减少重复劳动，同时实现资源的共享。比如在"五长制＋网格化"框架中，上到区委副书记、副区长，下到每条路的路长，每条巷的巷长，每栋楼的楼长，每个店的店长，都代表着社会的力量，凝聚在网格工作中，也增强了居民们的社区意识，推动参与式治理发展。

5. 建设合作社会

自 2014 年国务院政府工作报告中首次提出"推进社会治理创新，要注重运用法治方式，实行多元主体共同治理"后，"多元共治"成为社会治理的新趋势，而"政社合作"又是其中最重要的形式，即政府通过与社会组织的合作，将社会资本引入到社会治理中来。[①] 九龙街道按照这一思路，及时搭建平台、完善组织、强化阵地，成立了九龙社会工作服务中心，作为服务社工发展的平台，孵化社会工作组织，统筹协调社工实践项目。街道与九龙坡区集美社会工作服务中心（以下简称"集美社工"）签订合同，由集美社工负责九龙社工中心的日常运行。

---

① 敬乂嘉：《从购买服务到合作治理——政社合作的形态与发展》，《中国行政管理》2014 年第 7 期。

　　九龙街道将网格治理工作的社会化部分交由集美社工负责，包括网格员的招募、管理与考核等。网格员的人选主要来自辖区内的居民，因为他们对于街道更为熟悉，这在解决居民就业问题的同时，也提升了社区居民的社会参与感。这样的政社合作模式不仅减轻了政府的治理压力，提高了治理效率，还让社会组织在承担社会责任中得到迅速发展，社区居民获得感明显增强。

　　6. 陌生人的再熟人化

　　费孝通在《乡土中国》中介绍了中国社会的乡土性，即"生于斯，长于斯"的"熟人社会"。在"乡土社会"中，人们的活动区域基本限于"我们村"，跨区域接触少，安土重迁，不肯轻易流动，形成了相对狭窄的熟人生活圈。[①] 在熟人社会中，人们以血缘和地缘为纽带，身边都是熟悉和亲近的人，彼此知根知底，在这样一种"无讼"的文化传统里，人与人之间的信任机制不是来自法律、契约，而是孕育于对规矩高度熟悉而产生的惯习。[②] 在熟人生活圈，"礼"成为了维持乡土社会正常运行的"法律"，成为日常交往的行为准则。随着社会的发展，人员流动加快，大量人口逐渐脱离原有的社群，开始向城市聚集。人们搬进了象征更高生活品质的高楼住房，却不知道自己的邻居是谁。市场经济的大环境下，业缘关系逐渐打破血缘和地缘的纽带作用，形成了新的交往方式，以往的社会慢慢被打破。科层制的兴起让理性主义占据了社会思想，非人格化管理让各种规定、制度成为人际交往的新情境，不难逾越，但也消磨了社会交往的积极性，人情味儿在慢慢消失，社会开始进入"陌生人社会"。

　　"陌生人社会"是与"熟人社会"相对应的社会交往形态，即人与人之间不熟悉、不了解，匿民化的特质。[③] 美国著名法学家劳伦斯·M. 弗里德曼（Lawrence M. Friedman）指出，现代人的生活、健康、财富都支配于那些遥远的、素未谋面的陌生人，每个人的安身立命之所在，都裹挟于理性规训的机器及其操作者。[④] 今天的"陌生人社会"就是城市化兴起、社会流动加速、理性主义崛起、数字信息广泛运用等因素共同作用而成。九龙街道也面临着"陌生人社会"的挑战，人们搬进了高楼住房却不知道自

---

① 费孝通：《乡土中国》，上海人民出版社 2013 年版，第 9 页。
② 费孝通：《乡土中国》，上海人民出版社 2013 年版，第 10 页。
③ 冯必扬：《人情社会与契约社会——基于社会交换理论的视角》，《社会科学》2011 年第 9 期；李猛：《抽象社会》，《社会学研究》1999 年第 1 期。
④ 〔美〕劳伦斯·弗里德曼：《选择的共和国——法律、权威与文化》，高鸿钧等译，清华大学出版社 2005 年版，第 81—82 页。

己的邻居是谁；社区工作人员正常到访却被关门谢绝；从新疆搬来的商户受到其他商户的冷落……不过网格制的确立，却使消失的人情味儿逐渐被找回。传统思想和文化的力量是强大的，即使今天城市化进程加快，市场社会拉大了人们之间的距离，但是刻在中国人骨子里的人情世故仍然存在于生活中，人民渴望回到过去邻里之间守望相助的共同体生活。网格制的出现提供了一个契机，使那些传统的人情世故回归，唤起人们关于共同体的记忆。

（1）串联社会各方

网格治理将社会各方资源纳入网格系统中，将各种主体组成了一个小型的生活共同体。在九龙的网格系统中，居民、社区骨干、网格员与网格中的其他力量共同构成了一个命运共同体，为创造更好的生活环境而努力。共同的目标会促进共情能力的产生，社会成员间设身处地体验他人的处境，进而感受和理解他人的情感。通过调研走访了解到，居民越来越理解并配合网格员的工作。比如一些临街的店铺因为不同的原因把货物放到了属于公共区域的人行道上，但是在网格员善意提醒之后，所有的店主都立马表示抱歉并承诺在一定的时间内将货物从街道上清理；网格员也会主动找居民拉家常，关心做生意的店家们最近生意怎么样，找机会多和外来的住户交流，帮助他们更好地适应在重庆的生活等。这样网格工作也就走入了良性循环，各方之间的关系越来越密切，社区的社会资本在增加，弱关系发展成了强关系，形成一张有温情的社会关系网。

（2）增强互动频率、丰富互动形式

网格员的日常工作是要在网格内部经常走动，主动发现和上报问题。一名优秀的网格员会主动和居民打成一片，走进居民的内心，切实感受他们的需求。

　　在盘龙新城，网格员唐大哥经过了两年多的网格工作后和街边的商户们早已熟悉，每次在街边巡逻大家都会很热情地打招呼，在小区里面巡楼完成后，走到保安亭会应保安大叔的邀请进去一起喝口茶聊聊天。

　　巴国城社区的网格员罗德兰大姐成为一名网格员已一年多，她通常是和负责其他网格的同伴一起共同走访彼此的网格，对巴国城也是非常熟悉，在走访时社区内一名超市的负责人遇到罗大姐和她的同伴很热情地打招呼并微微抱怨附近又要新开一家超市导致生意难做。（资料来源：实地访谈资料）

网格制下的互动不仅仅局限在面对面的口头言语对话，开展趣味活动、建微信群也成为基层互动的重要形式。微信群已经成为外围性的辅助工具，突破地域限制，随时随地都能展开互动。这些互动活动必然会促进居民相互间的情感，因此从这个意义上来看，网格制不仅增强了人情味，还能满足情感需求。

（3）党员引领网格

党建引领基层治理是一种重要的思路和方法，在这一思想的指导下，党支部建在网格上的实践路径日渐明朗。一个网格建有一个党支部，把党员力量吸纳进网格系统中，不仅增强了党员对于党组织的向心力，更重要的是服务了居民群众的多样化需求。九龙街道根据实际情况，设立了五级党建责任制。在党员的带动下，其他居民自发参与社区志愿服务活动，新冠疫情期间，不仅能看到党员冲在最前线，还能看到其他普通志愿者活跃在各个工作岗位上。党员带动社区形成了主动奉献、积极参与的精神氛围，营造出和谐的社区环境，增强了居民幸福感。

（4）以人民为中心的社会价值导向

网格治理最重要的价值指向是社会性，即面向人民的要求，把最广大人民的根本利益作为党和国家一切工作的出发点和落脚点。网格治理以人民利益为根本，切实保证人民的生活质量，"九龙云社区"APP中囊括的问题均与居民的生活密切相关，高科技的使用、网格员的日常巡逻等都是为了维护社区生活的正常运行。不仅如此，九龙网格治理还把居民吸纳进来，促进多层次参与，不仅有店长、楼栋长在日常的工作生活中参与社区治理，志愿者也主动参与疫情防控，还通过楹联创作等活动让全体居民都有机会感受社区的温暖。可见，网格制的根本价值指向就是社会性。

第三节 社会治理的网格制运作

一 网格制的时空特性：城市转型与社会转型

（一）空间性：从乡镇社会治理到街道社会治理

在我国现有行政体制下，乡镇和街道分别是城乡基层政权的代表，职能各有侧重。乡镇的直接服务对象主要是农民，职能重心是对农村地区的事务管理与服务。街道办事处则是市辖区或者是县级市设立的派出机关，它服务的对象主要是城市居民。城市居民对具有公共性、动态性、规范性和竞争性的服务要求更多也更高，而街道办事处的职能重心偏重于社会之上，始终面临着提供精准服务的压力。

2020 年，九龙镇在经历最严重的疫情挑战之后正式转为九龙街道，宣告了乡镇时代的结束及后乡镇化时代的到来，城市转型基本完成。不过就网格制的建设来说，网格制开建在乡镇时代，发展在街道时代，是应对城市转型和社会转型这双重转型而建立的，也是面向未来而建设的。或者更准确地说，九龙街道一步就跨入了网格制时代，也跨越了前面所说的"科层制的藩篱"，甚至可以大胆地认为，它是中国未来与项目制并行的另一种总体性治理技术，有可能将科层制和项目制都纳入其中。①

（二）时间性：适应信息化时代的全科网格

我们在前面的讨论中已提到，九龙街道的网格制经历了从领域网格治理到全科网格治理的发展阶段。2018 年以前，九龙街道的基础治理更多是围绕社会治安的领域网格治理②，2018 年以后实施的则是全科网格治理。从功能上看，领域网格治理阶段是局部性的，多有不健全。在领域网格治理模式下，九龙镇共划分有 150 多个不同类别的网格，以志愿者的形式招募了 150 多名网格长和 700 多名楼栋长（有部分网格长和楼栋长由同一人兼任），网格长每月补助 300 元，楼栋长每月补助 150 元，从事以解决居民矛盾、联结政府和居民等为主的工作。志愿者多为 50 岁以上赋闲在家的中老年人群，文化认知程度并不太高，对信息的把握能力并不强，反应速度慢，而且他们仅是以志愿者的身份参与，往往不能保证一定时长的工作时间，只是在他们相对空闲的时候参与网格治理工作。可见，领域网格治理模式是局部性的，功能较为单一，只能反映和解决部分问题。这一模式算是后来全科网格治理的准备形式，还算不上是核心模式，因为无论是理念设计、技术支撑，都不具有后来的全科网格制的革命性特点。

正是鉴于领域网格制的固有缺陷，同时又有信息化、网络化迅速发展带来的外部压力和技术推力，基层社会开启了一个与项目制不同的网格化治国新阶段。网格制作为一种总体技术，呼之即出。2016 年 12 月，重庆市委常委会议提出了"要巩固完善一体化大综治工作体系"的工作要求。九龙坡区同时积极跟进，从 2017 年开始进行"网格化＋信息化＋综治工作中心"的基层综治组织模式探索，并将其作为年度综治工作的重点项

---

① 渠敬东：《项目制：一种新的国家治理体制》，《中国社会科学》2012 年第 5 期。
② 我们这里定义的领域网格治理是根据综治网格这一特征提炼出来的。综治网格主要是指最初用于矛盾纠纷排查、重点人员稳控等综合治理信息管理系统。我们在表述时将综治网格和领域网格互用。

目。这一项目依托镇街、村居公共服务中心，有效整合基层资源力量，构建基层综治工作新格局，切实发挥了基层大综治工作优势。

紧接着，各种资源力量通过现有的综治网格被整合进来，网格内的资源开始扩充，比如消防、市政等其他资源力量也开始加入网格治理工作。但是矛盾也随之出现，网格划分最初是针对综治工作而进行的划分，并不完全适用其他资源力量开展工作，而且，网格内各资源力量相互独立，没有统一的指挥，各自为政。显然，此时的网格治理只能说形似而神不似。当时网格划分显得过多、过细，仅在九龙镇范围内就存在 150 多个网格，数量过于庞大，统筹管理难度大，效果上受了限制，比如综治网格的网格员由年长的志愿者担任，由于精力的原因，每人承担的工作量有限，极大地限制了网格治理的效能。

革命性变革发生于 2018 年 2 月至 7 月。当时的九龙镇（如今的九龙街道）决定将网格作为基层治理的基础，出台了《九龙镇基层网格治理创新实施方案》，启动了以"拉网、架网、合网、织网、控网、强网"为主要内容的"六网"工程。2018 年 2 月，九龙街道基层网格治理创新工作领导小组随之成立，并随即召开了基层网格治理创新工作动员大会，鼓励以政府购买服务的方式与社会组织合作，聘用专职网格员，组织人员培训，明确职责分工。同年 7 月，九龙坡区委和政府印发了《九龙坡区城市综合管理"五长制＋网格化"实施方案（试行）》的通知，要求各乡镇和街道结合自身实际开展全科网格治理。九龙镇立即梳理网格制的核心控制部分和外围社会化部分，把属于核心部分的综治网格的相关资源收回，重新划分和组建新的网格，提出"地域相连、户数相均、单位覆盖、老区划小、工作落地"的划分原则，既前瞻全区规划，又综合地理布局、道路走向、工作难易等因素，进行网格的合理划分。通过以上措施，将各方资源统一纳入网格系统，全科网格治理工作由此展开。到了 8 月，"九龙云社区"APP 启动，同时镇综治中心（信息指挥中心）开始运行，系统化开展网格治理创新试运行。从 11 月起，全科网格治理工作在九龙正式推进。2019年 10 月，九龙镇出台《关于深入推进基层网格治理创新工作实施意见》，"深化网格治理"进一步突显。

二　网格的结构与运作

九龙街道"五长制＋网格化"的网格治理模式，和其他地方的网格相比，既有共性，也有个性。结构上具有共性，但建设和运行上则有个性。

（一）九龙街道（原九龙镇）网格的结构

1. 网格架构

建立起了从街长到街网办主任，再到路长、片长，再延伸到巷长、网格长，再细化为楼长、店长、专职网格员的网格治理组织框架（见图 3 - 1）。

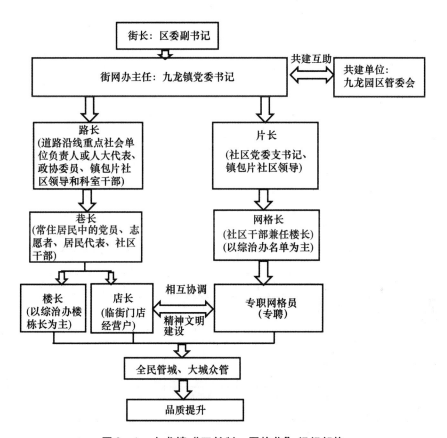

图 3 - 1　九龙镇"五长制 + 网格化"组织架构

2. 网格设置

全科网格开展初期，九龙镇共划分为 49 个网格（见表 3 - 1），其中广厦城社区 5 个、九龙花园社区 4 个、大堰社区 5 个、马王社区 4 个、龙泉社区 4 个、盘龙社区 5 个、巴国城社区 6 个、彩云湖社区 5 个、盘龙新城社区 7 个、水碾社区 3 个、上游社区 1 个，共计 49 个网格。

九龙坡区原计划于 2020 年 9 月进行区划调整，但是考虑到人口普查，新的区划于 2021 年 1 月 1 日开始实行。在最新的行政调整中，将广厦城社区、九龙花园社区和九龙村划分给黄桷坪街道，将杨家坪街道的杨渡村社区和杨渡路社区划给九龙街道。在这之前，九龙街道一共49个网格，九龙村片区9个网格，杨渡路社区片区新规划9个网格，调整划分之后网格数量相当于没有变，但是为了方便管理，将上游社区的一个网格调整为2个，因此新的网格总数为50个。

表3-1　　　　　　　　　九龙镇各网格楼栋长设置情况

序号	社区	网格	楼栋数（栋）	户数（户）	楼栋长数（个）	备注
1	广厦城社区	1网格	33	1077	11	万顺楼旁民房共3栋8户按1栋计
2		2网格	34	918	11	
3		3网格	23	1242	12	
4		4网格	15	2240	15	
5		5网格	11	1691	11	
小计		5	116	7168	60	
6	九龙花园社区	1网格	9	2156	13	九龙小学不单设
7		2网格	39	2033	21	
8		3网格	7	1029	7	
9		4网格	3	501	3	
小计		4	58	5719	44	
10	大堰社区	1网格	9	2403	13	
11		2网格	8	2350	11	
12		3网格	22	3571	24	
13		4网格	8	1275	8	
14		5网格	1+门面	1070	1	
小计		5	48	10669	57	
15	马王社区	1网格	9	850	7	
16		2网格	16+轻骑厂	1316	13	
17		3网格	20+市场	1648	13	
18		4网格	13	1552	13	
小计		4	58	5366	46	

序号	社区	网格	楼栋数（栋）	户数（户）	楼栋长数（个）	备注
19		1 网格	17 + 市场	1550	15	
20		2 网格	35	3030	28	朵力小学不单设
21	龙泉社区	3 网格	13	1750	13	二啤、中医院不单设
22		4 网格	17	1500	15	辰光学校不单设
小计		4	82	7830	71	
23		1 网格	4	492	3	
24		2 网格	8	2332	9	
25	盘龙社区	3 网格	10	2715	10	
26		4 网格	4	570	4	
27		5 网格	市场 2	2000	2	
小计		5	26	8109	28	
28		1 网格	24	1700	22（暂时）	其中重复楼栋长
29						5 人保留全年底
30		2 网格	18 + 门面	4093	18	
31	巴国城	3 网格	市场 3 + 门面	254	3	
32	社区	4 网格	15	1174	15	
33		5 网格	16	2788	13（暂时）	未接的新小区 3 人暂未增加
		6 网格	17	1490	13	聚福缘未建
小计		6	90	11499	84	
34		1 网格	26 + 市场	3816	23	
35		2 网格	4 + 市场	1462	6	火炬小学不单设
36	彩云湖	3 网格	24	2474	24	
37	社区	4 网格	10	2213	13	
38		5 网格	公园	0	1	
小计		5	64	9965	67	

续表

序号	社区	网格	楼栋数（栋）	户数（户）	楼栋长数（个）	备注
39	盘龙新城社区	1 网格	16	3379	18	
40		2 网格	14	3663	14	蟠龙小学不单设
41		3 网格	12	3512	12	
42		4 网格	未建成	0	0	待定
43		5 网格	14 + 市场门面	4850	17	
44		6 网格	11	2851	11	
45		7 网格	5 + 门面	1464	5	联发二期待定
小计		7	72	19719	77	
46	水碾社区	1 网格	18	1038	18	桥湾小区特设；水碾村 6 号平房区域 10 户按 1 栋计
47		2 网格	5	1143	7	沁园、文元、新冶四公司暂不设
48		3 网格	10	2934	11	
小计		3	33	5115	36	
49	上游管委会	1 网格	3 + 3 地块	342	6	
小计		1	3	342	6	
合计		49	650	91501	576	

资料来源：九龙街道办事处。

图 3 - 2　第一阶段网格地图　　　图 3 - 3　第二阶段网格地图
　　　（区划调整前）　　　　　　　　　（区划调整后）

资料来源：九龙街道办事处

说明：区划调整前的第一阶段网格地图有很多不规则特点，这是当时行政区划现状的真实反映。一是地理上山地特征，崖壁边坡多，图形边缘不规则；二是由于九龙镇历史缘由特殊，与其他相邻镇街交叉，互为"飞地"，你中有我，我中有你。

（二）九龙街道网格制的运作

1. 细腻与温情：以女性为主的网格家园①

就人类社会控制史而言，基本上都是由男性作为主导，然而，九龙街道的网格员绝大多数却是女性，这就超出我们平时的想象。因为无论是在历史上，还是现实领域，我们平时遇到的管理者，大多数是男性，比如公务员、警察、城管员、安保员，而如今在网格员的世界里，女性具有真正突出的地位。这既有现实因素的作用，也有合理缘由可考。网格性别角色的问题不只是一个一般意义上的女性主义问题，因为大比例录用女性，而且是带有志愿性质的聘用，将证明网格制的柔性化、生活化趋势，使社会控制不再那么刚性化和权力化。

网格工作实际上也提供了新的就业机会。在九龙网格中，大部分网格员曾经的角色是全职妈妈或者无业人员。由于网格工作基本报酬能够提供"五险一金"，前来应聘的人很多，管理部门因此在选择网格员的时候考虑了网格员的家庭住址和实际经济情况，会优先考虑条件困难且又很热心的人。在现有的49名网格员中，考虑到工作性质以及男女性格的差异，男性只有5人，女性有44人。从年龄分布来看，20岁至30岁有3人，50岁以上有8人，剩下的为30岁至50岁。

作为问题的发现者、上报者和监督者，网格员们活跃在网格的各个角落，不仅将网格内的各项信息熟记于心，而且以自身的行动带动着网格和家的融合。

第一，大多数网格员平时就生活在自己负责的网格之中。传统中国社会是一个"熟人社会"，虽然传统习俗开始瓦解，但是"熟人社会"中的关系网络仍然在当今社会中发挥重要作用，正如景天魁所说，中国古代群学以及群的关系是可以在当今复兴的。② 网格员工作于自己家庭所在的网格，不仅对网格信息更加了解和熟悉，更重要的是和网格内的居民原本就认识，因此在网格内能发挥自己的私人关系，解决问题较为轻松。即使是遇到突发事件，网格员处理起来也更加迅速。工作时间内待在网格内巡逻是网格员的职责，发现和解决问题是她们的本职工作，若在休息时间段发生紧急事件，居住在自己负责的网格中的网格员也能在第一时间到达现场，推动网格服务成为全天候的服务，真正帮助居民

---

① 由于田野调查遇到的网格员绝大多数是女性，我们在本节行文上不再使用他们，而是使用她们，以便昭示基层网格制柔性治理形态的来临。

② 景天魁：《论群学复兴——从严复"心结"说起》，《社会学研究》2018年第5期。

解决问题。因此根据网格员的家庭住址分配其工作的网格也会成为未来网格工作的新趋势。

第二，网格员像家人一样服务于网格。在九龙街道边，"有困难找网格员"成为绝大多数居民的心声。网格员之所以在居民心中有如此高的地位，是因为她们在网格内像家人一样地与居民相处，像家人一样地关心和服务网格。网格工作每天面对的都是各种琐碎和复杂的事项，这些工作考验着每一位网格员的耐心和情怀，最终坚持下来的网格员们都是真心实意想为网格和居民带来服务和便捷的人。她们不管寒冬还是酷暑，都坚守在自己负责的网格，给网格带来了温暖和希望，并真诚地希望居民们能过上更好的生活，这份温暖和希望正如同家人之间无私的爱。

3. 网格平衡行政与社会

过去很长一段时间，国家与社会之间的关系就像中央和地方的关系一样，难以做到真正的平衡，往往陷入"一放就乱，一管就死"的悖论之中。然而，自网格制全面渗透到社会末梢以后，过去国家与社会的二元关系，现在变成了"行政—网格—社会"的多元关系，走出了康晓光、金耀基曾经讨论的中国大陆国家社会关系的"行政吸纳社会"的命题困境，不再停留在国家对社会的控制和利用上，而是国家、社会、市场等多元主体共同运用道德的、习俗的、市场的、文化的等手段和方式来满足自己的需求。行政吸纳服务的新模式正在析出，即国家和政府支持和培育社会组织的发展，整合各方资源，使得社会组织和各方资源能够为政府所用，从而增强政府公共服务能力，在此过程中，社会组织也获得相应的所需资源，实现了政府和社会组织之间的平衡与共赢。[1]

九龙网格制坚持"政府资金支持、专业团队管理、社会公众监督、公益组织受益"的路径，一方面支持建立孵化园性质的九龙社工服务中心，另一方面通过政府购买服务的方式主动外包网格的社会化部分，形成了"行政—网格—社会"的新合作关系（图3-4）。服务项目按照镇采购管理办法的相关规定，通过政府购买社会服务方式，由镇政府委托重庆市九龙坡区集美社会工作服务中心负责整体运营，同时也将街道的网格服务外包给集美社工，由专业的组织开展网格规划、网格员选拔、网格工作考评

---

① 康晓光、韩恒：《行政吸纳社会——当前中国大陆国家与社会关系再研究》，《中国社会科学（英文版）》2007年第2期；姜晓萍：《国家治理现代化进程中的社会治理体制创新》，《中国行政管理》2014年第2期；唐文玉：《行政吸纳服务——中国大陆国家与社会关系的一种新诠释》，《公共管理学报》2010年第1期。

等工作。社会工作服务中心就成为街道开展社会治理的主阵地，较好地分担了街道的压力。不仅如此，社工中心也成为政府和居民之间沟通的纽带，政府通过社工中心向居民传达国家意志和向居民供给公共产品服务，居民则通过社工中心向国家表达诉求，避免了国家与社会直接冲突，形成了政府与居民之间沟通的新机制。

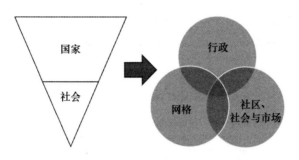

图 3 - 4 网格平衡行政与社会后的新合作关系

4. 社会治理信息枢纽总成

数据统计功能的实现依赖于大数据与网格化的协同配合，数字化时代信息科技在各个领域都扮演着越来越重要的角色。2020 年 2 月 14 日，习近平总书记提出"要鼓励运用大数据、人工智能、云计算等数字技术，在疫情监测分析、病毒溯源、防控救治、资源调配等方面更好发挥支撑作用。"① 通过社会治理的网格化发展，越来越多的城市建成了属于自己的"城市大脑"，集收集、处理、分享信息于一体，为决策提供科学的依据。

早在 2016 年 9 月 30 日国家就出台了《社会治安综合治理综治中心建设与管理规范》，并于 2017 年 1 月 1 日正式实施。顺应这一社会治理趋势，九龙街道也有了自己的"街道大脑"，开发的"九龙云社区"APP 投入使用，完成了大数据 + 网格化的结合。APP 的服务对象主要为网格员、社区、九龙街道三层次主体。网格员通过 APP 上报发现的问题，由来自社区的网格长协同各方力量解决问题，隶属于九龙街道的综治中心负责监督问题解决的进度。辖区内的各项信息通过大数据与网格化的相互配合即时传输到"九龙大脑"，社会治理由此变得更加聪明。

有学者认为，网格化治理在信息技术的引入和运用方面成效明显，但

---

① 《完善重大疫情防控体制机制　健全国家公共卫生应急管理体系》，《人民日报》2020 年 2 月 15 日第 1 版。

薄弱的信息化基础限制了网络制的进一步发展。① 与此相反九龙街道的个案显示出，在一个镇街型的网格治理模式中，信息化手段的运用已非常成熟，在疫情防控期间，全国各地采用"大数据＋网格化"的方式开展基层治理，并取得了明显的成效，我们有理由相信网格治理在信息化运用方面已经走上了新的阶段。

社区是疫情防控的前沿阵地。在九龙街道，网格员和社区、政府工作人员一起工作，以网格为单位，网格员快速排查和掌握社区内的人员流动及其健康状况，并做好登记。这种"责任到人，精确到户"的做法为精准化治理提供保证，不仅能使各类工作人员冲在一线，也能保证其安全返回。大数据与互联网的运用实现了从"有格无网"到"有格有网"的转变，微信群里面的交流能让居民及时表达自己的需求，健康码能反映个人的出行记录，因此"大数据＋网格化"的模式在疫情防控中发挥了重要作用，为城市治理现代化奠定了重要基础，代表了未来城市治理科学化、精准化、智能化的发展方向。②

5. 功能打包

作为信息枢纽，网格信息中心通过"大数据＋网格化"获取信息之后，还需要处理信息、利用信息，串联起网格内各主体，使之发挥各自的作用，解决"数据睡觉"问题，让数据活起来、让工作人员跑起来，实现功能打包的目的。九龙综治中心（信息指挥中心）位于九龙街道办事处，它能够实时了解网格员上报的具体问题、问题的解决进度，以及其他资源主体在工作中的沟通配合情况等数据，是名副其实的"九龙大脑"。它的存在相比于以往全靠人力开展社会管理的工作来说是一项巨大的创新和进步。

第一，打破信息孤岛。在政务服务中，"信息孤岛"是指各部门之间信息不能关联互动，特定的信息只能局限在特定的领域，从而无法真正为社会服务的现象。③ 各主体在掌握信息之后若不能共享，信息无法正常传递，发挥不了其应有的作用就会形成信息孤岛。九龙网格治理正是为了打破这一局面所做的一项尝试，它借助政府的力量把各方资源纳入网格系统中。也就是说，同一个网格同时叠加了综治、环保、物业、城管等一系列资源，这些资源之间的信息是可以共享的。九龙街道党工委副书记潘友分析，不同的使用主体通过 APP 上传或监督违规问题，问题从上报到解决，

① 郭春甫、张丽梅：《基层社会治理创新实证研究》，吉林大学出版社 2020 年版，第 118 页。
② 吴结兵：《"大数据＋网格化"：路径、挑战与建议》，《国家治理》2020 年第 29 期。
③ 陈文：《政务服务"信息孤岛"现象的成因与消解》，《中国行政管理》2016 年第 7 期。

到后续跟进，在网格内部变得越透明化，相关的信息越容易实现共享。

> 　网格员黄大姐负责彩云湖社区云湖天都网格。彩云湖社区汽修产业发达，网格内有汽修一条街和汽修市场。每次巡查汽修一条街时，黄大姐都格外关注这些汽修门店是否存在违规喷漆的情况，附近不远处就是居住小区，违规喷漆的化学用料会污染周围空气，一旦发现存在违规情况黄大姐就会立马在"九龙云社区"APP中"规建环保"一栏选择"大气污染"选项上报违规喷漆问题。APP系统还会记录黄大姐她们每天、每周和每月上报问题的数量和分布的领域，为每个社区的针对性治理方案提供依据。（资料来源：实地访谈资料）

第二，让数据活起来，让工作人员跑起来。信息在实现共享之后还要让信息发挥作用，数据不是摆设，网格依托数据使各项规章制度更加科学，让工作人员的职责更加明确。"九龙云社区"APP在搜集到信息之后，通过后台的数据分析能够看到社会治理的问题所在，为下一步的行动提供依据。这才是信息数据存在的意义。不同的主体根据信息反馈采取不同的举措，这一"信息收集—信息反馈—做出行动"的机制让各主体都更加明确自己的职责，共同维护网格生活的正常运行。

> 　盘龙新城的网格员唐大哥发现马路边的人行道的梯坎有破损情况，会威胁行人的安全，但是破损的地方又恰好在市政和物业负责区域划分的交界处上。如果唐大哥直接在APP中上报存在的问题和地点有可能会让市政和物业产生分歧，都认为是对方的责任区域，破损问题就没人来解决，于是唐大哥先后给市政和物业的负责人打电话说明了情况，最终沟通由物业来负责补修破损的梯坎，唐大哥这才在APP中选择物业一栏上报问题后前往下一处巡查点。（资料来源：实地访谈资料）①

让城市更聪明一些，就需要让数据更加活跃。目前的网格治理还只是政府为应对基层治理所做的尝试，维护社会稳定的功能多于服务社会的功能。未来的网格系统中还应该纳入更多的资源，如异地就医、异地养老等，实现各方资源互联互通，方便居民工作和生活，促进治理型网格向服

---

① 九龙在部分靠近马路的人行道上用画线的方式做了责任区分，人行道上靠近马路的一侧由市政负责，另一侧则根据实际情况由另外的主体负责。

务型网格转变，让工作人员跑起来，让百姓安心下来。

6. "我的网格，我的家"

德赛图强调理论研究要深入日常生活的场域中，这对于理论建构来说具有重要的启示意义。[①] 网格员们每天都在日常生活中开展自己的工作，她们每天游走在九龙的大街小巷，维护着 49 个网格的日常生活秩序，她们每天处理的都是一些或许在旁人看来微不足道的小事。不过，也正是这 49 位网格员每天默默坚守在自己的岗位上，处理日常生活中这些"不值一提"的小事，才营造出了九龙镇街的祥和与安宁。九龙街道社会管理信息服务中心主任胡宇指出，"网格治理深入居民生活，切实增强了居民的社区归属感"。

第一，网格拉近社区居民关系，促进邻里和谐。满足居民的多种需求是网格员最常见的工作之一。这项工作考验网格员们的沟通能力和共情能力。很多时候网格员都需要站在居民的角度替他们考虑问题。网格员不能以命令的方式和姿态和居民们打交道，而要将自己也融入社区，融入居民群体，以群体成员的身份劝说和建议。良好的社区关系是网格工作能顺利开展的重要保障，在此基础上，才能满足居民们更高层次的需求。

案例：融洽社区生活

盘龙新城社区奥园网格内有一户新疆人家开了一家烤肉店，但是这家新疆人与周围的商户交流很少，在其他居民眼中显得比较陌生。网格员唐大哥围绕奥园周边溜达完一圈，解决好之前存在的问题后刚好走到烤肉店附近，便进到店里坐坐，和新疆老板聊聊天。唐大哥从拉家常开始，老板家有个女儿跟着父母从新疆来到重庆读书，现在在附近的小学读二年级，于是很自然地就聊起了子女的教育问题。平时这家新疆人与他人的交流较少，但是唐大哥和他们聊起一些家常的话题便打开了话匣子。接着又关心他们最近生意如何，相互感叹疫情影响大，各行各业都很困难，在这种轻松的聊天氛围下，唐大哥再顺便和他们强调摆摊的规范，并鼓励他们多和周围的居民打交道，更好地融入社区生活。

马王社区是一个老旧社区，社区内基础设施相对落后，老年化现象明显，负责石缸网格的戚大姐在完成日常工作之后都会尽量找时间和老年人们聊聊天。大多数老年人一开始也并不理解网格员的工作，后面慢慢发现网格员能够帮助他们传达意见、解决实际问题之后，便

---

① 吴飞：《"空间实践"与诗意的抵抗——解读米歇尔·德塞图的日常生活实践理论》，《社会学研究》2009 年第 2 期。

开始认可网格员的重要性。他们中很多都是独居老人，生活比较单调，后来网格员成了他们聊天解闷的对象，成为自己生活的一部分。前一段时间戚大姐忙于人口普查的工作，工作任务量大，时间紧，就没有时间去陪他们聊天。有一天在街道上碰到，他们跟戚大姐"抱怨"道："你都好久没来看我们了。"戚大姐只是做了很多的小事，但是这些小事给社区的居民们带来了温暖和希望，他们也把戚大姐当作自己的家人，寻求意见、分享感受。（资料来源：实地调研资料）

第二，网格安全，唯此为大。网格安全是大事，只有保证生命健康安全，一切才皆有可能，保证网格安全是网格员的第一任务。网格员会对安全隐患进行劝阻，会就安全问题与居民、商铺进行互动和沟通，从而建立起网格安全秩序。

案例：督促安全生产

盘龙社区绿云石都网格非常特殊，该网格内全是建材市场，没有居住区，市场以加工出售钢材为主，重型大卡车经常把道路堵得水泄不通，管理起来非常困难。网格员杨大哥每天的工作就是在市场内巡逻，看看每间门市里的工作人员是否佩戴安全帽，以及货物堆放是否存在安全隐患等。虽然该网格内没有居民区，少了居民日常生活纠纷等烦琐事情，但是这一特殊的网格面临的消防安全的压力特别大。市场内大卡车川流不息，有些卡车停靠在路边等待装卸货物，一旦发生火灾等危险，逃生通道很容易堵塞。此外，市场内还有许多小工厂，负责生产配件，一些生产机器操作起来危险性极高，杨大哥每天路过都要跟工人们反复强调生产安全。一开始大家对杨老师的提醒都不在意，等他来巡查的时候就装装样子，他走后怎么随意怎么来。随着大家的熟识与互助，情况就慢慢改变。经过两年多的劝说，现在大家的安全意识都有了很大的提高，都不希望发生安全事故。

彩云湖社区汽修产业发达，社区内有很多汽修市场，负责云湖天都网格的黄大姐也对市场内的消防安全格外上心。市场内有规定晚间不能住人，只能白天经营，因为市场内户户相连，一旦发生火灾等安全事故，火势很快就会席卷市场。但是有些商户图便利会悄悄住在市场内，黄大姐每次巡查市场的时候不仅要劝说门口的汽车停放不能挡道，检查每家门市的消防栓是否齐全、是否摆放在正确的位置等，还要注意观察有没有商户偷偷在里面居住的迹象。针对汽修店，还要观察这些店铺有没有违规喷漆，违规喷漆对环境影响非常大，周围又有居住区，一旦发现存在违规情况会立马上报环保局。因此大家对黄大姐"又恨又爱"，一边抱怨她"管太宽"，一边又感激她真正在为大家的安全着想。（资料来源：实地访谈资料）

第三，网格也是绿色家园。网格员的工作是维护网格内的正常秩序，为居民服务，环境卫生问题同样是他们的责任范围，良好的居住环境能给居民更大的幸福感。九龙街道平安办主任熊志表示，打造"三高九龙坡、三宜山水城"需要创建平安绿色生活圈。

案例：守护一方洁净

彩云湖社区湿地公园网格同样是个特殊的网格。负责该网格的黎大姐每天主要是和公园里的花花草草、山山水水打交道。刚开始了解该网格会觉得黎老师的工作会很轻松，不用和居民们打交道，不会为鸡毛蒜皮的小事操心，日常工作就是看看花草树木，还能修养身心。然而这一切也只是门外汉的幻想，事实上彩云湖公园面积很大，日常巡逻很考验体力，不仅要关注花草树木，检测公园内的水文环境等，同样也要关注公园里面的人：有没有形迹可疑的人溜进来想搞破坏？值班的保安是否在岗？湖边玩耍的人会不会有落水的风险……黎大姐身上为此肩负了多重角色，维护公园的绿化环境的同时，还要保证市民在公园中玩得开心和安全。（资料来源：实地调研资料）

三　编织社会：网格管理外包

（一）派生型组织

在"网格平衡行政与社会"的创新思路指导下，九龙街道选择了将网格服务外包给集美社工，由集美社工负责网格的日常运行和考评，替政府分担治理的压力，执行政府的一些任务。集美社工所在地管理者九龙社工中心就具有了派生型组织的性质。"派生型组织"是史普原等学者在探究中国社会组织时提出的一种组织类型，它虽然具有独立的法人资格，但在人事、财务和核心决策等实际运作方面附属于其他机构。九龙社工中心作为街道的派生型组织，日常运行依附于九龙街道。[1]

---

[1]　史普原、李晨行：《派生型组织：对中国国家与社会关系形态的组织分析》，《社会学研究》2018 年第 4 期。

随着社会的发展，社会组织的类型也越来越丰富，而社会治理的创新也需要派生型组织发挥作用。加强和创新社会治理，应充分发挥政府在社会治理中的引导和统筹作用，该由政府负责的，一定要管好，不该政府管的，绝不能大包大揽，而应坚决放手。打造共建共治共享的社会治理格局，需要推动各种要素高效参与社会治理，因此在一部分领域，政府选择"放手"，给经济、日常生活等让出空间，保证这一空间正常运转的便是社会。这一放，社会组织就可能迅猛发展，快速填满各个领域。但是社会组织的活动不能随心所欲，必须服从党和政府的要求，服务于国家和社会的发展需要，而不能扰乱正常的社会秩序。在这一要求下，社会组织的目标逐渐对接政府的目标，社会组织的发展也逐渐向政府靠拢。社会组织要想获得长久的发展，也必须要获得行政力量的支持，从而使一部分社会组织衍生成为政府的派生物，希望借助行政的支持开展社会服务，比如九龙社工服务中心成立了党支部，以此加强党对社会组织的引导。

政府也需要派生型社会组织。一方面政府的精力有限，不可能解决好所有的事情，只能分派一部分责任给社会组织，让社会组织代替自己执行部分事务；另一方面，我国政府的宗旨是为人民服务，人民是国家的主人，而一部分社会组织属于非营利性组织，它们的使命也是为人民服务，因此社会组织与政府的出发点高度契合。事实上，老百姓对那些不受利益刺激的社会组织也抱有很大的信任，因此，让社会组织去处理一些社会问题能取得更好的效果。

九龙社工中心成立的初衷便是九龙街道为了加快社会组织的发展、壮大社工队伍、提升社会治理的能力而尝试建立的社会组织孵化平台。它为九龙街道人民服务，以服务代替九龙街道执行一部分社会治理任务。在某种意义上，我们可以将九龙社工中心理解为九龙街道办事处在基层治理领域的衍生。社工中心的日常运营由街道办事处副主任领导和分管，需要根据九龙街道的实际情况开展相关活动和工作，目前网格治理工作便是社工中心负责的最重要的工作之一。从网格的划分到网格员的选拔和管理，与网格治理的相关工作都在社工中心的内部系统中井然有序地运转。配合九龙坡区的行政区域划分调整，社工中心负责重新制定九龙街道全新的网格地图；定期对网格员进行培训；嘉奖网格治理创先争优模范等；网格治理工作在社工中心的协助下更加科学化和人性化。

（二）网格员的角色

九龙街道网格员的角色定位在"11XN"基层网格治理架构的基础上。按照街道的组织模式表述为：

·1—社区网格长。一般由社区干部兼任，多数实行网格支部书记、网格长"一肩挑"机制。

·1—专职网格员。由街道办事处"政府购买"的外包社会组织及其专业人员开展专项服务。

·X—楼栋长。以平安办的楼栋长骨干为主。

·N—志愿者。以党员骨干、社区志愿者、物业公司人员以及其他热心人员为主体。

可以看出，网格员是网格治理的灵魂，她们将网格的各个要素串联起来，形成一个紧密而暖心的整体。她们的工作是多样的，大到国家政策的宣传，小到邻里矛盾的调解。她们融入网格，并成为居民生活的一部分。网格员担负的具体角色如下：

1. 信息员

网格员在工作日内需每天有 6 小时以上时间在网格，进行综治、城管、计生、社保、党建、警务、安监、消防、建管、环保、治违、河长制、食药监等工作巡查，并通过"九龙云社区"APP，进行信息采集和报事，并建立相关台账。因此她们是信息收集最重要的一环，为数字化提供关键信息。

2. 监督员

在做好信息采集的前提下，网格员需监督网格动态，杜绝各类违规及不文明现象的发生，尤其是监控车辆乱停乱放、街边商铺不按规范摆摊等行为。在日常的监控工作中，如何让他人意识到自己的错误并真心改正考验着网格员的实践智慧。九龙街道的网格员们基本上都具备良好的沟通能力和共情能力，发现不良的行为主动上前拉拉家常，拉近彼此的关系，再善意提醒店主摆摊不规范会影响他人和自己。在九龙的网格内，沟通能解决很大一部分问题。

3. 宣传员

网格员协助社区向本网格内居民宣传党的路线、方针、政策和国家法律法规及市区相关公共政策。以人口普查为例，网格员要深入楼栋，向网格居民讲解人口普查的重要性。另外，网格员平时还会定期参与举办的消防安全、防电信诈骗等宣传活动。

4. 调解员

社区内部的矛盾不可避免，网格员要参与和协助社区处理好矛盾纠纷和突发事件。她们是面对面为社区居民解决实际困难和问题的"小管家"。

网格员的及时处置、正确处理促使调解成功率越来越高，从而把矛盾扼杀在萌芽状态。有了她们的介入，纠纷问题的解决不再是恶语相向，不再凭借人多势众、无理取闹，而是依法办事、认真协商。

5. 协办员

网格员要协助社区办理各项简单性事务，分担社区的工作压力。人口普查期间，网格员们不仅扮演着宣传员的角色，向居民普及人口普查是国家大事，她们还深入楼栋，录入人口信息。由于白天大部分人外出上班，网格员们往往牺牲自己的休息时间，利用傍晚挨家挨户敲门询问信息，很大程度上分担了社区的工作压力。

总的来看，网格制这一实践是我国从单位制走向复合制，从科层制走向系统化，从分税制走向项目制过程中，力图摆脱僵化、培育社会活力的一套总体性举措。

本章小结

一　生活与治理的交织化

网格制之所以会滥觞，不仅仅是由于网格的高效与快捷，而在于实现了生活与治理的交织化。这正是埃利亚斯意义上的命题，网格制作为一种相互交织的秩序，将构成我们社会文明进程的基础之一。① 我们已经看到，在中国的基层治理实践中，生活与治理通过网格员、民主参与、社区活动、共同体等机制交织在一起。日常生活在城市化、人口流动等社会变迁过程中被重新构建出来，并被赋予深刻的社会意义，降低了科层制下程序化、非人格化对人的漠视，因此，网格制似乎又把日常生活带了回来（参见图 3 - 5）。

二　网格治理的超越性：柔性治理何以可能

工业社会催生了科层治理的产生，计划经济时期发明了用于人口管理的单位制，分税制改革后呼唤了项目制的出现，而信息化数字化时代随着社会组织的成长与壮大，在科层治理的基础上也催生了面向人民进行社会治理的网格制。新时代的网格制是对行政与社会的平衡。由于政

---

① 〔德〕诺贝特·埃利亚斯：《文明的进程Ⅱ：社会变迁文明论纲》，袁志英译，生活·读书·新知三联书店 1999 年版，第 252 页。

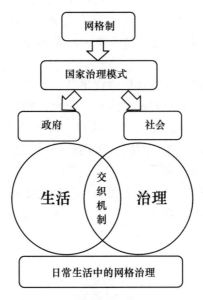

图 3 - 5　网格制下日常生活的治理

府精力有限，不可能全盘管理社会中的所有事务，于是选择和社会组织合作，以购买服务的形式将社会治理的任务外包给社会组织，由社会组织代替政府执行国家意志，最终形成网格平衡行政与社会的新模式。政社合作的形式吸收了科层制管理中的工具合理性成分，同时结合中国社会的实际，在特殊情况下具有单位制中管理人口、维持社会稳定的效用，克服了项目制中组织临时性的局限，促进社会治理向精细化发展，推动网格制以一种制度的形式运用到基层社会的治理中去，成为制度创新的新举措，更反映出网格制对科层制、单位制以及项目制的全面超越（参见表 3 - 2）。

从历史的关联性看，科层制从新民主主义革命时期就已体现在党的建设之中，中华人民共和国成立后单位制运用于国家的管理，再到后来项目制和网格制的出现，充分体现了科层制和单位制在历史维度上的影响力。从权力关联性看，科层制和单位制在党、政府和社会三大主体中仍然体现出较强的权力重要性，但是在市场主体中，则是项目制掌握的权力更为重要。从功能关联性看，网格制开始体现出它相比于其他国家治理体制的优势，顺应了信息化数字化社会的发展需求，被时代所选择。

表 3 - 2　　　网格制、单位制、项目制、科层制之间的关联性与影响力比较

关联性 / 影响力	历史				权力				功能			
	网格制	单位制	项目制	科层制	网格制	单位制	项目制	科层制	网格制	单位制	项目制	科层制
基层党组织	*	***	**	****	**	***	*	****	***	**	*	****
政府	*	***	**	****	**	***	*	****	**	****	*	***
社会	*	***	**	****	**	***	*	****	****	*	**	***
市场	*	***	**	****	**	*	***	**	***	*	*	**

注:"＊"号代表程度。

国家治理是通过对基层的人和物的管理达到维护社会秩序、促进社会发展的目的。这里从现实适应性、维稳性以及人性化发展三个维度分析和比较各项国家治理的制度(参见图 3-6)。在信息化数字化的今天,网格制与信息技术紧密结合,显示出极强的现实适应性,同时致力于在今天这样一个逐渐陌生化的时代下重构生活共同体,唤醒人们情感深处的记忆,找回消失的熟人社会,进而实现维护社会稳定的目的。在这三个维度下,网格制都显示了相比于科层制、单位制和项目制的优势,因此是对三者的全面超越。

"大数据＋网格化"是网格制的重要表现形式。网格治理首先将众多的社会资源同时纳入网格系统,把一定范围的管辖区域按照"地域相邻、构成相似、规模适度、方便管理"等原则划分为若干面积大致相等的网格单元。每个网格有专门的网格员负责网格的日常巡逻与管理,随时发现问题,上报问题,并由专业的人员解决问题,提升了工作效率。网格系统运用了先进的信息化技术,借助技术手段实现科学治理。九龙街道开发出了属于自己的"九龙云社区"APP,网格员利用 APP 上报问题,专业的工作

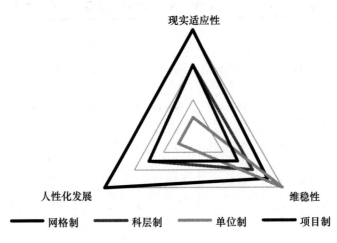

图 3 - 6　网格制、科层制、单位制、项目制的三维度比较分析

人员根据网格员上报的问题立马采取措施，位于街道办事处的综治中心（信息指挥中心）能够对各项数据进行实时监控，信息在网格系统中实现流通和共享，为各项决策提供科学的依据。

技术治理是刚性的，推动治理往理性化方向发展，而网格员的情感治理是柔性的，直击每个人的心灵最深处。传统中国社会是一个熟人化社会，社会成员以血缘和地缘关系为纽带，组成了生活的共同体。随着城市化发展，社会流动加速，人们开始脱离原有的生活环境，搬进高楼大厦，告别了原有的生活方式。但是，生活品质的提升并没有带来精神世界的满足，相反社会往陌生化方向发展，住在同一层楼的住户甚至不知道相互之间是谁，社会关系趋于冷漠。网格制就是要利用网格员与居民之间的互动，鼓励居民参与社区活动，推动参与式治理，从而唤起居民关于共同体的记忆，增强居民的社区归属感和参与感，打造现代社会的生活共同体。

网格制最重要的内涵体现为它是面向人民的社会主义治理制度，体现了社会性的价值指向，日益智慧化和多元化。未来的社会治理将会继续朝着精准化方向发展，会有更多的技术手段运用到治理工作中，科学技术对人的异化早已引起社会的重视，如何减少其负面影响，促使其更好地服务于人类是值得深思的问题，网格制在柔性治理实践中为社会发展提供了某种可能性。

三　网格制作为中国基层社会治理创新的主轴

通过九龙网格治理的实践经验，甚至有理由期待，在"政治引领、法治保障、德治教化、自治强基、智治支撑"等基本治理方式引领下，从技术层面看，未来基层社会治理的大逻辑，将进一步朝着"一元导向、多线发展、多点突破"的方向演变。一元，即迈向精准治理，这是基本导向；多线，即空间上下沉到"网格"（网格工作线），技术上提升到"线上"（智能发展线），力量上拓展到"多元"（社会组织线）；多点，即同时在网格空间、智慧手段、多元力量参与共治上取得进步。

为此，我们可能寻找到一条普适性的中国城市基层社会治理的未来发展路径，即以精准治理为核心，以网格治理为基础，以信息化为手段，以多元参与为生长点。这或许将成为基层社会治理现代化的普遍实践模式。

（撰稿人：王皓　何健）

第四章　社工作为助手：精准
治理的专业化

第一节　"以人民为中心"的专业服务

如何做好基层社会治理已成为目前我国各部门、各阶层、各领域关注的焦点问题。认识问题的背景是解决问题的先导。很显然，因为基层社会治理能力的现代化过程和我国服务型政府、服务型社会的转型是同一过程，所以，为党和政府寻找专业化助手就非常重要了。

一　社工的角色：协同党和政府打通最后一公里

（一）社会背景：迈向社会治理

从总体上看，新中国成立以来至党的十八大，政府与社会的关系主要是一种社会管理模式，大体经历了从政府本位到社会本位的四阶段变化。（1）1949—1978 年是政府本位阶段。在此阶段，国家是社会管理的唯一主体，通过城市单位制与农村公社制，实现了中央对个人、地方的一体化管制。（2）1978—1992 年是政府松绑社会阶段。党的十一届三中全会的召开，标志着我国实现了从"阶级斗争为纲"到"以经济建设为中心"的转变。计划不再是唯一机制，市场机制的引入重新激活了社会。（3）1992—2002 年是社会本位体制萌生阶段。1992 年邓小平南方谈话后，建立社会主义市场经济体制的宏观战略为微观的社会大发展开拓了成长空间，城乡流动性明显增强，基层社区和村民自治开始走向规范化。（4）2002 年到党的十八大是社会本位阶段。① 随着社会开放程度日益加深，基层社会问题的性质与形式因为卖方市场的到来而彻底变化，党和政

---

① 周红云：《社会治理》，中央编译出版社 2015 年版，第 39 页。

府开始探索社会管理体制变革。①

2013 年 11 月，党的十八届三中全会将"推进国家治理体系和治理能力现代化"作为全面深化改革的总目标之一。② 这一决定为整个国家由传统的"社会管理"向"社会治理"转向提供了新思路、新方向，也成为各级地方政府、各类社会组织创新社会服务模式的指导思想。③

社会管理如何向社会治理转变，又如何与社会治理有效衔接呢？显然，首要的问题是对两者作本质区分。相较于社会管理而言，社会治理在治理主体上强调社会、组织、个人的多元主体形态；在治理过程上，社会治理突破了政府的单向度模式，强调多元共治；在治理内容上，社会治理强调公民的自我管理与服务，实现公民与政府间的合作共治；在治理结果上，社会治理体现为更加柔性、动态、主动的治理，力图实现多元主体间的和谐善治状态。

（二）管理难题："村改居"过程中的社区失序

改革开放以来，快速城镇化将农村以及郊区逐步纳入城市治理。随着农村管理模式向城市社区管理模式的转变，"村改居"社区开始出现，并由此产生了一系列新旧交织中的管理难题，比如市民化难题、征地遗留问题。九龙镇也不例外，在"村改居"过程中，乡镇不仅面临着诸多事务与干事不够、编制满员与人手不济等多重矛盾，更面临"城中村"改造后的诸多难题。这些矛盾与难题需要基层社会治理另辟蹊径，把传统的社区管理模式转向"以人民为中心"的社区专业服务。

1. "村改居"过程及其管理难题根源

20 世纪六十七年代辖区土地被调整使用后，九龙公社逐渐过渡到九龙乡、九龙镇。从 20 世纪 80 年代起，九龙乡开始分批征用农村集体土地，大量农业人口转为非农业人口。但变化最大的，还是九龙镇从 1999 年至 2010 年进行的新一轮"村改居"项目。这十年余间，九龙镇一个个小村庄变成了高楼林立的社区，农民也成为社区居民，九龙镇逐渐完成了从农村到社区、从乡镇到城镇的历史性转变。然而在"村改居"社区治理中，一方面，历年征地政策不断调整，致使"城中村"改造矛盾的积累；另一方面，"村改居"社区面临着远比单一性的农村村社、城市社区更复杂的

---

① 习近平：《论全面深化改革》，中央文献出版社 2018 年版，第 95 页。

② 中共中央文献研究室编：《十八大以来重要文献选编》（上），中央文献出版社 2014 年版，第 512 页。

③ 中共中央文献研究室编：《十八大以来重要文献选编》（上），中央文献出版社 2014 年版，第 539—540 页。

难题。主要症结在于，传统农村社区基本上是熟人社区，社会关系相对简单，社区管理也相对容易。"村改居"后，居住空间、生活方式、价值观念等方面的冲突为社区管理的诸多难题埋下伏笔。正如原九龙镇人大主席包强所言，

> 当时，九龙镇出现了很多矛盾，因为九龙镇以前是"村"，"城中村"本就复杂，一些村撤完后，就成了城。以前的村级治理，那是熟人社会，成了城就很陌生了，入户都难。一方面，集体经济的遗留问题较多；另一方面，村委会变成了居委会，有很多事情要处理。大家都住进了新社区，生活习惯、文化层次差异大，矛盾意见很多，居民治理就成了难题。九龙镇的"村改居"过程大致可以分为四个阶段或模式。一是早期的"以村代居"模式，以村里的早期转非农民为主。二是"村居合一"过渡模式，设置"管委会"，但与村委会的关系是"两块牌子，一套班子"。三是村居分离、强化社区建设的模式，大致是从 2016 年左右强调提升社区建设的专业化。四是近年着力发展社会组织推进多元共治的模式。至此，九龙镇总体上完成了"村改居"的历程。（HCJ1）

九龙镇"村改居"过程中面临的管理难题，恰好是传统中国乡土社会向现代社会转型的缩影。此类难题正好印证了费孝通先生提出的经典论题，即，中国基层社会是乡土性的，它是以血缘、地缘关系为基础建立起的乡村礼治秩序。[①] 因此，九龙镇社区治理难题的根源在于乡土社会转型与地缘、业缘关系及日常生活方式发生的巨大变迁。

2. 社区失序的具体表现

（1）社区关系网络断裂，居民关系陌生化

一是居民构成发生变化。"村改居"前主要是熟人社会，天天有照面，问题虽然多，但能够做工作化解。"村改居"后，农民失去了赖以生存的土地，由农民身份转变为新市民，问题往往会越出社区。因为"村改居"本身的过渡性，"进城"的居民，看似摆脱了农民身份，却又不是真正的新市民，大多数人心理上成为游离在农民和新市民间的边缘人，一旦出现利益纠纷，往往就跑出社区越级反映。

二是社区人口密度大，人口流动性和复杂性增加。"村改居"后，社

---

① 费孝通：《乡土中国》，北京出版社 2005 年版，第 68—76 页。

区人口结构发生变化，有具有新市民身份的原住民、购买商品房的新居民，还有相当数量的外来务工人员、租赁户等。原本较为单一的乡村社区结构在"村改居"后已变得异质化、多样化、复杂化。正如一位社区居民讲的那样，

> 刚刚"村改居"搬到这里的时候，因为"城中村"改造和"退二进三"，工业少了，本地挣不到钱，很多年轻人都到外面去上班了。还有些人把自己的房子出租出去，搬到了其他地方去住，所以这里就有些人不是我们本地的。刚搬到这里的时候，对周围的环境和人都不熟悉。所以门一关，大家都是各干各的事，和以前我们在农村的时候完全不一样，以前我们一个村子，谁家里有什么事情大家都是要去帮忙的，哪像现在啊。（HCPX1）

三是空间集聚与生计方式的转变影响社区居民社会交往。在农业生计方式发生根本性转变后，居民传统意义上的空间集聚方式发生了变化，随之而来的是民众互动频率的降低。原九龙镇城郊工业大力发展后，从工业集聚到现代服务业发展，又经历了第二次人口和空间聚集方式的变化乃至生计方式变化。同时，随着社会价值观的转变，人们日常生活中的交往方式、态度也发生显著改变。社区居民间的疏离感日益加深，社区的"原子化"状况愈演愈烈。在这样一种"陌生/半陌生人"社区，人与人之间的关系越来越疏离。

> 有个人考虑到门向外开会影响别人，就把自己家的进户门装成内开，结果他邻居装的外开，就很影响他的日常进出。他就投诉到物业、社区，但那个邻居就是不改。然后他说"对方不改，我也改成外开"。其实这些都是一些鸡毛蒜皮的小事情，邻里之间各让一步，相互谅解，就不会有这么多问题。可就是居民之间关系冷漠，互不相让，造成了很多矛盾。（HCJ1）

同时，邻里关系问题日渐成了社区治理难题。

> 在我们那个商品房小区里面，主要就是一些邻里纠纷，因为随着城市化进程的发展，我们九龙镇辖区以前的一些村经过了"村改居"后就变成城市了，还建了很多商品房，这样的话，购买房子的人来自

四面八方，都不认识，邻里之间的关系就比较淡漠。(XZJ1)

社区是社会治理的基本单元，社区居委会是介于居民与社会之间的组织，是维系居民与社会的纽带。一般而言，社区自治则是社会治理的重要维度。在传统乡村社会，社区自治主要依靠村落家族势力和乡约民俗，这与现代城市社区以契约为基础的治理逻辑存在本质差异。①

在传统乡村社会的村民自治中，村民基于自身利益或集体意识而参与村社事务，与村组织关联度较高。"村改居"后，由于生活环境、生计方式的根本变化，虽然大部分村民实现了身份变更，然而与之相关的角色转换、心理适应、社会参与、社区认同等方面并没有随之发生变化。大多数居民难以形成作为城镇居民参与公共生活的意识，导致"村改居"社区公共事务建设落后，集体意识薄弱，大部分居民仍是居住而不是真正"生活"在社区中。

(2) 遗留矛盾纠纷多，亟须处理

九龙镇经济区位优势大。20世纪六七十年代，城郊发展农村经济演绎了传奇。种猪、养牛、养鱼、鲜花栽种、蔬菜供给，盛极一时。80年代起，乡镇企业异军突起，九龙镇一跃成为"中国经济百强镇""重庆市乡镇企业发源地""重庆摩帮诞生地"。进入21世纪，因为开发建设需要，加上大规模"城中村"改造，在原有工业基础上"退二进三"，大力发展房地产和第三产业。无论是农业时代的传奇，还是工业时代的辉煌，近郊都积累了不少矛盾和问题。

新一轮"退二进三"后，矛盾进一步暴露出来。一是农村集体资产清理、处置问题，由于利益关系复杂，这一问题长期困扰基层。二是"城中村"改造和征地遗留问题，征地政策逐年调整、完善，其间积累不少矛盾。三是老旧社区和新兴小区中，物业纠纷比较多。(资料来源：九龙街道办事处主任邱方勇)

(三) 变革与探索：居民组织化与社区再组织

涂尔干在《社会分工论》中指出，在传统农业社会，由于社会分工不发达，人们之间有很强的同质性，并基于地缘和血缘形成了传统乡村的熟

---

① 顾永红、向德平、胡振光：《"村改居"社区：治理困境、目标取向与对策》，《社会主义研究》2014年第3期。

人社会。① 作为城镇化进程中的一种过渡性社区，"村改居"社区中传统熟人社会的地缘关系被打破，人们的异质性增强。"村改居"社区此时处于阈限状态，由于新旧交替、传统现代间难以弥合，社区居民关系呈现为原子化状态，表现为人情关系冷漠，人际冲突，圈子碎片化等失序问题。因此，对于"村改居"后的九龙镇来说，基层社会治理的关键在于社区组织的重塑。此时的九龙镇，无论是集体还是个人，最需要的就是组织支持，这是一项既包含居民生理、心理，也包含社区文化在内的社会性重构。

1. 激活与发展社区社会组织

组织是指人们为实现共同的目标而系统地相互协作结合起来的集体，它具有一定的目的、任务和形式。对社会秩序来说，组织的意义在于它能够把社会成员聚合起来，形成一种集体力量，以应对外部风险与挑战。社会成员可以通过建立社会组织，协调组织关系，发挥社会各组成部分的预期功能，以减少社会冲突，改善社会无序状态，进而实现社会的良性运行。

党的十九大报告中指出，社会治理的重点是在城乡社区建设发展过程中激发社会组织的作用。正是基于"村改居"带来的社区碎片化与失序的种种难题，九龙镇开始有意识地发展社会组织以应对社区治理难题。据九龙社会工作服务中心（以下简称"九龙社工中心"）主任陈会兰介绍：

> 有一部分人经过"村改居"后，搬到一个新小区，小区里一些老年人会有一些跳舞、健身活动之类的需求，由谁来管？谁来引导社区活动？如果全部都由原来社区居委会来承担这部分活动，显然是不可能的。社区工作人员少、任务重，已经自顾不暇。在这种情况下，就只有发挥社区社会组织的作用，采取一种由社区组织来引导他们参与社区活动的方式。虽然取得了初步效果，从无序状态变得稍微有秩序点，但组织和组织之间也有很多问题，社区也没有精力去管，所以我们又学习沿海地区的经验，借助社工机构来引导他们。（资料来源：实地访谈）

要实现社区居民组织化与社区再组织，光靠政府力量推动并不能实现社区自治的长久运行，最重要的还是要激发社区居民积极性，培育社区自

---

① 〔法〕埃米尔·涂尔干：《社会分工论》，渠东译，生活·读书·新知三联书店 2000 年版，第 89—92 页。

治组织。九龙街道民政和社事办张宏宇对此有深刻体会：

> 在九龙镇一些老旧小区，比如水碾社区，由于没有专门的物业公司管理，一些基础设施问题，以及小区里面偷盗情况比较多。所以当时就以社区的名义，组织业主大会，引导社区居民开展自治，帮助他们成立自管会，对小区公共事务进行自我管理、自我约束。

要实现社区自治，社区社会工作尤为重要。社区社会工作的主要功能之一就是改善社区关系，培养社区自助、互助及自决精神，提高社区居民的民主参与意识和能力，发掘并培养社区领导人才，实现社区善治。① 2011 年，新上任的镇党委书记陈品明、镇长蒋立强决定从社区入手，引入社会工作参与九龙镇社区治理。为了更有效地满足辖区居民的多样化需求，九龙镇政府决定将专业的事情交由专业人员做，主动退出一些领域，让专业社工和社会组织承接社会服务。

> 从 2013 年开始，九龙镇相继引入兴民、冬青等专业性较强的社会工作机构，提供老年人、青少年儿童、残疾人、司法矫正等专业领域的社会服务，此举措助推了基层社区党组织、居委会将更多精力集中到了党建、居民协商自治等工作上来。为了进一步让社区居委会回归自治本能，九龙镇从 2014 年开始探索社区建设创新，梳理出社区党组织、居委会、便民服务中心等的职能职责，通过政府购买方式，将社区各项事务进行分流。在此基础上，九龙镇开始着力培育本土社会工作机构，并于 2014 年逐步培育出了蒲公英家庭服务中心、阳光帮扶中心、康乐服务社、凝聚力社会工作服务中心。（资料来源：九龙街道民政和社事办主任张宏宇）

事实证明，社会工作机构的引入与培育为九龙镇社区治理带来了勃勃生机。

2. 破解社会组织发展困境

社会组织是参与社会治理的重要力量，是多元治理的重要主体。如何培育优秀的社会组织并让其参与社会治理，以此助力社区善治成为九龙镇必须思考的问题。在社会组织发展初期，九龙镇根据社区居民多样化需

---

① 王思斌：《社会工作概论》，高等教育出版社 2006 年版，第 138 页。

求，有针对性地引入社工服务机构，同时建设社区社工室。但是这些社工机构和社区社工室没有一个统一协调机构，通常各自为政，缺乏专业性、项目开发和实施水平差，有时会出现服务内容重叠或缺失的情况。针对早期社工机构与社区社工室存在的问题，结合当前国家加强、创新基层社会治理的新要求，九龙镇成立了九龙社工中心。

九龙社工中心成立之初的基本定位是，成为服务社工发展的平台与承载社工活动的阵地，同时兼及辖区社会工作组织孵化和社工实践项目统筹的职能。相较于其他社会组织，九龙社工中心在基层社区治理中扮演着桥梁沟通者、能力建设者、平台搭建者等角色，在九龙镇基层社区建设与社会治理进程中发挥了重要作用。九龙社工中心的成立也标志着以社区社工室、社工机构和九龙社工中心为主体的九龙社工社区治理模式的形成完善。

2017 年政府提出了九龙社工这个概念，要把九龙社工打造成一个品牌。而且我们辖区这么多组织进来了，我们怎样发挥这些组织的功能也是个问题。所以就需要一个中心组织来总牵头、总负责，成为党和政府有力的助手，起到桥梁和纽带的作用。政府的方针政策，通过这个组织传递到下面的各个社工机构、社会组织，只有这样上下才能贯通。由于社会组织、社工机构是散的，如果政府直接对其进行管理，就很麻烦，基于这些原因，九龙社工中心就建立起来了。2017 年，我们出台了"关于建设'九龙社工'服务品牌推进社会治理创新的实施意见"，明确了"个十百千万"抓手，提出了"服务更多人，温暖一座城"的理念。为了促进社工品牌推广，还专门召开了推介会和项目路演活动，制定了统一的《九龙社工指南》，创作了九龙社工主题歌曲《余香》，反响都很好。（资料来源：九龙镇原副镇长曾玉娟）

（四）社区治理中政府的进与退

社区治理是政府、组织和个人协商合作，对社区范围内公共事务进行治理，是实现公共服务的过程。① 基于上述治理理念，九龙坡区政府、九龙镇政府在社区治理中"以退为进"，以此促成社区善治。

1. 以先进治理理念，引领社区治理

推进国家治理体系和治理能力现代化是国家基于当前复杂治理环境提

---

① 夏建中：《治理理论的特点与社区治理研究》，《黑龙江社会科学》2010 年第 2 期。

出的国家战略。当前我国社会组织发展迅速，民众开始积极参与社会政治生活，从而为社会治理变革提供了充足的社会资本。同时在党和政府的治理探索中，中央和地方充分意识到社会组织的重要性，并提出了建立和完善新型社会治理体系与治理新格局的主张。

（1）重视社会工作的发展

九龙坡区及九龙镇格外重视社会工作的发展，充分认识并发挥社会工作在基层社会治理中的作用。九龙坡区政府要求对涉及社会管理和公共服务工作的各部门、各单位的干部进行社会工作及相关专业知识培训，以提高其开展社会服务的能力。九龙坡区还规定在各级各类社区、社会组织中，逐步推进社会工作者持证上岗制度。正是有了这些制度规定，政府工作人员对社会工作有了基本了解和掌握，在辖区内更加重视社会工作的发展，从而使九龙社工在社区治理中的作用日益凸显。

（2）加大支持社工发展的力度

为了促进社会工作的发展，九龙坡区及九龙镇政府制定、实施了如下四方面举措：

第一，以制度体系为引领，构建社工统筹机制。

一是强化政策保障。2016 年发布了关于《九龙坡区加快推进"三社联动"创新社会治理工作的实施意见》和《重庆市九龙坡区社区工作人员报酬实施办法》，为建立一支相对稳定、具有较高素质和综合能力的社区工作人员队伍提供政策保障。二是强化组织保障。2019 年区民政局出台《关于大力培育发展社区社会组织的通知》，同时九龙坡区民政局成立专门科室，将全区社会工作发展统抓起来。九龙镇政府也相应在社会事务办公室加强力量，专门统筹全镇社会工作服务，为九龙社工发展提供了强有力的组织保障。

第二，以购买服务为保障，拓宽社工发展空间。

2015 年 5 月，九龙镇政府印发《自治团队建设与管理实施意见》，加强培育自治团队。为了打造"九龙社工"品牌，九龙镇政府于 2017 年建立九龙社工公益创客基地，每年定向支出 100 万元，进一步加强社会组织培育和管理，向社会组织和专业社工机构购买针对 60 岁以上空巢老人、残疾儿童、青少年社会服务，推动社区社会工作服务向专业化、职业化发展。此外，镇政府每年安排不低于 80 万元的专项"自治金"，用于支持、引导居民开展自助互助活动。

为进一步推进社区公益事业发展，鼓励辖区企事业单位、社会组织和个人共同参与基层社区治理和公共服务。2020 年 12 月 18 日，九龙街道以九龙社会工作服务中心为主体，设立了九龙街道社区公益服务基金，更好地形成"人人来公益、公益为人人，服务更多人、温暖一座城"的良好氛围。据了解，基金主要资金来源于定向捐赠、项目支撑和其他支持三方面。截至目前，公益服务基金共接受了67家单位和个人捐款，总金额达107.5万元（含镇政府拨付启动资金10万元和区民政局支持的20万元专项经费）。

第三，以人才建设为支撑，壮大社工专业力量。

九龙坡区政府积极响应党中央"建立一支宏大的社会工作人才队伍"号召，建立了较为完善的社会工作人才继续教育制度。同时通过奖励和补贴的方式，鼓励从业人员考取社会工作职业水平证书。2020年，区民政局印发《九龙坡区社会工作专业人才培训实施方案》，明确对全区所有专业社工、志愿者和社工机构从业人员实施大规模培训，以帮助其深入了解社会工作相关知识，壮大专业社会工作人才队伍。为了提升社会工作专业知识和理念，以及全区各单位对社会工作专业的认知度和认同度，九龙坡区民政局结合当地社会工作特色与实际情况，开展了寻找2018年度"九龙最美社工"、2019年社会工作人员招聘会、2019年度"九龙社工成长营"、全区首届社会工作专业知识竞赛等各种活动，这些活动强化社工的角色定位和认同感，为社工提供展示专业知识及能力的平台。

第四，以群众需求为导向，突出社工服务实效。

九龙坡区建立了购买服务项目的需求调研论证机制，完善社会工作服务项目库，常态化收集社会需求，统一策划项目，以解决以往购买社会工作服务内容随意、方向不明确的问题。据九龙坡区民政局相关负责人介绍，九龙坡区结合实际情况，明确将重点聚焦于老年社会工作服务、儿童社会工作服务、特定群体社会工作服务、特定领域社会工作服务和综合性社会工作服务这五类专业服务。同时还引进专业机构采用的理论教学、实操演练、案例分享、交流参访等形式，对执行社会工作服务项目的社工和社工机构开展督导服务，以确保社会工作服务的实效化和专业化。为了全面验收服务效果，九龙坡区聘请重庆怀仁青少年社会工作服务中心为第三方督导评估机构，对九龙坡区政府购买服务项目开展督导服务。通过采用"个别化督导＋集中督导"相结合的方式，向项目执行社工传授实务知识、解答专业困惑、疏导负面情绪，做好上传下达的"纽带"和"桥梁"，帮助项目执行社工做好总结提炼和包装宣传，扩大社会工作服务在九龙坡区的社会影响力。九龙镇政府购买项目采取专业督导和专项审计并行的方式，在全镇形成了项目化运作机制和标准化实施流程，确保了项目实效性和服务对象精准性。

2. 退出部分管理职能，激发社区自治活力

（1）设立居民自治金，激发自治活力

为进一步激发社区自治活力、推进三社联动、实现服务治理的共治共享，九龙街道极力推动由"依靠政府"的社区管理向"依靠群众"的社会治理转型，通过社区持证社工引导本土社会团队建设，激发居民主动参与社区建设和社会治理的主动性。早在 2014 年，九龙镇政府就组织社区干部前往上海、杭州等城市学习先进地区自治经验，随后于 2015 年正式设立"居民自治金"。居民自治金，采用"百姓点单，志愿者和社工接单，再以项目化的运作方式，提供多元化、专业化的服务，最后政府买单"的模式，引导社区居民参与社区治理，提升社区治理能力，促进社区共商共建、共融共享。居民自治金实施以来，九龙镇政府共投入 400 多万元，设立近 500 个项目，提升了社区居民的社区治理能力，满足了社区居民的多样化需求，增强了社区居民的幸福感与归属感，真正做到了将矛盾化解在基层。

（2）实施网格治理，增加"网格专员"力量

九龙镇政府通过服务外包的方式，将网格治理交由集美社工服务中心进行操作。原九龙镇镇长黎文忠对实施网格治理的功效与优势给予高度评价：

> 网格治理一方面是把综治、环保、城管、消防等都综合起来了，网格内发生的事务基本上都在网内解决；另一方面是在信息方面的优势，网格里有什么问题可以马上知晓、反映，然后上面的信息也能很快传下去。网格治理的网格员，就好比掺进居委会的鲶鱼，通过走访社区发现问题，"逼着"社区把事情做实。而且网格员在社区里，可以灵敏迅速地发现社区里的问题，有些事情也可以就地解决了，这样一来我们的社区治理就更加容易了。（资料来源：实地访谈）

（3）打造新时代文明实践中心，形成"专业社工＋全民义工"模式

为深入贯彻落实习近平新时代中国特色社会主义思想，中央深改委提出了建设新时代文明实践中心。2019 年九龙坡区被确立为第二批新时代文明实践中心建设市级试点区县，而九龙社工中心原阵地则被打造为九龙坡区的新时代文明实践中心，实现九龙坡区新时代文明实践中心与九龙社工中心建设同步推进、融合发展。目前新时代文明实践中心下设九大分中心平台，涉及

科教文卫等多方面服务。中心主要围绕实现"宣传群众、教育群众、关心群众、服务群众"的目标，重点实施了新时代文明实践中心、实践场所和实践站点的三级联动，更是建立了"点出你的需求，亮出我的服务"志愿服务活动精准化、常态化的工作机制。利用大数据、云计算等新一代信息技术，打造"互联网＋志愿者"的志愿服务体系，为志愿者、群众与管理者提供方便、快捷、安全、智慧化的志愿服务管理工具。老百姓有服务需求可以通过云平台提交汇集成"需求菜单"，九大平台和志愿服务团队将需求汇集成"项目清单"，中心根据"需求菜单"和"项目清单"按照"分级分类、就近就便"的原则"派单"，推动志愿服务精准化，实现"群众点单、中心派单、志愿者接单、政府买单"的良性循环。此外，政府还鼓励社区居民通过电脑端或手机端注册成为志愿者，参与各种志愿服务项目，通过志愿服务获得积分，用积分换取纪念品，甚至成为星级志愿者。文明实践，旨在文明，贵在实践，新时代文明实践中心在实践中造就了一支强大的志愿者队伍，他们与九龙社工一起，形成"专业社工＋全民义工"的服务模式，努力打通关心群众、服务群众的"最后一公里"。

二　生成逻辑：社会工作服务的专业性

（一）强制性变迁与诱致性变迁

林毅夫将社会制度变迁分为强制性变迁和诱致性变迁两种类型。强制性制度变迁是指由行政权力和立法手段引起的制度性变迁，这类变迁往往需要用政府的行动来促成。诱致性制度变迁是指人们为争取获利机会自发倡导和组织实施的对现行制度安排的变更或替代，创造新的制度安排。[①]

九龙社工中心的生成是强制性与诱致性变迁共同催生的结果。在九龙社工中心生成初期，政府力量起到了主导作用。然而在其形成与正式运营后，诱致性制度变迁则发挥了主要作用。九龙社工中心为辖区居民提供的直接服务较少，其主要功能是整合资源、承载社工活动、统筹社工项目，为辖区内社会组织、社工机构提供支持、孵化、培育等服务。此种强制性与诱致性变迁共同催生的社会组织，在成为地方政府与地方社会连接的枢纽上具有显著优势。九龙社工运作过程，不仅包含九龙社工中心，还包含了九龙镇所有社会工作机构、社区社会工作室以及数百名专业社会工作者。他们共同形成了完整的基层社区服务网络，从而使得九龙社工服务真

---

① 林毅夫：《新结构经济学：反思经济发展与政策的理论框架》，苏剑译，北京大学出版社2015年版，第281—283页。

正做到了嵌入社区、扎根社区、服务社区。

（二）居民公共服务需求与社工诞生的现实基础

九龙镇从1999年开始新一批"村改居"，到2010年"村改居"基本结束。在此过程中，社区矛盾逐渐凸显，社区治理难题日渐增多。同时，社区居民的美好生活需求日益增加，社区老人多，需要休闲活动；特殊群众行动不便，需要上门服务；流动人口多，需要做好安保工作……一件件具体的小事，就是老百姓的需求。这些事政府想管，但太小太细，管不过来；居委会想管，但人手不够，力不从心。2011年，新上任的蒋立强镇长非常重视社区治理。基于九龙镇社区存在的诸多难题，镇政府逐渐引入社会力量参与基层社区治理，如培育和发展社会组织，引入社工机构等。九龙社工中心志愿者老宋，详细讲述了该中心诞生的现实需求基础：

> 九龙镇经过整体的"村改居"城市建设，那种大规模的征地使得农民的身份发生了根本的变化，以我们九龙镇为例的话，当时80%到90%的人都是农村户口，到现在全镇只剩一百多人，没有转为城市户口。从身份的转变可以看出，我们政府的工作需要发展。时代的变迁，社会的发展，人们对美好生活的期盼和补政府短板的目的，需要引入社会组织、社工机构参与社区治理。这也是顺应时代发展的大趋势，顺应人民群众的呼唤。虽然居民群众没有说出来，但是他的行动就是表明了对政府的一种呼唤，就是需要有人来管我们，有人来组织我们，有人来引导我们。（XSSG2）

正是基于社会发展和社区需求这一基本现实，九龙镇政府做出了系列有益尝试。如针对社区人际关系淡漠问题，开展了邻里艺术文化节；针对桥湾老旧小区存在的问题，成立了居民自管会；针对空巢家庭，举办"邻里节"；针对高空抛物问题，开展文明教育活动等。这一系列活动使得社区矛盾和难题被逐个化解，逐渐让社区居民了解了社会工作，唤醒了社区居民的主人翁意识，提高了居民参与社区活动的积极性和社区治理能力。

（三）内培外引

社区社会组织具有细化服务的作用，可以多样化地提供社会公共产品和服务，不断满足社区居民的美好生活需求。因此九龙镇将培育和发展社区社会组织作为创新基层社会治理的重要组成部分，采用内培外引方式，促进社区社会组织成长。

1. 外部引入

针对九龙镇公益服务类社会组织发展基础薄弱的问题，九龙镇政府放眼重庆市，引入较为完善和成熟的社会工作机构促进九龙镇社会工作的快速发展。2013 年引入了第一家社工机构——重庆兴民社会工作服务中心。兴民社会工作服务中心的引入，有助于依托高校社会工作导师团队为九龙镇进行社会工作能力提升培训，同时搭建督导平台，共同探讨社会工作发展建设的经验，极大地促进九龙社会工作的发展进程。

九龙镇通过充分发挥引进社会组织的鲶鱼效应，来带动本土社会工作人才建设，后来又相继引入冬青、暖洋洋社会工作服务中心等专业性很强的社会工作机构，形成了覆盖老年人、青少年、残疾人、司法矫正等专业领域的社会服务。同时，九龙镇加强与重庆城市管理职业学院合作，鼓励社区干部参与社会工作专业学历教育，转变社区干部的社区治理理念，提升对社会工作方法的掌握程度和熟练运用能力，为九龙镇社会工作的发展营造了良好的社会环境。

2. 内部培育

由于我国社会工作行业面临薪资水平较其他行业低，社工专业人才流失严重等问题，社工人才队伍稳定性较差，难以长时间、可持续地开展服务。所以九龙镇在引入外来社会工作机构的同时，也开始发掘本地社会工作资源，培育本土社会工作机构与人才。从最初提出成立社工机构的想法到免费提供办公场地及设备，帮助注册成立机构，再到机构成立后的人员培训、专业督导以及购买服务等方面，九龙镇都给予了大力扶持。终于在 2014 年，九龙镇培育出第一个本土社会工作机构——蒲公英家庭服务中心，然后陆续培育和孵化了阳光帮扶中心、康乐服务社、凝聚力社会工作服务中心、集美社会工作服务中心等机构。2019 年 4 月，九龙社工中心正式授牌；2019 年 7 月，九龙社工中心新阵地正式建成投用。作为枢纽型社会组织，九龙社工中心一经成立就承接了政府支持和培育社会组织的重要职能，成为孵化培育社会组织的重要平台。中心主任陈会兰谈及九龙社工中心由成立到壮大的过程，无不感叹九龙镇政府给予的大力支持：

> 当时我们没有办公的场地，九龙镇就把九龙社工中心选在九龙鲁能花园地理位置最好的地方，把房地产开发商提供的最繁华的地段，最好的门面交给我们。所以我们看得出政府对社会工作是非常支持的，社工要成为政府的一只拳头，就必须要有自己的阵地建设，加强

阵地建设就是一个桥头堡，有这个阵地就方便以后的社工机构引入。（XCSG1）

九龙镇还将目光投向九龙社工的品牌化培育上，制定并支持"九龙社工"品牌培育战略发展。牢牢扎根社会工作文化，融入社会工作理念，将"九龙社工"体现的社会工作价值形象设计成具有辨识度的九龙社工标语和标识；创作了主题歌曲《余香》；确定每月 20 日为九龙社工日，集中开展社工活动。通过符号强化品牌效应，打响九龙社工品牌，把九龙社工打造成全国社会工作示范项目。目前，九龙镇已形成"麦田学堂""乐居家园""四海救援"等项目品牌，"青苗社""蒲公英家庭服务中心""阳光帮扶中心"等社会组织也迅速成长壮大。近 5 年九龙社工及基层组织成功开展各类志愿服务活动 1000 余场，服务居民数 10 万人次，以"服务更多人，温暖一座城"为宗旨的九龙社工正在被更多的人熟知。

三　"新乡贤"力量助推社会工作的生成与发展

在传统乡村社会，乡村精英通常表现出较强的凝聚力和崇高的威信度，能够整合村民群众的利益，充当村民集体利益的代表。这种方式在农村社区的延续，便造成了乡治对乡村精英的依赖性。[①] 乡村精英往往在乡村社会中掌握一定资源，并用这些资源服务乡村，由此获得他人的认可。随着城市化转型步伐的加快，此类传统社会的乡村精英向公益达人或公益能人转变，越来越成为推推城市社区治理的重要力量。

（一）传承与重塑：新时代的新乡贤

"乡贤"一词可见于唐代刘知己《史通·杂述》中，乡贤者，是指对邦族有重要贡献的人。就其特征而言，除了具有一定的教育水平和经济基础，更重要的是优良的道德品质。[②]

"新乡贤"的定义大概是在 2017 年第十三届中国农村发展论坛上提出，意指"心系乡土、有公益心的社会贤达，财富、权力、声望是其外在表现形式，公益性是其精神内心"。[③] 不难看出，从古至今"个人能力强，拥有一定的社会资本，且具有奉献精神和良好的道德品质"这几点都是乡贤的重要特征和内涵。新乡贤主要新在其地域界线突破。传统社会的乡贤

---

① 沈费伟、刘祖云：《精英培育、秩序重构与乡村复兴》，《人文杂志》2017 年第 3 期。

② 胡鹏辉、高继波：《新乡贤：内涵、作用与偏误规避》，《南京农业大学学报》（社会科学版）2017 年第 17 期。

③ 吴晓燕、赵普兵：《回归与重塑：乡村振兴中的乡贤参与》，《理论探讨》2019 年第 4 期。

是生活在乡村社会的一个阶层，具有明显的地域性，但随着社会的发展，新乡贤则没有了地域上的限制。

在九龙社工生成过程中，我们发现当地社会的新乡贤在推动社工成立、发展壮大、融入社区治理等方面起到非常重要的作用。正是这一个个新乡贤谱像，汇聚成九龙社工不断前行的力量。

（二）公益达人：社会工作事业的助力者

如果说政府是九龙社工中心的搭建者，那么陈会兰女士就是这个中心的激活者。

陈会兰，中级社会工作师，九龙社工中心主任。她同时还是集美社工服务中心的法人代表，重庆市人大代表、九龙坡区人大代表等。九龙社工中心作为九龙镇社工机构的枢纽和平台，是连接政府和社会组织的重要桥梁，也是党和政府社会治理的重要助手，而中心主任则是九龙社工中心的核心和关键，是打造九龙社工这一品牌的重要力量。那么九龙镇政府为什么选择陈会兰担任这一特殊职位呢？接下来，我们将讲述陈会兰的故事。

1. 基层历练

1989 年，陈会兰毕业于四川省某重点高中，由于发挥失利未考上大学，但陈会兰并不气馁，通过考试，到了九龙镇基层工作。

从 1993 年到 2019 年 1 月，陈会兰在基层村和社区工作了二十多年，期间担任过宣传员、打字员、办公室主任、村党委副书记、社区党委书记等职位。在基层工作期间，陈会兰做出了相当优秀的成绩，比如在彩云湖社区担任书记期间，彩云湖社区先后荣获全国居民自治示范社区、全国社会工作示范社区等殊荣。陈会兰也担任过重庆市第四届、五届人大代表，并多次荣获市、区优秀共产党员、优秀党务工作者等殊荣，是全国巾帼建功标兵。

长期在基层工作使陈会兰积累了丰富的群众工作经验。在工作岗位上，陈会兰数十年如一日地踏踏实实工作，办好每一件事，把为人民服务的崇高理想落实到工作细节中。陈会兰说：

> 做群众工作，一是要做到耐心、细心。每天见到的都是普通的基层群众，凡是他们有所咨询、有所困惑的，都要耐心地讲解，做好各方面工作。二是要对所有群众做到一视同仁，不能差别对待。三是要学会换位思考。体谅老百姓的难处，竭尽全力去帮他们解决问题。（资料来源：实地访谈）

20 多年的基层群众工作并非一帆风顺。据陈会兰回忆，从 1999 年九龙镇开始集中"村改居"后，随着村子陆续被拆，修建村民经济适用房过程中的矛盾也越来越突出。在修建经济适用房过程中，村委会把所有赔偿合同、赔款清单都予以张贴公示。但很多村民仍然不理解，也不信任社区干部，在政府门口吵闹并提出要到北京上访。陈会兰深入到群众中去一一解释，不管群众怎么闹、怎么骂，都耐心对他们解释。其中有一个老人，因为不识字，看不懂村里公布的文件，就到处散播"村干部贪污"的谣言，辱骂村里的干部，甚至还带人到村委会闹。面对村民的辱骂和指责，陈会兰心中感到非常委屈，但仍然骂不还口，打不还手。她把拆迁和修建的整个流程梳理成册，然后张榜公示，整个过程做到清晰明白。后来大家真正了解后，也慢慢接受了。在长期的基层群众工作中，陈会兰形成了基层工作的有效经验，她常说：

> 群众工作就是这样，你不能把老百姓当敌人，有些事吵过、骂过就算了，面对群众的问题和质疑，还是只有耐心细心地去解释。

作为一名基层代表，自 2012 年当选重庆市第四届人大代表后，陈会兰更是时刻牢记着"从群众中来，到群众中去"的群众工作路线。在各类会议活动中，她时刻记挂着老百姓的需求，将老百姓的心声传递给政府，实实在在为老百姓解决问题。

2. 理解社会工作

随着社工逐渐引入九龙镇，陈会兰看到了社会工作在基层社会治理中的作用，开始学习社会工作相关知识，渐渐地加入到社工队伍中。就成为一名社工的原因和动力，陈会兰说：

> 第一是在多年的社区工作当中，我遇到了很多棘手的事情，在解决问题的过程中，感觉到自己专业知识的缺乏，所以我就开始学习社工的相关理论知识。第二是民政局也要求社区工作人员考取社会工作的资格证，我这才晓得社工还有专业的资格证，我就花了几年的时间考取了中级社工师证。第三是因为我也听了很多关于社工的讲座，知道社工需要有一些理想和情怀，而我从事基层工作二十几年，也培养了我自己的一些情怀，对从事社会工作有了不少思想准备。

作为一名基层的社区工作者，陈会兰逐渐认识到社会工作服务就是基层治理的"最后一公里"。在日常的走访工作中，陈会兰发现重庆市社会工作起步晚，发展较沿海地区落后，以至于成为内陆特大城市基层治理的一大短板。为此，陈会兰借助自己的市人大代表身份建议由市政府加强对全市社会工作的统筹协调，加强对社会组织的培育支持力度；建议设立高规格的"重庆社工奖章"，对做出突出贡献的机构和社会工作者予以表彰等建议被市政府、区政府采纳。

3. 成为九龙社工领头羊

2017年，九龙镇提出打造"九龙社工"品牌，成立社工服务中心来引领九龙社工发展。社工服务中心主任人选是重中之重。热爱社会工作且具有奉献精神的陈会兰，被九龙镇委以重任。然而和其他社区书记一样，陈会兰刚开始并不太愿意。

> 我当时确实不愿意，因为这是一个新的东西，我以前的工作都已经做得滚瓜烂熟了，我在社区当了那么多年的社区干部，不谦虚地说，也算是做出了一些成绩。而社会工作在当时的九龙镇还是一个新东西，我们对它都不是特别了解，完完全全抛开原有的工作去从事社工，其实这是一件特别需要创新和勇气的事情。当时社工中心刚成立，什么事情都需要自己去考虑，工作量很大，担子也更重，精神和身体上压力真的很大。而且我们没有可以照搬复制的经验，需要自己去摸索，那出错的风险也很大，做得越多，就可能错得越多。（资料来源：实地访谈）

同时，家里人也不同意陈会兰担任社工中心主任：

> 家里人和身边的朋友都劝我不要去社工中心上班，都觉得这是一个非常辛苦，而且费力不讨好的工作，他们都觉得我在基层做出了一定的成绩，何必要从头开始，做一个非常辛苦的工作呢。（资料来源：实地访谈）

在镇领导多次登门劝说之后，陈会兰最终接下了重担，

> 镇长和书记来劝了我好多次，说"现在九龙镇的所有社区书记里面，就我在基层做了20多年，经验最丰富，而且还说我是连续两届的市人大代表，还是区人大代表和镇人大代表，在这种情况下，我不

来做谁来做？镇长书记说我要带头，退出相对舒适的区域。确实在这里人熟地熟情熟，确实我什么都熟悉，这个工作非自己莫属"。镇长书记还说我是党员，是社区党委书记，必须要发挥榜样作用。所以，最终我还是接下了这个重任，不管做得好、做不好，我都尽力去做嘛。（资料来源：实地访谈）

接下社工中心主任一职后，陈会兰在工作中遇到了诸多困难，如何健全社工运作机制、如何开展项目业务、如何有效开展工作等都成为了她必须解决的问题。

第一是现在整个社会的社会工作运作机制不够健全。第二就是成立一个社工机构，如果承接项目不够持续的话，资金从哪里来？机构怎么运作？所以怎么保证机构能够有持续的项目是一个很大的难题。第三就是没有可复制的经验，一切都要自己摸索，要摸着石头过河。第四就是我们的工作成效是不能用标准化的方法来衡量的，所以工作成效怎么体现也是个问题。不同时间地点做同一件事情，所达到的效果都可能是不一样的，所以是不可以用统一的标准来衡量的。而且理论和实际其实有很大的差异，我们不能用一套理论来框定整个实际工作，如果把所有的工作都框进这些理论当中，只会把路越走越死。所以我们既要把工作做好，还要做出亮点，不用标准化的方法衡量，同时也要让人能看到工作成效，就真的很难了。最后就是整个社会的氛围，对社工的认知度太低，在我们从事工作的时候，很多人都不知道我们是在干什么，所以让群众了解到我们社会工作，这是我们需要努力的地方。（资料来源：实地访谈）

但这些困难并没有难倒陈会兰，20多年的基层工作经验对她从事社会工作助益颇多。她每天穿着九龙社工工作服，用时间和情感与群众打交道，帮他们解决困难，逐渐让群众了解并接受了社会工作。

我们对社工专业知识的把握和运用都是在以前与各种各样的群众、领导打交道的基础之上掌握的。毕竟我有20多年的村居工作经验嘛，群众来找我们，他想干什么，其实我们基本都清楚，也知道该用什么方式和他们交流。我每天都穿着九龙社工的工作服去走访社区，就是想要把九龙社工这个品牌树立起来，让大家都知道我们有一个九龙社工。虽然刚开始的时候居民不认识我们，但他们看着我们穿着这个工作服，就可能出于好奇去查一下什么是社工，慢慢地就会了解到我们九龙镇有一个九龙社工。这样的话，我们去工作的时候，别人就会认可我们，需要帮助的时候也会打电话来咨询我们社工，这也算是对行业的推荐嘛。（资料来源：实地访谈）

在九龙镇政府及陈会兰的共同努力下，越来越多的居民开始积极参与社区活动并加入到志愿服务队伍中，有的甚至注册成为志愿者。截至目前，九龙社工已链接近 3 万名注册志愿者。随着九龙社工不断发展壮大，如何创建学习型社工组织成为陈会兰思考的方向。陈会兰坦言，工作中出现的各种棘手的问题，让她和团队小伙伴们有一种海绵吸水般学习的紧迫性。为此在工作日的午休时间，她经常会带着九龙社工成员在会议室"充电"学习。每周五，九龙社工中心还会邀请心理咨询师来做讲座培训，并依托网上专业论坛、内部微信群等学习平台，持续再充电，以"线上 + 线下""边学习边讨论"相结合的方式提高学习效率。①

社事办的庄华敏这样评价陈会兰：

她是我进社区开展工作的第一个老师，我 2011 年在彩云湖社区给会兰书记当主任助理。在她身上我学到了很多东西：一是她工作的态度，非常敬业和认真，对于每一件事情都尽全力去完成，给人的精神状态和做事态度都是积极向上的，值得我们每一个社区工作者学习！同时她也一直是我个人的学习榜样，我在工作中都是以她为标杆，向她看齐。二是她工作的方法，非常值得我们学习，她在基层工作多年，对于群众的矛盾纠纷，热点难点问题都有一套自己的方法。三是她的为人处世，想得非常周全，有时性格很直，但很会为别人换位思考，她就像一个大姐姐一样，帮助我们不断成长。（资料来源：实地访谈）

正是基于对基层治理方向的正确把握，基于对群众工作的热爱，陈会兰等新乡贤力量才能够以满腔热情投身到九龙社工中心的发展中。新乡贤们充分利用社会工作这一强有力的社会治理新方式，孵化社会组织、统筹社工项目，以此探索构建一体化的基层社会治理新模式，力求将"九龙社

---

① 王渝凤：《七年了，他们温暖着一座城》，《重庆晚报》2020 年 11 月 15 日。

工"打造成为具有影响力的社会工作服务品牌，服务更多社会工作人才，助力社会工作机构发展。"服务更多人，温暖一座城"不仅是一句口号，在九龙社工的努力下，正逐渐变为现实！

第二节　社工中心的空间结构分析

九龙镇 2013 年引进社工组织开展专业社会工作服务，2017 年正式提出"九龙社工"这一品牌，2019 年九龙社工中心成立，九龙社工日益制度化。九龙社工不仅指九龙社工中心，还是九龙镇所有社工的统称，是九龙镇为破解基层社会治理难题打造的一个社会工作服务载体。它以"服务更多人，温暖一座城"为服务理念，由九龙社工中心、社区社工室和各类社工组织这三类主体构成，结合辖区内各种社会团体和志愿者队伍构成了完整的社工结构，基本实现了对九龙镇社会服务的全覆盖。

一　社工中心的组织架构

（一）中心的构成主体

1. 九龙社工中心

重庆市九龙坡区九龙社会工作服务中心简称"九龙社工中心"，于 2019 年 4 月成立并投入使用，位于重庆市九龙坡区火炬大道 9 号，占地共 1560 平方米。2019 年 7 月 15 日，九龙社工中心正式在九龙坡区民政局注册。九龙社工中心是从事非营利性社会服务活动的社会组织，在九龙镇民政和社会事务办公室的指导、监督下开展工作。九龙社工中心设中心主任一名，由镇政府聘请集美社工服务中心负责人陈会兰担任，并聘请 4 名工作人员协助运营。九龙社工中心从建设之初就提出了"223456"发展理念，即"两中心""两基地""三空间""四区域""五核心""六服务"。中心定位为一个服务社工发展的平台，是承载社工活动的阵地，是辖区社会组织孵化机构和社工实践项目的统筹协调机构。

（1）发展简史

2013 年，九龙镇引入第一家社工机构——重庆兴民社会工作服务中心，开展社工服务。2014 年培育出第一个本土社会组织——蒲公英家庭服务中心。2014—2015 年，出台《自治团队建设与管理实施意见》，制定推进三社联动"1 + 6"制度体系，引导社会工作规范化、常态化、专业化运行。2016 年，九龙镇实现辖区内社区工作室、社会组织、社工项目、居民自治金全覆盖。2017 年，九龙镇开始打造"九龙社工"服务品牌，推进社会治理创新，并确定每月 20 日为九龙社工日。2018 年，九龙镇提出评选最美社工、优秀社工组织等；同年，彩云湖社区、广厦城社区荣获国家级社会服务工作示范社区。2019 年，九龙社工中心正式挂牌。2020 年，成立"两中心、两基地"（两中心是九龙坡区新时代文明实践中心和九龙社工服务中心，两基地是九龙坡区社会组织孵化基地和九龙坡区志愿者服务组织孵化基地），成为深圳市南山区社会组织创新苑联动合作基地。同年，九龙社工还荣获全国 2020 年"终身学习品牌项目"。2021 年，联动建立西南大学国家治理学院社会工作实践教学基地。

（2）基本现状

①组织架构。九龙社工中心内设办公室、孵化部、宣传部、资源链接部、项目拓展部和培训部。

表 4 - 1　　　　　　　九龙社工中心各部门职责

部门	主要职责
办公室	物资管理、安全检查、场地维护与管理、卫生管理、会务工作等
孵化部	孵化组织申请、管理、孵化等相关业务，社会组织服务指导、评估等工作
宣传部	微信公众号运营及管理、年度宣传工作、接待参访、宣传周边产品、宣传展示区更新及设计等工作
资源链接部	外部资源拓展、资源共享平台管理及维护、资源配对服务、资源信息台账、链接志愿者服务活动等工作
项目拓展部	项目开发及管理、项目人员能力提升、项目优化及评估、项目跟踪监测、品牌项目建设、项目实施及服务落地等工作
培训部	能力提升、培训资源开发及维护、专家智库、培训调研及需求分析、志愿者培训等工作

资料来源：九龙社工中心。

此外，九龙社工中心还设立理事会负责发展方向及其他重大事项的把控。九龙社工中心自成立以来，不断完善内部管理制度，制定了《重庆市九龙坡区九龙社会工作服务中心章程》《九龙社会工作服务中心规范化运行实施方案》等，形成了完善的制度体系，为九龙社工中心的规范、高效运行提供了制度保障。

②功能布局。中心场地分为"四区三空间"。四区分别是综合展示区、培训孵化区、服务保障区与功能拓展区。三空间分别是能量空间、创客空间和共

享空间。九龙社工中心主要提供阵地支持、组织孵化、培训提升、资源链接、信息发布、项目推荐、资金募集、品牌宣传等各类服务，场地兼具多媒体会议、大型沙龙、路演活动展示、新闻发布等多个功能。目前社工中心每周开展1—2次专业培训、每月1次大型沙龙，近两年直接服务近30家社会组织及单位，服务3000多人次、开展100多次各类培训和项目推荐等活动。

③运营模式。九龙社工中心以政府资金支持为运营的基础和保障，街道聘请专业团队——集美社会工作服务中心负责运营，进行标准化管理。形成了"政府资金支持、专业团队管理、社会公众监督、公益组织成长、居民群众受益"的运营模式。

2. 社工机构

九龙街道各社工机构的服务范围广泛，涵盖儿童、青少年、老年、婚姻家庭、督导、戒毒康复、精神康复、社会救助等多个领域，基本满足了社区居民的多样化需要。九龙社工中心目前已入驻15个社会组织，这些社会组织的服务内容相互补充、相互配合，为社区居民提供服务。

表 4 - 2 　　　　　　　　　　　入驻组织基本情况

机构名称	注册时间	服务领域
集美社会工作服务中心	2018 年 7 月	社会救助服务
凝聚力社会工作服务中心	2016 年 11 月	社会救助服务
阳光帮扶服务中心	2015 年 11 月	社会救助服务
康乐老年人社会工作服务社	2015 年 9 月	老年服务和社区公共服务
蒲公英家庭服务中心	2014 年 12 月	家庭服务、儿童服务和社区服务
暖洋洋社会工作服务中心	2014 年 11 月	戒毒康复服务
兴民社会工作服务中心	2013 年 12 月	综合性服务
冬青社会工作服务中心	2010 年 9 月	精神康复服务

资料来源：九龙社工中心。

此外，还有一些社工机构也发挥了重要作用。如家和社会工作服务中心、益公里社会工作服务中心、联动社会工作服务中心等，这些社工机构在自己的专业领域内服务于辖区居民，与社工中心、社区社工室、各社会团体及社区居民形成联动，共同营造积极向上的社会氛围。

3. 社区社工室

社区是人们安居乐业的家园，是维系公民与社会的纽带，也是党和政府为人民服务的重要场所。重庆市在绘制社会工作发展蓝图时，紧紧围绕社区这个"基层社会治理的重心和基础"谋篇布局。目前全市已建立 4350 个社区社工室，广布城乡社区，实现为民服务"零距离"。①

目前九龙街道 10 个社区都配备了社区社工室，每个社区社工室都拥有科普室、青少年活动室、阅览室等场所，力图满足社区居民的不同需求，并提供更优质的专业服务。与社工机构不同，社区社工室位于社区便民服务中心（一般为社区居委会所在地），工作人员基本都是由考取了助理社会工作师的居委会工作人员担任。每个社区社工室都可以根据在基层工作中发现的居民需求，向政府申请社会工作项目。此外，社区社工室还可以作为九龙街道其他社工机构的活动阵地。最后，社区社工室还提供自治金申请服务，辖区的居民、社区组织、团体都可以通过社区社工室申请自治金项目。

（二）社工中心的运作逻辑

九龙社工主要由九龙社工中心、社区社工室和社工机构三大主体构成。九龙社工中心作为枢纽型社会组织和孵化平台，扮演着政府与社会组织之间沟通桥梁的角色，为辖区内各社工机构、社工室和其他社会组织提供支持、服务。基于此角色与功能定位，九龙社工的运作紧密围绕九龙社工中心的运作机制展开。九龙社工中心以组织孵化机制和公益创投机制，将社工机构和社区社工室串联起来，实现了九龙社工各主体间的联动与良性运作。

1. 组织孵化机制

组织孵化机制是指枢纽型社会组织通过协调各利益主体和组织内外部关系，整合各种资源，孵化培育社会组织，并为其提供支持服务的过程。从当前九龙社工中心的实际运作看，其孵化流程主要包括"入驻申请—初步评审—面谈/实地走访—专家终审—报备主管单位—拟入驻组织公示—通知入驻组织—签订协议—孵化对象入壳—孵化培育—出壳—提供后续服务"。其中，入驻选择机制、孵化培育机制和出壳评估机制是其主要内容。

（1）入驻选择机制。对九龙社工中心而言，申请孵化培育的对象是否达到准入标准会直接影响到孵化培育的效果。因此，九龙社工中心制定了《九龙社会工作服务中心孵化培育准入机制》《九龙社会工作服务中心社会组织入驻培育流程和服务内容》《九龙镇九龙社会工作服务中心入驻培育

---

① 闫薇、张燕：《根植社区治理专业服务"零距离"——重庆城乡社区社会工作室建设观察》，《中国社会工作》2020 年第 31 期。

组织评估体系》《入驻组织路演评审手册》等规章制度来对申请入驻对象进行评估和选择，同时保证孵化过程的专业性和正规性。如在孵化对象选择上，根据《九龙社会工作服务中心孵化培育准入机制》，孵化对象需符合如下条件之一：

①已经登记注册或备案的主要从事公益性、非营利性活动且宗旨和业务范围符合国家法律规定的社会组织。

②申请主体处于初创期，且有一定的发展意愿。

③欠缺独立发展能力，需要通过孵化引导其正常运作、发挥作用。

④发起单位具有一定的数量和规模，能为九龙坡辖区居民提供服务，开展较好效果的公益服务项目。

⑤发展前景好、发展较为成熟，能够起到榜样示范作用的社会组织。

⑥在社区基层开展服务已有一定时间，拟登记注册/备案、规范管理的社会组织。

（2）孵化培育机制。这一机制的核心在于具体的孵化培育服务。在孵化培育过程中，九龙社工中心主要提供硬件和软件两方面服务（见表4-3）。硬件服务指为孵化培育对象提供办公场所、注册指导、资金支持等基础性服务。软件服务主要包括能力培训、专业支持等方式提高孵化培育对象的可持续发展能力；通过宣传推广，提高其社会知名度；以及通过构建资源共享平台，为其提供各种资源要素等。

表4-3　　　　　　　　　　　孵化培育服务及其主要内容

服务名称	主要内容
场地支持	基本的办公桌椅、网络、公共空间等基础办公支持
注册指导	提供社会组织注册咨询，进行注册流程、注册资料等指导服务
资金支持	申请辖区居民自治金项目和社区公益服务基金项目，为孵化培育对象早期运作提供资金支持
能力培训	从项目策划及运作、志愿者管理、财务管理、人力资源管理等方面提供培训资源
专业支持	开展社会组织法律咨询、财务咨询、项目咨询等咨询辅导服务，组织社会组织参访交流等
宣传推广	通过线上线下方式，进行社会组织宣传展示和项目经验推广，传播服务理念，扩大品牌影响力，提升社会组织知晓度、参与度
资源共享	搭建交流平台，促进多方合作，进行资源整合和对接

资料来源：九龙社工中心。

（3）出壳评估机制。原则上入驻的社会组织孵化培育期为1年。孵化结束时，九龙社工中心根据制定的社会组织出壳评估体系，孵化组织自身、九龙社工中心和专家评审团三方组成评估主体，对社会组织的核心人物、组织团队、已有活动、项目潜力、入驻活跃度等方面进行评估。评估结果分为"培育成功出壳"和"培育失败出壳"。培育成功出壳的社会组织培育期满后，经评估符合示范性、带头性，或对九龙社工中心提供的服务还有明确需求且接受九龙社工服务中心各项管理制度的，经双方协商可继续入驻。培育失败出壳的社会组织，若无法培育成功，则直接出壳；若入驻组织创始团队无意愿继续培育发展，则退出入驻；若入驻组织创始团队有强烈意愿继续发展，经评估合格的，双方协商一致可继续入驻，直至培育成功。

孵化培育对象经过考核顺利出壳后，并不意味着与九龙社工中心合作终止。它们成功出壳后可能会面临各种发展困难，九龙社工中心会继续跟踪并提供后续服务，以保证其能发挥应有的社会功能、为社区提供高质量服务。

2. 公益创投机制

公益创投是指将经济生活中的"风险投资"或"创业投资"运用到公益领域的创业投资。① 公益创投的作用包括发现和挖掘公共服务需求、孵化培育公益项目、推进"全民公益"行为、激发社会治理创新活力等。九龙社工中心通过公益创投机制，为初创期的社会组织提供资源和支持，最终孵化培育出大量优秀社会组织，通过它们来为社会公众提供优质公共服务。从运营模式来看，九龙街道采用的是政府与九龙社工中心合作的模式，政府作为公益创投的投资主体，提供公益创投的资金。九龙社工中心负责具体运作事宜，包括项目评审、监督与评估等。公益创投的程序主要包括以下环节：

（1）项目征集。九龙社工中心通过网络途径或社区动员等方式，向辖区发布公益创投公告，以征集优秀的公益创投项目。同时通过专题讨论、专家评议等环节，引导政府部门对公共服务需求开展调查和评估。在接受项目申报过程中，九龙社工中心需对项目申报书内容、主体申请资格等情况进行初步审查。

（2）项目评审。通过初步筛查的项目申请书进入评审环节。项目评审一般是由政府相关部门的干部、九龙社工中心的专业人员以及相关专家共同进行。评审结果公示结束无异议后，则进行项目推介。

---

① 岳金柱：《"公益创投"：社会组织培育发展的创新模式》，《社团管理研究》2020年第4期。

（3）项目推介。通过项目评审的团队代表需宣讲所申报项目的价值和意义、实施方案及预期社会效益等，激发公众参与公益创投的积极性，形成"全民公益"氛围。

（4）项目实施。首先，九龙社工中心与项目申请组织签订项目协议，然后根据规定拨付项目资金。其次，在项目实施过程中，有针对性地为项目提供支持和服务，以提高项目运作成效及项目团队的专业能力。同时，九龙社工中心会对公益项目开展监督和评估工作，督促项目实施。

（5）项目评估总结。项目完成后，项目实施方需形成书面总结报告并提交九龙社工中心。由行业专家、政府部门和九龙社工中心共同对该项目进行全面评估，剖析问题，提炼成功经验并推广。

总之，九龙社工中心通过组织孵化机制，有效地培育和发展了九龙镇的社会组织，促进它们改善组织内外部治理，提高专业服务能力，以承接政府转型过程中让渡的部分职能，最终参与社会治理，成为党和政府的助手。

二　社工中心的组织功能

（一）一种枢纽式服务

1. 平台依托：整合各方资源，填补"结构洞"空缺

结构洞是指在社会关系网络中，存在破裂和断层，个体之间无法直接联系，就好像出现了洞穴。①在我国当前的社会治理体系中，各社会组织之间、社会组织与政府之间都存在着明显的"结构洞"。九龙社工中心运行的优势在于，它能有效拓展社会组织与政府之间的"结构洞"。这主要体现在，九龙社工中心是九龙镇政府与辖区各社会组织间的沟通桥梁与纽带，它充分发挥了平台优势作用，广泛链接各类资源，理顺了政府、社区、社会组织的关系。

（1）加强政府与社会组织之间的沟通。一方面，九龙社工中心及时向政府相关部门反映社区社会组织的诉求。另一方面，九龙社工中心负责收集政府和其他社会组织的信息并进行整理汇总，将各类需求和项目资源通过公益创投、项目招标等方式传递给各组织，以达到供需双方的有效对接，实现资源的合理配置。

（2）促进辖区内社会组织间的交流协作。针对项目制"发包"机制中，社会组织间有效沟通缺乏的现状，九龙社工中心充分利用自身独具的

---

① 〔美〕罗纳德·伯特：《结构洞：竞争的社会结构》，任敏等译，格致出版社2017年版，第18页。

资源获取能力与社会动员能力，为各类社会组织提供信息交流与资源共享平台，促进社会组织间的交流协作，以此提升了九龙镇社会组织间的凝聚力，实现了社会组织功能的最大化和长远发展。

2. 专业立基：孵化和培育社会组织，培养专业人才

自成立以来，九龙社工中心一直致力于激发社会组织参与社会治理的积极性和创造性，助推社会工作发展。在当前社会治理体系和治理能力现代化趋势下，如何培育高质量社会组织、社会工作机构，以满足社区治理需求成为九龙社工中心的重要职责。基于此，九龙社工中心把孵化和培育社会组织、培养专业人才作为主要目标之一。

九龙社工中心通过内部组织孵化机制的运作，为九龙镇培养了一大批专业社会工作机构和社会服务组织。到目前为止，九龙街道共有130多个社会组织（含备案登记）为社区居民提供服务，其中培育引进15个民政注册社会组织、10个社区社工室，直接服务居民10万余人次。

（二）以需求为导向，探索服务型治理

服务型治理是指，社工机构或社会组织通过链接各方资源向有需要的群体提供专业服务，帮助其解决问题、满足需求，维持社会秩序，进而促进社会善治的治理行动。[①]

九龙镇各社工机构以服务型治理理念为指引，运用社会工作专业方法与专业精神，为辖区居民提供服务。如冬青社工机构主要为居民提供精神康复领域服务，暖洋洋社工机构提供戒毒康复领域专业服务，蒲公英家庭服务中心为居民解决婚姻家庭方面的难题。除了服务提供者，九龙社工机构还扮演了"使能者"角色。该角色即是社工机构针对不同居民群体提供针对性服务，通过多种方式引导居民自己解决问题，培养其抗逆力，实现助人自助。

最典型的服务形式就是居民自治金。居民自治金可以由居民个人、社区组织、社会团体、社工机构等主体进行申报，由于居民个人的能力水平有限，大多数居民在发现问题和需求时，都会求助社工机构。社工机构在引导、协助居民申报自治金项目过程中，采取"谁发现问题、谁申报项目、谁解决问题"的模式。在此过程中，社工机构只负责帮助居民链接各方资源，组建团队等。这样一来，社工机构就扮演了使能者角色，通过自治金项目运作，唤醒社区居民的主人翁意识，培养社区居民参与社区治理的能力，实现社区善治。

---

① 王思斌：《以社会工作为核心实现服务型治理》，《中国社会科学报》2015年1月23日第6版。

(三) 根植社区社工室，化解基层矛盾

社区是社会生活的基本单元，是人们安居乐业之所。和谐社区关系、宜居社区环境、稳定社区秩序是每一位社区居民的期盼与渴求，而这也恰是社会工作的优势所在。

九龙街道的社区社工室设在社区便民服务中心。在工作主体上，社工大多由社区工作人员担任。他们通过考取社会工作专业资格证，成为专业社工，服务于社区居民。社区社工室受社区居委会管辖，开展活动时能够得到社区便民服务中心配合，为居民提供一站式服务。在运作模式上，社区社工室以项目驱动，根据基层工作中发现的居民需求，向政府申请社会工作项目，为辖区居民提供针对性的服务。在服务领域上，涵盖老、弱、病、残、幼等众多方面。如彩云湖社区为提升居民综合素质、培养其公共意识而开展社区教育项目。九龙花园社区为引导低保、残疾人等弱势群体就业或寻求其他生活来源开展了社会救助项目，帮助他们提高自助能力、恢复社会功能。总之，社区社工室通过根植社区，"零距离"服务居民，将专业服务融入基层社会治理，推动了社会工作的专业化、社会化发展，培养了居民参与社区建设的主动性，一幅幅"共建共治共享"的和谐社区画卷，正在社区社工室的努力下逐渐绘制。

第三节　社工的故事

九龙社工，这个根植于九龙热土的社会治理创新品牌，秉承"服务更多人，温暖一座城"的价值理念，由最初的十几人壮大到现今的专业社工近300人。他们穿梭于楼栋之间，出现在需要之时，在这片热土上开展了上千场服务，覆盖了居民数十万人。他们是引领者、教育者、赋能者、陪伴者，用这片土地孕育的真诚、奉献、热情、活力去影响身边的生命。本节选取6个九龙社工故事，分为骨干成长篇、社团培育篇、助人自助篇三个板块，力图从服务对象自述、社工成长心得、服务过程展示等方面，直观、形象地呈现九龙社工参与社区治理的鲜活实践。

一　骨干成长篇

(一)"一个社区干部的成长"

1. 成为一名社工骨干

庄华敏，助理社会工作师，九龙社工中心负责人之一，曾任九龙镇广

厦城、彩云湖社区党委书记。

2005 年 6 月，大学毕业的庄华敏来到九龙镇计生办工作，主要负责宣传计生政策。工作期间，庄华敏注意到辖区内有很多失独家庭。为此她和办公室同志成立了九龙镇真情爱心联系会，为失独家庭建立交流、聊天平台，并组织各社区志愿者"一对一"帮扶，解决他们的困难。

2011 年 6 月，庄华敏调任九龙镇彩云湖社区任主任助理。由于该社区自主创业和有意愿创业的人员较多，社区居民希望社区能为他们搭建一个资源共享、信息互通的交流平台。于是庄华敏组织建立了社区启航创业沙龙，邀请辖区微型企业老板和有创业意愿的人员加入进来，定期开展活动，实现资源对接。此外，庄华敏还积极探索志愿者服务，与重庆理工大学化工学院合作，成立了大学生青年志愿者服务基地，定期组织大学生志愿者到社区开展服务。在参加工作的十几年中，她逐渐成长为社区独当一面的负责人，现后在两个社区任党委书记。庄华敏总结了自己 15 年的基层社区工作经验：

> 社区工作除了需要掌握必备的业务知识和政策条例等，更重要的是要有处理居民问题和解决群众所需的方法，因此，要像海绵一样不停吸收各种知识，在实践工作中摸爬滚打，向老同志虚心求教。后来我发现"社会工作"适用于解决社区的一些问题，就开始学习社工的专业知识，并在 2013 年考取了社会工作职业水平证书。（资料来源：实地访谈）

当问及为什么要成为一名社工？庄华敏这样说：

> 我们都住在社区里，就会发现经常参加社区活动的都是老人和小孩，所以就想为老人小孩服务，同时也希望自己所在的小区变得更好，让自己家里的老人和小孩都可以享受到这些服务。老吾老以及人之老，幼吾幼以及人之幼，就是这种感觉。（资料来源：实地访谈）

2. 运用社工专业知识，探索三社联动

"三社联动"指在政府主导下，在社区治理中以社区为平台，以社会组织为载体，以社会工作专业人才为支撑，形成资源共享、优势互补的良好局面。在工作中，庄华敏积极探索"社区＋社工＋社会组织"的工作思路，搭建信息咨询平台，链接周边社会单位，将大学生志愿者、医生等人才资源和家政、艺术培训等信息资源引入社区，使社区服务更加多元化。2014 年她在广厦城社区引入蒲公英家庭服务中心，发动志愿者向居民开展无偿和低偿的专项服务，将辖区有效资源链接到社区，构建起"三社联动"格局。如今，在既有"三社联动"基础上，搭建起了"五社联动"新格局。

3. 搭建多方沟通平台，破解社区治理难题

随着人民生活水平的提高，居民对小区环境和周边配套服务的要求越来越高，但业主与物业公司、开发商间因分工不明确、沟通机制不健全经常引发矛盾。为了有效化解基层矛盾，庄华敏积极引导小区业委会与物业公司建立良性沟通机制，在原有"1 + 3"共建格局（即党委政府牵头，居委会、业委会、物业公司合力共建）的基础上，对社区事务处理进一步做出了明确分工，有效化解了"物业管理难、居民服务难"的问题。以绿韵康城小区为例，2019 年上半年在广大业主监督参与下，该小区以书面征求意见、投票表决的形式召开了业主大会，第二次成功调升物管费及签订物业服务合同，继 2012 年以来再次成为九龙镇及全区业主大会决策的典范。

作为一名社区工作人员，庄华敏扎实奋进，虚心向老同志学习，和同事们一起在社区建设方面开拓创新，用自己的行动努力践行着"全心全意为人民服务"的初心誓言。

（二）"我的社工成长之路"

1. 漫漫十年社工路

郭瑞英，兴民、集美等多个社工机构督导，中级社会工作师，2015 年毕业于重庆城市管理职业学院社会工作专业。

大学期间，郭瑞英就表现出对社会工作的极大热情，并积极从事相关实践。后来在老师溥存富的带领下，开始组建团队，承接社会工作项目，这也是兴民社工中心的雏形。2014 年，兴民社工中心正式注册成立，此时的郭瑞英虽然还是一名学生，但她通过了助理社工师考试，逐渐成长为一名专业社工。刚成立的兴民社工中心没有足够的资深社工，项目经验较为丰富的郭瑞英作为骨干成员，实际上成为了兴民社工中心的项目主管。大学毕业后，郭瑞英更是一头扎进九龙镇的各社区中，开启了"工作狂"模式。据郭瑞英回忆，当时，工作成为了她的全部，几乎没有分开工作和生活时间。这样的状态持续到了 2017 年，随着兴民社工中心逐渐发展成熟，也培养出了一批能够独当一面的骨干成员，郭瑞英认为那时的自己开始进入沉淀期：

因为我发现我需要调整我自己的状态了，我不能一直是这样的工作狂模式，已经没有那么多需要去直接抓的工作，我们机构的那些社工都能够独当一面了，那时我就知道我应该退后了，所以那时候算是处于一个沉淀的时期。（资料来源：实地访谈）

2. 多总结，多反思，多学习

2018 年，郭瑞英开始尝试担任兴民社工中心督导。从一线社工到项目主管再到兴民、集美、凝聚力等多个社工机构的督导，郭瑞英用了近十年时间。她自己总结道：

每开展一个项目，我们都希望有更多的经验可以复制，所以我经常带领着我的小伙伴一起头脑风暴，把我们的经验总结出来，比如有哪些活动是可以延续的？哪些服务是可以复制的？哪些品牌是需要调整的？项目计划书要怎样调整、解构？所有都要进行重新打磨和复盘。（资料来源：实地访谈）

不断地复盘和提炼，是兴民社工这些年来接连取得佳绩的重要原因之一，也是郭瑞英迅速成长的重要原因。工作中取得出色成绩并没有使郭瑞英止步不前，相反，郭瑞英不断在寻求突破，倒逼自己学习。

与一些居民社团、社区骨干沟通交流的过程，对于我个人来说也是一种成长，他们很多都是从各行各业退休下来的，对于社区事务非常热情，也有自己的才能和经验，有时我从他们的视角来看问题，能够帮助我去突破一些想法，对于我的成长帮助非常大。（资料来源：实地访谈）

3. 秉持初心才能走得更远

社工是讲究情怀的职业，从事社工行业需要淡泊名利与坚守情怀。在郭瑞英身上，我们能深深感受到一名专业社工对职业的热爱、对情怀的坚守。

她本可以通过自己的能力获得更多金钱价值，但却一直坚守在社工行业。从一开始每月 3000 元的工资，到现在成为一名项目主管和督导后每月 6000 元左右的工资。在重庆，这样的工资水平着实不高，但对内心满足的郭瑞英来说，这已经足够了。

还是要看自己要什么吧，有些东西是金钱带不来的。我能够坚持下去主要有三个原因。第一是来自于我的家庭教育，我的家庭虽然不是大富大贵，但也没有很重的负担，所以我从小对金钱没有特别强烈的匮乏感。第二是我父母他们从来不会吐槽我的工资，他们更多的是去肯定我做的这些事情是有意义的，肯定我的自我成长，肯定我的认同感和价值感。我父亲常说"年轻的时候不要想着要挣多少钱，年轻的时候就是要学本事的时候"，所以我现在主要是在学本事。第三是从灵性层面，如果是用金钱来让我获得快乐的话，那不是真正的快乐，真正的快乐是我发自内心地喜欢做这件事，而财富是外界加持，人的一辈子只是来体验人生的，何必把自己搞得那么累，我很喜欢社工这个职业，也乐在其中，我有莫大的热情和兴趣在这里面。当你所学的知识，你的专业能够真正去解决一些社会问题时，真的很有收获和成就感。（资料来源：实地访谈）

最后，郭瑞英对正处于迷茫中的社工学生给出了建议，

社工是一个需要情怀的职业，也需要一些纯粹的人，作为社工专业的学生，就不要考虑那么多，把自己学到的东西用起来，趁着年轻，先"横冲直撞"地闯一闯，对这个行业就自然会有一些自己的收获。（资料来源：实地访谈）

不贪名、不图利，正是有无数个像郭瑞英这样的社工，凭借自己微弱的力量推动着社工向前发展。情怀，是人独有的存在，每一位社工对这个行业都怀揣着那一份情怀，热爱并认同这个行业。

二　社团培育篇

（一）"'巴大姐'成长记"

1. 缘起

巴大姐帮帮队的前身是一支文娱性艺术团，这支艺术团里大多是退休下来需要平台发挥余热的居民，她们因水兵舞为爱好相聚在一起，不图闻达，但求一乐。凝聚力社工中心通过与其负责人交流，发现这支组织缺少展示平台和活动经费就给了一些组织活动方面的建议

既然我们有热情活力的队员，也有充沛的时间，那么是否可以除

了自娱自乐外也做一些公益服务，关心身边人，关注身边事？我们可以在社团里跳舞，也可以去广场上免费教学，又或者可以走进困难居民家中，邀请他们参加水兵舞会，又或者化身社区助手，帮助社区关心身边需要帮助的……（资料来源：实地访谈）

2. 组建

社工的建议打开了艺术团的思路。在凝聚力社工的指导和协助下，2018 年 5 月，她们联合社区楼栋长共同成立了"巴大姐帮帮队"。成立初期，凝聚力社工跟进每一位骨干成员，帮助组织每一次团建与例会，陪同"巴大姐"一同走访社区困难家庭，为他们带去关心和问候。

3. 成长

在凝聚力社工的陪伴下，骨干们逐渐成长起来，社团服务常态化。在社区的居民舞台上，不再担心因为礼品不够丰厚而请不起观众了，因为台下坐着的居民，都是队员们平日里探访、节日里特别邀请的嘉宾。

4. 行动

最近，这群"巴大姐"们又在策划明年春天的项目了。她们说："等到春暖花开的时候，要把我们探访的老人家和残疾人们邀请出来晒晒太阳。我们给他们跳一支舞，表演一台节目，呼吁更多的人走出家门，跟'巴大姐'一起关心身边人、身边事，让水兵舞姿被更多人看到的同时，更添意义和价值。"[①]（凝聚力社工中心，刘芳）

（二）"云湖之声"

"没有共产党，就没有新中国……"

在彩云湖社区的广场里，飘扬着一阵音色苍老但却整齐有力的歌声，循声望去，是一群耄耋老人围聚在一起练歌。也许是正巧遇到这明媚的阳光，让我有机会认识了在广场上晒太阳的江婆婆，她一个人在广场上唱着红歌，歌声太过投入，旋律里洋溢着青春记忆，附近的几个老人也被吸引参与，大家向她靠近，一起唱着聊着，我也被这歌声吸引，跟着这些老人一起唱歌。今天的老人要比昨天多几个，都是附近凉亭里，经常枯坐聊天的婆婆爷爷，我曾经和其中几个聊过天，年龄都在 80 岁左右。大家拿着歌单相互传阅，脸上透着久违的欣喜，"东方红，太阳升……"瞬间歌声此起彼伏。历经 80 余载的声音，被岁月磨得沧桑，他们或许早已经遗忘自己年轻时候的模样，或许因为更动听的存在而怯于发出属于自己的歌

[①]《九龙社工故事》，重庆品萃广告传媒 2019 年版，第 14 页。

声。那一天，社工组织老人们正式成立红歌会老年合唱小组，目的就是释放快乐，为这些平凡的声音提供展示的舞台。

这个社会给予了精英们太多的关注，而忽视了那些占绝大多数，不在主流优秀评价之列的人。但是，每个人都是特别的，每个人都值得被尊重和关注，每个人都是有价值的，每个人都值得被爱和鼓舞。短短两个月，红歌会老年合唱小组从最开始的三四个人，发展到三四十个人，每天下午到音乐广场唱红歌，成了广场上老年人们最大的娱乐方式。他们互相分享歌单，分享自己的人生故事，偶尔也会跟这些"老"伙伴说说家长里短，大家互相倾诉，互相帮助。

就在 7 月 1 日党的生日来临之际，红歌会老年合唱小组正式更名为"云湖之声合唱团"，团队成员们还一致决定要在党的生日那天在音乐广场上为祖国献上一曲。从那天起，云湖之声合唱团的成员们，到访社区社工室的次数多了起来，与社工协商活动细节，除了要唱红歌以外，还要跳秧歌，为了与更多的居民互动，社工与老人们一起确定了 10 道有奖竞答题，用于普及有关共产党的知识，让年轻人了解更多的历史。

7 月 1 日，是党的生日，同时也是属于这群老年人们的节日，在社工的引导下，老人们自己组织签到、上台主持、安排领唱与指挥、组织现场趣味问答……平均 80 岁的耄耋老人们齐聚一堂，共享属于自己的盛会。这种春天般的活力感染了围观的居民，也吸引了更多的人加入合唱团，跟大家一起歌唱。

云湖之声合唱团的歌曲，也许比起艺术团少了些高大上的意味，但却体现出了社会工作助人自助的价值所在。它让居民骨干得以挖掘培养，让留守老人有了情感慰藉，让朋辈之间架起了友谊之桥，让社区里面流动着爱与真诚，让支持和鼓励变成村民之间常态化的互动，让夕阳的绚烂重新焕发出春日的光芒![1]（兴民社工中心，郭瑞英）

三　助人自助篇

（一）"现在就是最好的开始"

我叫殷世红，水碾社区居民，今年 79 岁，退休多年，不愁吃穿，但就是闲得有点心烦。偶尔写点文章，编点顺口溜或歌曲，想拿去发表，可人家只收电子文稿。到商场买微波炉，人家叫我把手机出来，

---

[1]　《九龙社工故事》，重庆品萃广告传媒 2019 年版，第 16 页。

要把电子发票发到我的手机里面，只见售货员在手机上点点点，我在旁边看傻了。尽管我以老师的身份退休，可在这网络新时代，却感到自愧不如，想要学习的东西太多太多，可是我该到哪里去学，又该找谁来教我呢？（资料来源：实地访谈）

1. 与九龙社工的初相识

某天在社区张贴栏上看到一个告示，社工到社区开展老年电脑学习班，我好似在浓浓迷雾中看到了一缕亮光，带着些许期望迈进了社区社工室的大门。接待我的是一个年轻姑娘，她热情耐心地给我讲解了社工进社区的活动信息。我恍然大悟，原来不只在台湾、香港的电影里有社工，在我居住的社区，在我的面前的就是实实在在的社工，就这样我便与九龙社工结缘了。（资料来源：实地访谈）

2. 重返学生时代

第一次参加社工的体验活动，我心中百感交集，原来都是我在讲台上讲给学生听，现在倒过来老学生听小老师讲。只见老头老大妈戴着老花镜，一边忙着记笔记，一边忙着敲键盘，小老师不厌其烦地重复回答老学生们提出的问题，直到老学生们真心懂了，自己能独立操作出来了，才肯罢手。这使我过了一回重返课堂、重返学生时代的瘾。

我先后参与了社工在社区办的电脑学习班、摄影课堂、手工制作课程，学会了从网上下载歌曲、使用微信、制作手工花……原来智能机不只是年轻人的特权，也是我们新时代老年人的潮流了；原来每月排队去交水电费，现在只要在手机上点一点；原来买东西必须要到商场，现在只需要一个软件，快递员送货到家，验货不满意就退；原来出门旅游，钱带多了有点提心吊胆，带少了怕不够用，现在只要手机扫一扫就可以了。（资料来源：实地访谈）

3. 活到老，学到老

老年学习班还在继续，我也在继续学习，越学越快乐。小老师们还鼓励我给大家一起分享，我万万没想到，从讲台上退休到现在，整整 19 年，我又重新走上了讲台，给大家带来了第一次分享——手机壁纸更换，得到了大家的一致肯定。活到老，学到老，我会坚守着大家对我的这份肯定继续学习，给大家带来更多的分享。也希望九龙社工能够搭建更多的平台，展示属于我们老年人的不一样的时代风采![1]（水碾社区居民，殷世红）

（二）"两次涨费成功，看绿韵康城如何破解物业难题"

我们每个人都生活在社区当中，每当工作学习忙碌之余，都希望小区是安宁和谐的避风港，但在有些小区，业主和物业却站在了对立面，时常因为琐事发生争执。然而在九龙彩云湖社区绿韵康城小区，在 2019 年举办的业主大会上，97.64% 的业主不但投票选择了续约物业公司，并一次性通过物业费上涨 0.2 元/m² 的提案。不少业主表示"涨得很值"，彩云湖社区干部表示这种情况在整个重庆市都非常少见，究竟是什么原因能让绿韵康城的业主赞同物业费上涨呢？

绿韵康城小区于 2005 年落成，当时每月物业管理费用是 1.1 元/m²。随着经济的高速腾飞，几年间人力、物力等方面的成本不断上涨，为了保证社区服务品质，金科物业公司分别于 2012 年和 2019 年两次提出上涨物业费的请求。

时任彩云湖社区书记的庄华敏这样说道：

> 别看每次物业费上涨的幅度只有两毛钱，但这只是每平方米的价格，如果按照每户 100 多平方米的住宅面积来算的话，每家一个月就要多花几十块钱，一年就是一两百元，对于住户来说可能也不算多，但是当时我们整个小区共有 2125 户居民，一年上涨的费用可不是个小数目。（资料来源：实地访谈）

确实，看似不起眼的两毛钱，但小区内 2125 户住户会集起来，一年就差不多一两百万，因此涨费绝非小事。面对物业费的上涨，不少居民都是能够理解的，但究竟应该上涨多少？上涨后的钱要用到哪里？却是值得探讨的问题。常言道，有钱的地方就有争议。这件事稍微处理不好，很可能会引发居民与物业间的矛盾。时任彩云湖社区书记的庄华敏充分发挥社工等组织的作用，促进该小区广泛调动业主主动性，依靠业主委员会，强

---

[1] 《九龙社工故事》，重庆品萃广告传媒 2019 年版，第 9 页。

化业主自治。社区通过搭建平台，促进业主委员会与物业公司共同协商。经双方协商一致后，再召开业主大会投票决定，最终实现了物业费上涨。但物业费顺利上涨背后，其实还大有文章。

首先是物业公司在承接物业项目期间，一直致力于打造美好家园，努力做到"零安全事故"、小区环境优美、住户满意度高，其次是物业公司提出涨费时，信息公开透明，使住户心里有数，明白钱到底用在哪里。在物业费上涨后，物业公司能做到物业服务水平不断上升，让居民满意，第三是前任社区书记、先后两任业委会主任等奠定了良好的基础，多次举办邻里节等社区活动，使居民参与社区活动的积极性较高，居民之间较为和谐、团结，遇到公共问题，能够共同协商，最后也是最重要一点，是物业公司对小区公区的规范管理卓有成效，每年都会有数百万公区收益。每到年底，物业公司就会将公区收益以每户四五百元的"分红"形式返还给住户。这样一来，返还的"分红"远远高于上涨的物业费，并且物业服务质量也跟上了，小区房屋实现了保值增值，小区居民与物业公司以此实现了良性互动。

物业公司作为服务型企业，上服务于母公司（多为开发商），下服务于住户。社工从事社会服务及社会福利服务，上服务于政府，下服务于辖区居民。同为服务，同为服务居民，这两个原本似乎不相干的名词，在这里交汇到了一起。他们以共赴一条服务之路的目标，在共建、共创社会和谐与社区居民自治方面走出了共商共享之路。

本章小结

近年来，随着"推进国家治理体系与治理能力现代化"总目标的提出，探索由传统的"社会管理"向新时代"社会治理"模式的转变成为各级地方政府努力践行的方向。九龙镇的"村改居"进程及与此相伴的社区治理难题恰好与整个国家的社会转型和社会治理模式的革新紧密相连。面对新型城镇化过程中，"村改居"出现的社区失序与社区管理难题。九龙镇审时度势，以引入社会组织与培育社区组织为着力点，以调动社区居民自治为核心点，探索出了成效显著的社区社会治理的"九龙模式"——助推社会组织成为党和政府的助手，成为新时代社会治理的重要社会力量。

九龙镇通过内培外引的方式，促成了九龙社会工作服务中心的成立与发展成熟，由此开启了九龙镇居民组织化与社区再组织的新历程。以此为契机，九龙镇政府在紧紧把握社区治理引领地位的前提下，退出并让渡了部分管理职能，并通过九龙社工中心这一平台，以社区自治金、社区组织再孵化、社区公益创投等形式，激发、调动起社区居民参与社区治理的自觉性与主动性。九龙社工成为党和政府的助手，离不开地方政府治理理念的革新，离不开地方社会新乡贤的助力，更离不开广大社区民众的参与，他们共同构成了社区治理的共同体，汇聚成探索"以人民为中心"的社会治理的新力量。

（撰稿人：谢欣　唐钱华）

第五章　居民公共参与新机制：从"自治金"到"公益金"

第一节　"自治金"的运作机制与逻辑

一　"自治金"与西方社区基金会的比较

（一）作为社会团结桥梁的"自治金"

社区是社会治理的基本单元，社区治理的成效关系着社会和谐稳定与全面小康社会的建成。在当前推进国家治理体系与治理能力现代化背景下，提升社区治理能力、革新社区治理模式成为治理成效提升的重要一环。

改革开放初期，中国社会最大的特征表现为"乡土中国"与"熟人社会"的文化模式。20世纪90年代以来，随着中国日益融入世界，商品经济发展、社会结构变革、人口流动及城镇化加速，传统中国社会正快速远离乡土与熟人社会，"半陌生人社会"与"陌生人社会"日渐成为社会结构的新形式与民众生活的新环境。人与人之间心理距离的增大、社会关系的疏远，居民与社区联结纽带的断裂，共同影响着居民参与社区治理的主动性和融入性。为了克服社区治理中的被动性，九龙镇设立社区"自治金"项目成为创新社区治理的新尝试。"自治金"项目设立的首要目标是激发社区自治活力，突破传统意义自上而下的社区管理模式，以及由此形成社区治理的"自上而下"和"自下而上"的互动组合。①

2. 运作机制

九龙镇"自治金"是指镇财政预算专项拨出的用于社区、社会工作室、社会组织，便于居民社团根据服务需求实际而支出各类活动项目经费。自治金项目的运作涉及组织架构、资金来源、管理制度、项目遴选、

---

① 闵学勤：《社区自治主体的二元区隔及其演化》，《社会学研究》2009年第1期。

项目管理等方面。

（1）组织架构

自治金的组织架构通常由镇—社区—项目小组三个层级构成。在镇级层面设立自治金项目管理小组，同时设自治金项目推进办公室对自治金项目进行顶层统筹。领导小组由镇领导班子成员组成，负责听取自治金项目申报、立项、开展情况，讨论、确定项目发展方向和实现路径。自治金项目推进办公室设在镇社会事务办公室（"社事办"），负责自治金的申报、审批、推进、评估、培训及整体运作的统筹协调和总结宣传等工作。

在社区层面，自治金项目由社区党组织和社区居委会进行向下落实。社区党组织发挥领导核心作用，把握自治金工作的总体方向，做好指导监督、组织动员、统筹协调等工作。社区居委会在社区党组织领导下，广泛宣传和征求居民对公共事务的意见，引导居民提出自治问题，开展协商讨论、民主决策，协助建立项目组，整合社区各方资源，对项目实施提供必要的支持保障。

项目小组由项目利益相关方组成，一般为3—9人。项目小组负责人一般为社区居委会、社工室、社会组织、居民社团的负责人。项目小组负责制定项目计划和预算，根据要求参加项目评审，推进项目具体实施，配合镇政府开展项目监测、评估等工作。项目实施由项目小组负责，项目小组成员大多数是社区居民（志愿者），他们在社区帮助下对自治金项目进行监督评议，同时号召社区居民进行自我管理、自我服务，进而改善社区事务参与状况。

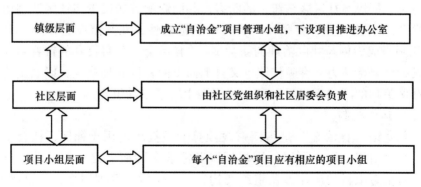

图5–1　"自治金"组织架构

（2）资金来源与管理制度

"自治金"项目经费以镇政府年度财政预算为主，鼓励项目组自筹经费。经费实行专款专用、报账制管理。镇政府是"自治金"项目经费的监管方，社区党组织对"自治金"项目经费负有主要监管责任，居委会是"自治金"项目经费管理的主体责任单位，各项目小组所涉及经费需要在社区居委会的协助下报销。

"自治金"有着严格的管理制度。任何单位和个人不得以任何理由或任何形式截留、挤占、挪用和滞留项目资金；不得擅自扩大使用范围、改变使用标准和资金用途；严禁在经费中列支居委会办公费、招待费以及社区工作者补贴、奖金、加班等费用。

（3）项目遴选与项目管理

拟申请的"自治金"项目，需要立足公益性、公共性、可行性、参与性等特征，紧密围绕综合治理、社会服务、自治共治三大主题展开，聚焦小区管理、特定群体服务、社区文化、社区生活服务、自治载体建设等内容。

表 5 - 1　　　　　　九龙街道"自治金"项目主题指南

| 序号 | 项目类别 | | 目标内容 | 举例 |
	一级目录	二级目录		
1	综合治理	平安治理	聚焦社区公共安全，推进社区平安建设，维护社区和谐稳定	"行车安全"项目 "消防安全你、我、他"项目
		环境治理	改善社区公共环境，营造绿色、环保、整洁的居住环境	"垃圾分类"项目 "文明养犬"项目 "美化小家、温暖大家"项目
2	社会服务	生活服务	关注社区居民的普遍生活需求，提供特色便民利民服务	"小当家"公益项目 "快乐手工坊"项目
		文化服务	通过形式多样、内容丰富的文化教育、交流、展示等活动，丰富居民文化生活	"倾情营造文化家园"项目 "睦邻节"项目
		群体服务	关注社区特定群体的需求，提供针对性服务，倡导邻里互助，营造熟人社区	"话疗服务队"项目 "编织幸福花，共建邻里情"项目

续表

序号	项目类别		目标内容	举例
	一级目录	二级目录		
3	自治共治	社团建设	发掘社区领袖，培育能够独立运作的社区群团组织，做好团队制度建设	"夕阳红俱乐部"项目 "青苗社"项目
		协同机制	制定完善多方协同的议事规则、管理规约等机制，切实解决社区存在的共性问题，实现居民自治良性互动	"停车自治管理"项目 "百姓议事'听'"项目 "小区自治规约"项目
		平台搭建	搭建居民参与社区事务的自治共治平台，运用信息化手段建立线上线下沟通平台	"微博走进你我他"项目 "Q群议事园"项目 "辣妈帮帮团"项目
4	其他	创新类	不能定义为以上三类的其他创新类项目	

自治金项目采用星级管理制度。根据"自治金"项目体现的自治共治要素、居民参与度、预期受益面、创新程度和改革程度等因素，将项目分为一星、二星、三星三个等级。按照自治金项目等级差异对其进行分级管理，不同等级项目在实施专业性、资金拨付额度、审核及管理都有不同的要求。二三星项目的实施主体为社区居委会、社工室、社会组织，相比一星项目其专业性要更强一些，服务群体也会更大一些。在资金配比方面，一星项目不超过5000元；二星项目不超过3万元；三星项目不超过5万元。在经费使用方面，"自治金"项目经费包括工作经费、项目小组人员补贴、志愿者补贴，其中项目相关人员补贴等支出不得超过项目总预算的15%。

（二）西方社区基金会

社区基金会的典型代表做法在美国。美国把社区基金会定义为一种独立性的、非营利性的、社区性的，具有基金会性质的公益组织。社区基金会的作用是帮助社区解决本社区内公共事务，开展社区公益事业。有所区别的是美国社区基金会所说的社区，更多是指一个地区或一定地域，其强调"本地区"这个概念，即利用本地资源去解决本地区公共事务或开展公益事业。[①] 社区基金会由社区居民组成的理事会负责管理运行，向社区居民、企业、政府部门和其他非营利性机构募集资金，通过第三方社会组织

---

① 资中筠：《财富的归宿：美国现代公益基金会述评》，上海人民出版社2006年版，第2页。

或团体进行项目化运作，以此解决社区内各种问题。①

表 5 - 2　　　　　　九龙街道"自治金"项目星级评价标准

项目星级	评级标准	项目金额	申报主体	服务周期
一星项目 ★	满足社区一定数量人群的基本需求 有一定数量居民参加活动	0—0.5 万元	居民社团	服务周期原则 上为一个月
二星项目 ★★	回应社区特定人群的需求，以解决社区居民关心的热点或难点问题为优 项目运行过程中以居民力量为主，并且有足够多数量的居民参加活动 积极引入外部资源，如社区企业、社会组织等共同开展项目	0—3 万元	社区居委会 社工室	服务周期原则 上为一年
三星项目 ★★★	根据居民需求开展具有一定探索性、研究性的项目 聚焦具有代表性或特殊性的社区议题	0—5 万元	社区居委会 社工室 社会组织	服务周期原则 上为一年

备注：
1. 在同一社区实施的一星项目全年总数不超过 10 个，申报周期为双月申报一次；
2. 在同一社区实施的二星项目全年总数不超过 2 个，申报周期为一年一次，具体时间另行通知；
3. 在同一社区实施的三星项目全年总数不超过 2 个，申报周期一年一次，具体时间另外通知。

1. 产生背景

20 世纪初，随着工业化和城市化推进，西方社会的贫富差距逐渐拉大，各种社会矛盾进一步凸显，为了解决本地区的公共安全与公共服务问题，社区基金会应运而生。1914 年，美国克利夫兰地区诞生了世界上第一个社区基金会——克利夫兰社区基金会（Cleveland Community Foundation）。该基金会由美国银行家弗雷德里克·葛本（Frederick Geben）创立，克利夫兰社区基金会被誉为当代社区基金会的典范，葛本也因此赢得了"社区基金会之父"的美名。在其后一百多年时间里，美国社区基金会在政府和社会各层面推动下取得长足发展。如 1969 年的美国税制改革，规定社区基金会的捐赠者可以从更大的税收优惠中受益。同时，大多数社区基金会成员都是当地的精英，他们不仅了解当地实际情况，而且能够使用自己的资源助力社区基金会的蓬勃发展。除此之外，社区基金会的发展工作也会

---

① 原珂、许亚敏、刘凤：《英美社区基金会的发展及其启示》，《社会主义研究》2016 年第 6 期。

被一些资金雄厚的非公募基金会纳入自己的工作中。① 如今社区基金会已遍布全美,并在众多慈善组织中方兴未艾。

2. 运作机制

社区基金会的运作管理由社区居民组成的理事会负责,并通过第三方社会组织或团体的项目化运作形式,回应社区诉求与解决社区内各种问题。

（1）组织架构

社区基金会日常运作主要由理事会负责,理事会成员主要由当地精英组成,理事会成员少则 5 人,多则 15 人以上。一般情况下理事会常设由理事组成的委员会,如战略规划委员会、筹款委员会、融资与投资委员会等。部分社区基金会也会设立管理委员会,在董事会变更时进行董事预选。② 社区基金会需要至少配备一名全职工作人员来处理日常事务,理事会每月定期召开会议,以讨论有关社区发展的政策和方向。③

（2）资金募集

社区基金会的资金主要通过个人、企业、慈善组织、政府、家庭、私人基金等渠道筹集,这是社区基金会与其他类型基金会最明显的区别。例如,社区基金会可以向特定团体寻求捐赠资金,为专门项目建立专项基金进行劝募,为有意向的居民建立遗赠基金,确保死后可以按其意愿使用其财产。④ 另外社区基金会也会根据捐赠人的意愿为其提供各种差别化服务。捐赠人不仅可以捐赠金钱,还能根据自身情况选择捐赠实物、房地产、股权和人寿保险等。对于数额较大的捐赠,社区基金会还会为捐赠人提供定制服务。例如,捐赠人可以采取慈善引领信托和剩余资产慈善信托等方式实施捐赠。⑤

（3）项目遴选与项目管理

本着"募集资金,改善社区居民身心健康,提升社区治理成效"的使命,社区基金会项目侧重于社区发展与社会服务、社会公平正义、艺术和

---

① 何立军、李全伦、孔春芳:《美国社区基金会的关键特征及经验借鉴》,《重庆社会科学》2018 年第 1 期。

② 饶锦兴、王筱昀:《社区基金会的全球视野与中国价值》,《开放导报》2014 年第 5 期。

③ 黄浩明:《社区基金会是解决社区问题的重要力量之一》,《中国社会组织》2016 年第19 期。

④ 徐宇珊:《我国社区基金会的功能定位与实现路径——基于美国社区基金会与地方联合劝募经验的启发与借鉴》,《中国行政管理》2017 年第 7 期。

⑤ 王劲颖:《美国基金会发展现状及管理制度的考察与借鉴》,《中国行政管理》2011 年第 3 期。

文化、社区环境、社区卫生与社区教育等领域，① 项目遴选立足社区而面向范围更广的本地区，更强调利用本地资源来解决本地公共事务。②

在项目资金管理上，社区基金会具有强烈的社区意识和区域观念，将大部分捐赠用于该地区的社会服务项目。在资金分配上，社区基金会为保证资金的稳定性，会根据捐赠人的意见进行资金分配，捐赠者向基金会提议资金的使用方向，基金理事会将决定该基金是否要接受捐赠者的建议。也有捐赠者允许基金会自由决定基金的用途，由社区基金会决定接受支援的具体流向和支援的机构，如卫生、环境保护、教育等领域，捐赠者赋予的资金使用自主性让社区基金会能够灵活回应变化的社区需求，对社区基金会具有重要意义。

为了提升社区基金会管理人员的专业技能与服务能力，社区基金会需要接受一系列专业技能培训与技术支持服务。专业技能培训方面常包括：发展捐助者训练、理事会成员管理能力训练、社区互动策略训练、具体活动开展训练、资助项目选择策略训练，以及项目评估方法训练等。③ 在技术支持服务方面。如美国礼来基金会的技术支持服务就包含：组织各种研讨会、为社区基金会财务人员提供培训服务、编译教育材料、提供法律援助、一对一的技术咨询、发表简报报告项目进展和捐助者的故事、记录社区基金会的成长历史，以及收集各种资料并建立档案等。④

（三）自治金与社区基金的异同

1. 共性：以社会服务为本的依附性生存方式

无论是社区基金会还是自治金项目，两者的有效运作都依赖外部资金的支持，这是目前大多数社会组织的共性。一旦资金来源被中断，这些社会组织就会名存实亡。对外界资金的依赖决定了社区基金会与自治金项目更大程度上需要依据资金提供者的意志行事。

除了依附性生存的特点外，对外提供社会服务也是两者的共同特征。无论是社区基金会还是"自治金"项目，其设立的核心和宗旨都是围绕着社区社会问题的治理而展开，因此为社区提供社会服务是两者能够持续获得社区民众与外部资金支持的根本。

---

① 徐宇珊：《灵活性：社区基金会的魅力》，《社区》2017 年第 10 期。

② 黄家亮、马颖：《社区基金会的全球视野与中国路径》，《社会建设》2020 年第 7 期。

③ 王建军、叶金莲：《社区基金会：地位与前景——对一个类社区基金会的个案研究》，《华中师范大学学报》（人文社会科学版）2006 年第 6 期。

④ 王筱昀：《如何培育扶持社区基金会——以美国礼来基金会为例》，《中国社会组织》2017 年第 17 期。

2. 社会文化差异性

（1）驱动力差异

西方社区基金会更多突显了以社会问题为导向的社会驱动力的影响。从克利夫兰社区基金会产生过程中，我们看到美国社区基金会的产生遵循的是一种"民间自发"的"自下而上"路径。在社会结构层面，社区基金会反映出社会对经济发展及其所带来问题的自发回应；在社会行动层面，显现出社会力量对社会变迁的巨大推动。相较于西方社会而言，中国社会第三部门的发展较晚且没有形成促成社会组织发展成熟的土壤。正如徐永光所言，"政府处于占主导的地位，我国的第三部门自身发展还不成熟，没有实力去开拓生存和发展空间，还处于一种拾遗补阙的状态"。[①] 因此，在中国社区居民参与自治的过程中，政府必然扮演主导者、推动者角色，由此决定了"自治金"项目先天带上了半官半民色彩。

（2）来源差异

西方社区基金会可以接受政府捐助，吸收政府工作人员参与管理，但更多地是以董事会或理事会作为管理、运作的基本机制，因而是一种与政府保持较为独立关系的、更具独立性质的社会组织。本土的自治金是社会改革、制度变迁的产物，着眼于变迁的社会环境及社会结构给政府带来的治理危机，是从政府内部孕育出来的，由政府拨付资金供居民开展自治项目，因而更多体现了"强国家—大社会"格局下的社会治理新形式。

（3）导向差异

本土的"自治金"项目在立项阶段须召开居民代表大会，在居民代表大会上须与居民进行集体讨论，项目审核批准前须经居民代表会议讨论，这些做法无不体现了社区需求导向。而西方的社区基金会在项目选择更大程度上受捐赠人影响。社区基金会更多致力于为捐助人指定社区受益人提供服务，帮助提供相关法律政策咨询与社区发展需求有关的信息，协助设计公共福利计划。除此之外，大部分社区基金会根据捐赠人的意见在其内部建立永久基金。许多社区基金会属于定向基金，捐赠方向主要由捐赠者决定，经常会出现以捐赠者为中心开展活动的情况。[②]

---

① 徐永光：《中国第三部门的现实处境及我们的任务》，《中国青年科技》1999 年第 3 期。
② 崔开云：《社区基金会的美国经验及其对中国的启示》，《江淮论坛》2015 年第 4 期。

二　自治金的运作逻辑

（一）城镇居民自治的演变

1. 单位制时代的吸纳性居民自治

从 1949 年以来到改革开放前，"单位"在城镇居民生活中扮演着重要的角色。社会生活的方方面面都离不开国企、事业单位等行政性组织。单位不仅是工作场所，还承担了诸多公共服务职能，如提供子女教育、医疗卫生等。那时的单位体制围绕"国家—单位—个人"延伸开来，国家通过单位来管理社会，个人围绕单位生活。

依托"单位"来进行社会管理存在着覆盖面有限的问题。除开在单位上拥有工作的人，还有大部分群体生活在单位之外，如小商贩、无业人员等。为了对这些群体进行管理，1954 年国家颁布《城市居民委员会组织条例》，成立以居民委员会为主要单位的城市居民基层群众自治组织。居民委员会的设立让处于单位之外的人可以进行自我管理和服务，满足自身需求。居民委员会的设立将地区划分为不同治理范围，辖区内涌现出的居民积极分子成为公共活动和公益事业的主动参与者，他们的出现也体现出居民委员会具有一定的社会公共精神。

正如徐勇等学者所认为的那样，以居民委员会为代表的居民自治是一种低程度的自治，主要还是一种以单位为主体的吸纳性自治。单位是基层治理的主体，大多数居民通过单位获得社会服务，少部分单位外的居民通过自治活动满足自身需求。因此，居民委员会虽然属于基层群众自治组织，但其主要任务是协助政府开展工作，动员居民响应政府号召。[1]

2. 社区失灵

改革开放以来，我国经济体制开始由计划经济体制逐步向社会主义市场经济体制转变。在这种转变过程中，"单位制"开始解体，以单位为基本生存单元的"国家—单位—个人"管理结构逐渐向"国家—社区—个人"结构转变。社会结构的转变推动了基层社区自治的深入。20 世纪 90 年代，民政部加快了社区建设的步伐，对原有的居民委员会进行扩大充实，社区建设虽然也把居民自治纳入其中，但是社区建设的主要任务还是承接以往单位制转接过来的管理和服务职能。[2]

---

[1] 徐勇、贺磊：《培育自治：居民自治有效实现形式探索》，《东南学术》2014 年第 5 期。

[2] 吴宁宁：《国家—社会良性互动下的居民自治研究——以上海市 H 区四牌楼路路管会为例》，硕士学位论文，上海师范大学，2020 年。

社区建设时期的居民自治，是相对有限的居民自治。虽然社区建设为居民自治提供其物质及制度基础，让基层分散的资源得以整合，但是社区建设偏向行政管理的职能却挤压了居民的自治空间。社区建设的主要目的在于解决单位制解体所带来的社会管理问题，是国家行政力量主导和推动的，与自治目的相比，其行政任务更为迫切。这就使得居民养成靠政府解决问题的依赖心理，不利于社区自治意识的增长。

3. 需求导向的内生性居民自治

20 世纪 90 年代的社区建设形成的是纵向的基层社会的管理格局与社区治理的权力结构。这种自上而下的管理模式虽然部分解决了一些棘手的社会问题，但是随着社会主义市场规模的扩展，依靠行政力量解决千变万化的居民需求问题明显力不从心，因此基层政府探索让居民参与到社区治理中来，实现社区自治和共治的新路径。小区业主委员会、居民自治小组等居民自治、共治模式开始出现。党和政府不失时机地出台了系列指导性政策意见。2017 年出台的《中共中央国务院关于加强和完善城乡社区治理的意见》就指出，"要进一步增强基层群众性自治组织开展社区协商、服务社区居民的能力，充分发挥自治章程、村规民约、居民公约在城乡社区治理中的积极作用，弘扬公序良俗，促进法治、德治、自治有机融合"。

国家从制度、资源层面为居民自治提供便利和支持，激活居民自治的内在动力。在此时期，社区生活的内生需求是居民产生自治行为的内生动力，展现出以需求为导向的内生性自治的特点。社区的内生资源通过社区的各种微观活动得以整合利用，社区的精英、能人聚集起内部的居民自治组织，居民的参与热情由此培养激发。

由是观之，我国城市居民自治经历了三个阶段，每个阶段皆有其独特性。在制度初创阶段，确立了自治原则；在社区建设阶段，奠定居民自治的基础；在新时期需求导向阶段，内生性居民自治实践得到了迅速发展。[①]

（二）"自治金"的设立

2013 年党的十八届三中全会通过了《中共中央关于全面深化改革若干重大问题的决定》，第一次提出"社会治理"概念，并单设一章论述创新社会治理体制。2017 年中共中央、国务院出台《关于加强和完善城乡社区治理的意见》，提出城乡社区治理的总目标："到 2020 年，基本形成基层党组织领导、基层政府主导的多方参与、共同治理的城乡社区治理体系，

---

① 吴宁宁：《国家—社会良性互动下的居民自治研究——以上海市 H 区四牌楼路路管会为例》，硕士学位论文，上海师范大学，2020 年。

城乡社区治理体制更加完善，城乡社区治理能力显著提升，城乡社区公共服务、公共管理、公共安全得到有效保障"。2019年在党的十九届四中全会上，进一步提出："加快推进市域社会治理现代化。推动社会治理和服务重心向基层下移，把更多资源下沉到基层，更好提供精准化、精细化服务。"不难看出，推进社区治理已经成为党和国家的重要战略，也是基层党委政府实践的方向。

为了探索城镇社区治理的有效性，提高政府购买社区服务的针对性、操作性和实效性，健全社区自治议题和共治项目自下而上的形成机制，激发社区自治共治活力，推进包括"三社""五社"在内的"多社联动"，实现服务治理的共治共享。从2014年起，九龙镇创设"居民自治金"，即每年镇级财政预算一定额度"居民自治金"，专项用于面向社区、社会组织及辖区居民社团的开放性购买服务项目，并以此为抓手完善规范运作流程，培育社区社会组织，充分汇集服务资源、联动社会治理力量，形成多元共治格局。

> 我们九龙居民自治金是这个意思，相当于政府花点钱当药引子，调动居民参与自治的积极性。我们这个事情是从2014—2015年开始的，我们去参观学习上海、杭州那边，然后学过来的。特别是上海陆家嘴搞得好，我们也是这样提的概念，让老百姓来点单，政府来买单的方式，但是必须以居民需求为出发点。（LZJ1）

> 它与其他活动的路径会有一定区别。社区开展的活动往往是从上至下的活动，而自治金是一种从下至上的活动。居民有需求提出来，然后我们这边（居民委员会）来帮助他们写项目申请书。我们社区搞活动，自治金只是我们的一部分，而不是全部，比如说我们社区的科普宣传就是一种自上而下的方式。（LFPX3）

自治金设立之初，九龙镇党委政府就对自治金功能有三个明确定位：（1）以自治金为引擎，拓展社区服务。发挥基层党组织的统揽作用，引导各社区结合实际情况，因需拓展服务功能、设置服务项目，促进公共服务向精细化、特色化、多元化升级。（2）以自治金为杠杆，撬动社区共治。不断满足居民个性化、专业化的服务需求，引入多元服务主体，引进专业社会组织开展服务活动。（3）以自治金为药引，激活居民自治。居民需要什么，居民最明白。把居民群众引导和组织起来，以居民所长对接居民所需，实现自助服务、自我管理。

目前这种自治金项目，一般是由社区或群众个人发起的，其实它的专业性不高，我们更多的是希望调动居民积极性，参与到社区事务，增强社区归属，构建社会资本。对于自治金活动开展的专业水平，关注稍微欠缺一点。（LZHJ2）

（三）项目化运作方式

项目制是一套系统的政府管理机制，依附于现有的科层制，是项目制形成的组织基础。[①] 项目制是当前"双轨制"再分配机制之一，重新建立了中央—地方—基层的互动关系。自治金项目治理机制是对项目制的一种基层延伸。社区居委会通过各种途径收集居民的需求建议，"自治金"项目就从居民所提的这些议题中形成，并根据居民和社区实际状况开展项目设计，最后递交镇街进行审批。自治金是一种项目化的嵌入与管理。一方面，"自治金"项目化嵌入不仅可以明确社区存在的问题，还能动员社区内的现有资源，激发社区居民自治的内生动力。另一方面，与以往仅仅依靠居民的兴趣以及零星的资金动员的方式相比，自治金的项目化嵌入更具有制度性和鼓动性。九龙镇以《重庆市 2016 年政府购买社会工作服务项目的实施方案》为指导，出台《居民自治金管理办法》，突出三个运作重点。一是规范组织架构。从镇级、社区及项目小组三个层面明确了自治金管理职责。二是建立星级管理制度。根据"自治金"项目体现的自治共治要素、居民参与度、预期受益面、创新程度和改革程度等因素，将"自治金"项目分类为一星、二星、三星三种项目等级。按照自治金项目等级差异对其进行分级管理，不同等级项目在资金拨付额度、审核及管理都有不同的要求。三是完善运作流程。细化需求征集、立项申报、预审优化、立项审批、项目实施、监测评估等六个环节，并对自治金项目经费使用作了明确规定，确保项目资金专款专用。

灵活性与针对性是自治金项目运作的特色、优势所在。群众需要什么服务、群众关心哪些焦点，管理部门就列出相应清单，让清单中的问题成为自治金优先支持考虑的项目，形成自下而上的自治金项目购买清单。同时，建立起居民自治金负面清单，明确"属社区两委日常工作且有财力保障及以福利性发放为主要资金安排内容的"等六项内容不列入自治金项目申报。如龙泉社区内马王六村农转非小区长期受停车难停车乱问题困扰，

① 杜春林、张新文：《从制度安排到实际运行：项目制的生存逻辑与两难处境》，《南京农业大学学报》（社会科学版）2015 年第 1 期。

居委会便引导小区居民成立停车自管组，由自管组进行规范画线，制定小区停车公约，疏堵结合，使这一乱象得到有效治理。

比如说现在这个新冠肺炎，居民不知道他到底为什么会产生，要怎么预防，居民来跟我们说了之后，我们发现居民有这种需求。我们可以帮你引进一些老师，让居民一起来参与学习，居民来设计怎么开展这个活动。（LFPX3）

但是前提就是不仅是为自己服务的，他是要去服务其他人，不能任凭他自己想搞什么东西，比如说我自己想增添一套表演服装是不行的，他是要服务更多的人。比如说我们艺术团，我们这一次想搞什么活动，我们去帮扶慰问80岁以上的空巢老人表演节目，租用点服装什么的，这个是可以用的，但为自己添置服装这样是不行的。（LZJ1）

根植于自治金项目的灵活性与针对性，以社区作为项目开展主要平台的另一优势则是，项目实施过程能够充分促进镇街、村居、社会组织等行动主体的互动，并在互动中不断表达着自身的行动逻辑，重塑社区中各个权利主体间的关系。

有一些居民组织想开展什么活动就会给我们说，然后我们社会服务机构来帮助居民写计划方案，居民虽然不写计划方案，但是由居民来主导和组织活动的开展……但其他活动（自治金项目以外的活动）就是我们机构来组织。相当于自治金就是给居民一个平台，发挥他们自己的主观能动性。让他们自己可以在小区里面开展一些活动，增加他们的参与性和参与感，拉近居民之间、居民与我们社区之间的距离。多开展活动就是这个意思，就是让居民参与进来。（LPP5）

（四）自治金项目中多元主体的角色

1. 基层政府

镇街是"自治金"项目运作中的推动者与指导者，将社区治理项目化运作权力下放给下设的社会组织服务中心，但是镇街作为"自治金"项目的出资方，有权决定资金是否发放、资助。镇街通过居委会对居民组织进行宣传、指导，协助自治金项目活动的开展。

2. 社区居委会

对自治金项目进行统筹协调，对工作推进进行恰当的指导，发挥政府和社会之间的桥梁纽带作用，保障工作按计划有序开展。

3. 九龙社工中心

九龙社工中心是镇街下设的枢纽型社会组织，同时承接自治金项目运作，对申请自治金项目的组织进行培训。在自治金项目的开展过程中，九龙社工服务中心为项目提供帮助和指导，为自治金项目的顺利进行保驾护航，但无权决定自治金项目的立项。九龙社工中心在自治金项目运作中扮演"协作者"角色。

4. 社区居民

自治金项目设立的初衷是激活居民自治，即通过自治金鼓励更多居民参与到社区自治活动中。居民在社区生活中，发现社区问题、需求，再提出自治议题，通过自治金项目的申报和审批、实施来落实项目。由是观之，社区居民是社区问题的发现者、自治议题的提出者、自治金项目的具体申报与施行者。

（五）自治金项目的运作流程

"自治金"项目运作通常包含需求征集、立项申报、预审优化、立项审批、项目实施、监测评估等六个环节。

1. 需求征集。申报主体依托居民代表大会、楼栋长和志愿者会议、党员大会等平台，采取参与式讨论方法征求自治金项目意见，引导社区居民进行协商讨论、民主议事，订立项目议题。同时，积极利用微信群、QQ群、小区宣传栏、居委信箱等做好相关宣传工作。

> 我们平常开展活动都是根据居民的需求，看居民对哪种活动感兴趣，我们就会进行申报。比如说爱心义剪、做月饼的手工活动，还有游园活动。这些活动都是我们的居民们自己想出来，想举办的。我们有志愿者队伍，他们会在居民中收集居民的需求，然后和我们社区进行联系。志愿者队伍生活在我们辖区的各个小区里面，他们就是最好的了解居民意愿的中介。他们收集之后报给我们，我们针对他们报过来的项目进行筛选，最后再一起决定我们需要开展的项目。（资料来源：九龙街道办事处副主任刘川玲）

> 自治金这种方式第一个是先提点子，针对群众问题反映突出的地方，比如说高空抛物的问题，还有养犬的问题——小狗乱拉屎、吓人、不牵绳，就是以问题为导向，设计一些方案，这样的话我们活动效果要好一些。（LZJ1）

> 每个社区的服务重点不一样，服务人群也不一样，所以采取的方

式方法，还有介入的媒介，活动策划方案都不一样。比如盘龙新城更多侧重社区融合这一块，老旧社区就是如何回应弱势群体的需求，同时也帮他们增能，不能让他们觉得自己是被边缘的对象。（LZJ1）

需求征集要求有多方主体参与，普通居民不得少于参会人员的1/3。让居民参与需求征集尤为重要，征求居民需求的过程也是调动居民自治积极性的初始环节，从而吸引居民的后续参与。

2. 立项申报。申报主体参照"自治金"项目范围进行申报，并按照时间节点、书写规范填写、提交《项目申请表》。"自治金"项目立项，会更多考虑自下而上形成的项目、有广泛居民参与及可持续性的项目。与此同时，自筹资金项目、创新特色类项目、发挥自治团队力量参与社区治理的项目将优先立项。

自治金项目的运作是这样的，根据社区出现的问题，我（居民）想做些什么事情，大概有个点子，接着做成方案。然后经过社区居民代表会进行讨论，确定这个事情有没有必要，大家都来议事、提建议，这个方案就完善了。完善的方案交给当地的社区党组织、居委会进行审批，审批通过后，这个项目就往我们镇里面交，镇里有领导小组再进行批准。（LZHJ2）

理想的状态就是对于居民组织来说，这个项目由他们自己来写，自己来策划，自己来完成。但是放到现实生活中来说，你让他说得出来，但是你让他写，他可能懒得去写，或者一个字都写不出来，于是我们居委会就要进入到其中。我们很多居民年龄都比较大了，还有些居民要带孩子，不可能完全撒手给他们。如果全部让他们来做的话，可能他们做个一两次就没有兴趣，觉得太恼火了。你直接让他组织一下宣传一下，他觉得可以，你让他来写策划的话，对他们来说还是有点困难。（LFPX3）

居民起个头提个点子出来，然后居委会帮忙写。因为有些是老年人偏多，他们写这些方案还是很困难，他们只用提出点子，如果后面不会，我们就帮忙给他们进行书面上的完善。（LLC4）

他们提出希望开展哪种类型的活动，然后我们会一起来做项目方案的设计。对于居民来说，你让他们自己来写这种材料其实是有困难的。他们需要把点子提出来，然后我们根据他们的意见来进行完善，我们也会与他们进行一个持续性的沟通。（LFPX3）

在"自治金"项目申报过程中，居委会负责协调，需要根据实际需求及政府倡议进行申报。在项目的申报数量上也有限制，一个社区一年最多申报 10 个项目，采用梯级管理模式，按照申报质量分为一星类、二星类或三星类。

> 一星基本上是单个的一次性活动，二星三星就是一个延续的活动，二星的组织者大多是我们社区社工室，三星就主要针对我们社会组织这块。三星 5 万以内，二星的是 3 万以内，然后一星的资金就几千块钱，有些活动还几百块钱搞下来，就是这样调动了居民的积极性。一星针对居民团队，他才有资格申请，二星针对我们社区社工室、社会组织来申请，专业性稍微强一点。一星项目的服务一般不涉及专业性，想到哪里就做到哪里，如果想形成一个系统性的东西，那就必须要通过二星或三星项目。比如说我要完成守护文明这样一个高阶性的服务，文明提升肯定不是一次两次的就能完成的，这是个持续性的，就需要二三星项目来开展，他的时间、精力、费用要多一点。（LZHJ2）

3. 预审优化。由项目小组形成项目具体计划，拟定项目预算，报社区居委会审核通过后，将项目申请书报项目推进办公室预审。项目推进办公室负责项目预审，同时根据项目计划邀请与该项目无利益相关的社会组织、社会团队等进行商讨，并对项目提出建议以优化项目，并初步确定是否对该项目给予支持。项目小组则根据相关建议对项目方案进行修改。预审优化环节，能保证项目书的质量，有利于后续的评估。

> 对于项目计划书，也会帮助居民完善修改。要看他的出发点怎么样，如果他的出发点很好，但他写得不怎么样，我们就会和他讨论，指导他该怎么写好。一般来说这个东西就是社区帮忙写，有固定的模板。群众他提点子，比如说开展什么东西，我们想怎么开展，经费预算啊，大概的内容把它写上，然后再请社区工作人员帮他润色一下，这个东西要一个项目的方式申报上来。（资料来源：九龙街道社事办孙亚）

> 那种能力水平高一点的居民，他可以自己写，然后直接交出去。如果写不好，达不到那个水平，他就提点子，然后我们社区一起商量，我们社区帮他们完成具体策划，但是名义还是他们居民团队的，他们居民来做。（LZJ1）

4. 立项审批。通过预审的一星项目经分管社区领导和业务领导双签审批、立项；通过预审的二星项目经领导小组审批、立项；通过预审的三星项目统一由"自治金"项目推进办公室组织公开招标。所有审批、立项的项目，均需在社区公告栏公示（公示时间不少于3个工作日）。

5. 项目实施与管理。社区居委会对"自治金"项目进行统筹管理，并在项目实施过程中提供必要指导、支持。项目小组负责项目的分工安排、进度推进、支出预算等，并在规定期限内完成项目。

6. 项目监测评估。建立自治金项目星级评价标准，由领导小组组织专家组，对所有项目实行跟踪评估、中期评估和期末评估。跟踪评估主要对项目实施过程及时跟进，适时指导、纠偏。如在彩云湖社区教育体系项目构建中，领导小组会同专家组指导社区成立"创业沙龙"，结合环湖产业带小微企业的创业就业实践，每两月组织一次沙龙活动，让成功的创业者分享故事，参与人次达两千人。通过这一平台实现创业就业扶持百余人，激励更多人的创业创新。期中评估为每半年组织一次，了解项目实施情况，指导并调整项目思路和具体措施，提出下阶段建议意见。如桥湾片区实现自助式物业管理"1+1+X"工作机制，在业主自治方面收效明显，自管会收取物业服务费率达80%以上。2018年又根据实施情况，进一步完善自管会的议事规则和激励机制，引导工作绩效与补助金额挂钩。期末评估即以项目自查、实地检查、审定验收三个步骤进行。对不能达到85分的项目，对该项目申报主体停止申报资格一年。通过严格的过程控制和效果评估，群众对项目实施的满意度达90%以上。项目评估中一旦发现问题，领导小组有权暂停甚至终止相关项目，并停止拨付相关费用。在项目完成后，要将资金使用情况、实际效果、评估结果等向居民公示，接受群众监督。

> 万一项目不合格，费用就不会全额拨，最后就扣项，根据他的打分那块。前期只拨一部分，比如说前期拨50%，另外还看效果、进度怎么样，根据评估的情况来决定后续资金拨付。（LZJ1）

第二节 "自治金"助推公众参与

一 城市社区治理与居民参与

（一）居民参与是实现社区治理的基础

居民不仅是社区的主人，同时也是社区治理的主体，居民的广泛参与是实现社区治理的基础和先决条件。首先，衡量社区治理成效的标准中就有居民参与程度这一指标。社区治理的目标是根据居民实际需求为其提供公共产品和服务，只有居民参与到其中，才能清楚得知服务的提供是否真正满足自身需求，促进社区治理目标的实现。其次，居民参与可以对社区内资源进行整合，打破社区内资源各自为政状态，达到资源配置优化的效果。最后，居民参与意识的提高有利于社区价值的整合，这对于社区内矛盾冲突的解决、实现基层民主具有促进作用，有利于社区朝着稳定和谐的方向发展。①

（二）社区互动网络是居民参与的载体

首先，社区治理强调建构良性的互动网络，吸收多元主体参与到社区治理中。以社区作为治理载体，政府、社区组织和居民构成三位一体的治理格局，居民参与的广度和深度都得以提升。其次，多元主体共同治理社区，使居民在其他主体的带动影响下变得活跃起来。社区组织、志愿者队伍等在社区治理中发挥了愈发重要的作用，同时也带动了居民逐渐参与到社区治理中。最后，基层民主是现代国家的主要标志，"民主已成为整个世界头等重要的政治目标"。② 社区民主的推进需要公众参与，以社区为治理载体，引导居民参与到治理实践中，从而培育起具有社区公共精神的现代人。③

（三）居民参与是实现社会善治的前提

社区治理的最终目标是达到社会善治，这需要政府、居民、社会组织等各主体之间相互配合协调，协同管理社会公共事务，解决社区问题。善治是政府与公民、国家与社会之间的有序协作状态。这种协作关系依靠公民参与来维持，进而达到还政于民。④ 善治必须遵从民主、理性和责任原则。民主原则要求居民能够获取治理信息，同时拥有言论自由，能够开放地对政策进行讨论建议。理性原则要求政府、居民及其他各主体都有表达自己意愿及意愿被其他主体听取的机会。责任原则要求政府对居民负责，承认居民的主人翁地位，让居民参与到政策的制定和执行过程之中。⑤

---

① 郭娟：《我国城市社区治理中的居民参与研究》，硕士学位论文，河南大学，2015 年。

② 〔美〕卡尔·科恩：《论民主》，聂崇信、朱秀贤译，商务印书馆 1988 年版，第 1 页。

③ 郭娟：《我国城市社区治理中的居民参与研究》，硕士学位论文，河南大学，2015 年。

④ 俞可平：《治理与善治》，社会科学文献出版社 2000 年版，第 4—11 页。

⑤ 〔美〕理查德·C. 博克斯：《公民治理：引领 21 世纪的美国社区（中文修订版）》，中国人民大学出版社 2013 年版，第 14 页。

二 "自治金"实施前的公众参与状况

（一）公众参与的人口结构复杂

由于城市整体发展需要，九龙街道由以前的镇转换为现在的街道。在此转换过程中，出现了三种不同类型的社区治理参与主体，他们分别是城市化过程中形成的新市民、新移民和新居民。

①新市民。土地被征收后，村民在身份上变为市民，生活方式和生活条件同时发生变化。一方面，他们从房屋拆迁中获得了较高的补偿，居住条件也得到改善，同时他们从以往的单纯以务农务工为生计，到现在从事非农产业，以及部分原村民可以依靠房屋出租获得收入，相比于以往的生活状态与生计模式有所改变。另一方面，他们进入安置小区或是自行购买商品房，生活社区的基础设施和公共服务较以前有很大的提升，生活环境及条件都已和城市人无异，在社会生活上已进入居民角色。②新移民。九龙街道内的众多企业及学校带来了大量的外来人口，特别是商品房户和租赁户，社区流动性较大。这些人口因为工作、上学等原因来到九龙街道内居住。一方面，他们迫于工作、生活等压力没有时间与精力参与到社区治理活动中；另一方面，由于在居住时间不长，他们对社区缺乏一定的归属感及参与社区治理活动的责任感。③新居民。这是对在本地有固定居住场所、但户籍在外地的外来人员的统一称呼。新居民不适应参与主体角色的转变，从先前的"熟人社会"或者"半陌生人社会"进入现在到"陌生人社会"，陌生的社会环境使他们缺乏对社区的归属感，对身边的社区文化、生活设施及环境的改变感到不适应。

以上三种类型的社区人口构成了九龙街道社区治理中公众参与的主体。这三种类型的社区人口既有相似的利益诉求，又有各自的不同需求及参与愿望，因此如何协调各方参与是九龙街道社区公众参与治理的重要问题。

（二）公众参与的意识和动机

公众参与的主体是公众，他们的参与意识和参与动机是社区治理的内驱力。参与意识的高低决定居民是否参与到社区治理活动之中，是否会主动获取参与机会，而参与动机则决定居民因为何种原因参与到社区治理之中，以何种念头去参与社区治理。

在自治金项目实施前，九龙街道内大部分居民对自己所居住的社区基本状况不清楚，对社区活动开展情况也不太在意，更不用说亲身参与社区治理活动。大部分居民认为社区的建设和治理是居民委员会的工作，公众要做的就是配合居委会的工作、遵守相关条例即可。九龙街道内公众参与的动机，可以大致归纳为三个方面：

第一，兴趣爱好。部分居民因为社区活动符合自己的兴趣爱好而参与进来，如社区内开展的社区运动会、文艺晚会等文娱活动，以及保护环境和帮助弱势群体的社区志愿活动。这些活动符合公众的兴趣爱好，居民愿意主动参与进来。

> 社区过年过节都会开展各种活动，比如说五一节、国庆节、元宵节，比如说游园活动，猜灯谜呀，居民参与度都还是挺高的……但是涉及其他比较难一点的活动，比如说文明养犬、高空抛物，没有自治金基本上是办不起来的，因为这种需要居民的主动参与才会有效果，强制性去管理是没有效果的。（LPP5）

第二，对社区居民委员会的配合。对于社区居委会牵头在社区内举办的居民会议、政策宣传、入户走访调研等活动，社区居民大多出于对居委会日常工作的配合而参与。

> 以前没有自治金时，社区活动就没有这么丰富。2009 年我们社区才成立的时候，我们社区的人很少，开展活动也很困难，没有人愿意来参与。我们每家每户上门去给他们讲，看他们对社区有什么意见，告知他们我们的办公室在哪里，让他们多来参与社区的活动，那时候，居民都没有这种参与意识。（LLC4）

第三，自身合法权益的行使。对社区居委会的监督、居委会成员的选举等活动，居民通过行使自己的监督权、选举权等来参与。

（三）公众参与的类型与层次

社区治理中公众参与的成效受公众参与方式的合理性及参与层次的高低直接影响。以往，九龙街道的公众参与处于浮于表面的浅层参与阶段，甚至部分公众没有参与到社区治理之中。社区治理活动的公众参与多为告知性参与，主要是以居委会为中心进行的宣传和动员两个环节。宣传环节主要为社区居委会对社区内居民进行有关政策的宣传和告知。政策宣传的方法大致为三种，一是通过社区内的通知宣传栏进行；二是社区居委会工作人员进入社区进行挨家挨户的口头宣传；三是通过居民代表大会号召居民对社区内重大事项进行宣传。动员环节主要是号召居民参与到具体工作的执行之中。九龙街道动员公众参与活动主要集中在三个方面：第一，动员公众配合政府部门下达的相关工作；第二，动员公众发表对社区内某一问题或决策的意见建议；第三，针对社区的某一工作开展调研，邀请公众参与问卷调查及个别访谈。

（四）公众参与的组织化程度

九龙街道虽然有意识地引导社会组织的建立与发展，但总体上看社会组织还是处于一种自生自发状况。从组织的类型上来看，九龙街道原有的社会组织多为文体娱乐组织，这些组织通过共同兴趣将居民聚集在一起，但是，不论是从数量还是质量上来看，它们都还处于培育发展的初期。首先，九龙街道的公众大多是以个体的身份参与社区治理，没有形成共同体去整合各方面的利益诉求。这种无组织的、个体化的参与不仅不利于公众参与人口数量的扩展，还会降低公众参与的效率，所达成的效果也是微不足道的。其次，九龙街道内虽然有一定数量的社会组织存在，但这些社会组织大多围绕组织兴趣开展活动，但对公众参与的带动作用还未显现。这些组织大多数是由居民的共同兴趣所组成的文体娱乐性组织，所开展的活动也都是社区内的文娱性活动。虽然这些文娱活动的开展对于丰富居民文化生活具有带动作用，但是对文娱之外其他领域的公众参与却影响有限。

　　原九龙镇8个代表性社团，分别为老龄体育协会、楹联学会、科学技术协会、九龙书画研究协会、九龙印社、九龙电声乐队、大堰川剧队、九龙艺术团，文艺、文娱性社团占了绝大多数。（资料来源：九龙街道宣传、统战委员王跃）

因此，想要在社区治理中发挥社会组织的带动作用，不但需要逐步壮大原有的社会组织，更重要的是培育和引导其他类型社会组织的发展。

三　"自治金"激活社会：从被动接受到主动参与

（一）居民参与自治金项目的情况

社区发展离不开多元主体的参与合作。就九龙街道而言，公众参与基层治理除了派出所、居委会、物业公司等常见渠道外，创新之路在于探索出"自治金"项目这一居民参与平台，并与其他平台形成良性互动。

　　以前没有自治金的时候，想开展什么活动都是由社区决定的，居民参加就可以了。现在有了自治金，发起人、发起的对象不一样了。原来的发起人是社区和政府，现在的发起人是居民自己，现在是由居

民自己主动来参与这个治理。（LLC4）

为了深度了解居民自治金项目参与情况，课题组对九龙街道"自治金"项目参与者、社区工作人员及居民进行了调查、访谈，涉及性别、年龄、居民身份、职业等方面的内容。此次共发放200份问卷，有效回收167份，有效率为83.5%。

1. 性别与年龄。从性别来看，在所有接受调查居民中，女性占59%，男性占41%，这表明参与主体的构成具有明显的性别差异。在年龄方面，"自治金"项目的参与居民大多数为中老年人。从图5-2发现，"自治金"项目的参与居民主要分布在40—60岁这一中老年人群的年龄段，占比达5成以上。相比年轻人和高龄老人，中老年人更具时间与精力优势，这也是该群体成为"自治金"项目参与主体的重要因素。

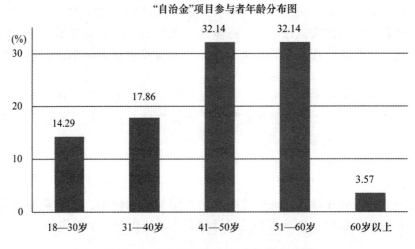

图5-2   自治金项目参与者年龄分布图

2. 居民身份与职业。从居民身份来看，参与自治金项目的居民大多在社区内担任一定职务。有近一半参与者为中共党员、社区志愿者、楼组长、业委会人员，这也保证了该群体具有较高的群众服务自觉意识（图5-3）。户籍情况方面，本地户口居民占参与人数的7成以上，而外来务工者比例仅占3成。相较外来务工者，本地户口居民表现出更强的社区归属感与活动参与感。

从职业来看，参与"自治金"项目的居民主要在体制内工作（表5-3），其中有4成居民在行政事业单位，有28.74%的居民在事业单位。这一数据表明，过去或现在的工作经历对他们参与社区事务和活动有重要影响。

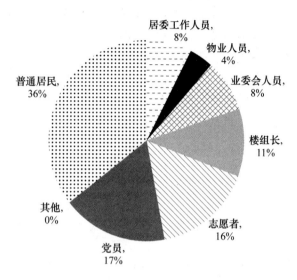

图 5-3 自治金项目参与者在社区内的身份

表 5-3 自治金项目参与者的职业状况

问题您现在或退休前（如果已退休）的工作单位			
	频数	百分比（%）	累计百分比（%）
党政部门	22	13.17	13.17
事业单位	48	28.74	41.91
企业	31	18.56	60.47
个体经营	20	11.98	72.45
无业	18	10.78	83.23
其他	28	16.77	100
合计	167		

（二）动力机制

从公众参与历史来看，公众参与的产生和发展是为了限制政府的过多权力、保护公众利益，公众参与追求的是有效的公众责任与有限的政府权力。① 那么，九龙街道居民"自治金"项目的公众参与的动力机制何在呢？

---

① 俞可平：《公众参与是建设和谐社会的基础——中欧公众参与民主理论与实践研讨会》，《法制日报》2006年12月14日。

1. 内生动力

（1）社区精英自觉。加埃塔诺·莫斯卡在《政治科学要义》中曾指出："当代'精英理论'不仅重视政治精英在社会关系中的地位及其作用，同时也注意到其他社会精英，乃至公民在社会关系中的存在及其意义。精英可以来自社会的各领域和阶层，公民可以通过各种类型的政治参与来表达利益诉求，做出有益于大部分人的决定。"[①] 居民"自治金"项目成员大多是各自生活圈中的精英，拥有较高文化水平，在社区担任职务。受社区精英身份内含的文化自觉意识驱动，他们参与到社区服务工作中，成为社区治理的中流砥柱。

> 我是一个共产党员，网格支部书记。我是在 1995 年入的党。我以前是在厂里面管理生产安全这一块的。我是 2013 年在单位退休后就来到了盘龙村搞老体协，管理老年支部党员，就相当于是书记。（LCPX7）
>
> 原来还是村的时候，我是生产队的妇女主任。村拆了之后，现在变成居委会，刚开始没有居民班子，我也住在这个小区，于是就召集一些人来参与社区的这些活动，社区也很相信我，我现在是一个志愿者队伍的主任。（LWPX8）
>
> 我觉得我作为一个共产党员，这是我该做的一切，这是我的一种身份，这也是我应该为社区做的一些事情。为社区居民朋友排忧解难，帮他们调解一下矛盾。我也是居民调解组的一个成员，到小区为这些居民调解邻里矛盾、物管矛盾。基本上调解率都达到 90% 多，大多成功了。我越做越多，我的心情越做越好，身体也越做越好，我也做到了一个共产党员应尽的义务。（LCPX7）

（2）自我实现的心理需求。在调查中发现，多数居民认为社区事务、活动是有意义的，参与社区活动能让自己的生活变得更加充实。居民参与"自治金"项目的原因依次为个人兴趣、公民权利及义务、公共利益等（图 5-4）。居民自我实现的心理需求，成为社会治理中可资利用的重要资源。

---

① 〔意〕加埃塔诺·莫斯卡：《政治科学要义》，任军锋等译，上海人民出版社 2005 年版，第 2 页。

我们参与这些活动后，感觉思想更全面了一些，头脑更灵活了一些，做事情之前会去想一想，去解决问题的时候，都会自己想自己要怎么去做。(LWPX8)

我们平常就是训练健身球，还有就是互相之间的沟通交流、情绪疏导，怎么去学会面对，学会包容。我们现在就在教健身球，还有教舞蹈，政府有什么活动我们也会去参加。我觉得这些活动最大的收获就是原来是不会，现在是会了，虽然是不精，但是会有很大的好处，有益身体健康，也交到了朋友。(LMP6)

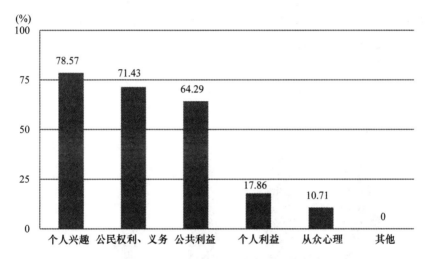

图 5-4　居民愿意参与社区事务的原因

（3）增强社会资本的内在需求。自治金项目的开展让居民有更多机会与邻里接触，在项目开展中合作沟通，在活动中广结人缘。经由这一过程，"自治金"项目参与者增加了人脉，提升了自己和家庭在社区的形象，积累了社会资本。

我感觉自己在志愿者的组织和宣传方面管理水平有所提升，还有人际交往能力也提升了。相比社区里面的其他居民，自己认识的人更多……我觉得自己跟普通居民相比，不管是和居民说话也好，或者解释也好，角度也会有一点不一样了。我自己知道有些话是不能说的，知道自己要对自己负责，对这个社区负责。(LWPX8)

这个平台让我们这些退休的孃孃一起出来参与活动，因为我也很

爱好这方面的活动，大家一起出来聊天、互相交流、互相认识，了解一些最新的知识。（LMP6）

2. 社区合力

社区动员力量是居民参与自治金项目的重要推动力。本土性社会资源（面子、人情）和私人（或小团体）之间的信任与互惠机制对社会参与有重要作用。[①] 我们调查发现，居民"自治金"项目信息来源主要有三条渠道，分别是居民微信群和微信平台宣传、居民邻里告知、项目小组宣传（图5-5）。一些"自治金"项目参与居民表示，最开始他们对参与社区活动并不感兴趣，但居委会干部经常鼓励动员，加上参与活动的其他居民的宣传，最终打动了自己。

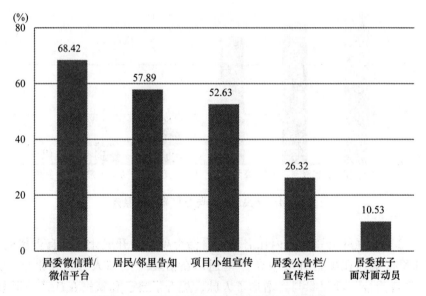

图5-5 获取本小区自治金项目信息的渠道

他们基本上是这里的老居民，原来是一个村的，然后拆迁了，农转非之后还在一个小区，彼此之间比较熟悉，有一种熟人社会的感觉。他们互相见到都会寒暄，你在干啥？在哪里参加活动？他们就会互相介绍。觉得社区里面的活动有意思，就带动其他人参与进来……社区里面

---

① 肖林：《"'社区'研究"与"社区研究"——近年来我国城市社区研究述评》，《社会学研究》2011年第4期。

的文化队伍，这些阿姨们，他们一个队伍有几十个人，他们就会扩散，又影响一部分人，就会形成一个带一个的参与氛围。（LFPX3）

（三）居民自治金项目的实践成效

九龙街道创设"自治金"项目以来，积极推动资源下沉，共购买项目近500个，投入自治金400余万元，提高了社区社会工作的专业服务能力和水平，形成了"党组织引领+自治金项目+专业社工+全民义工"的社会服务新格局。每个社区均成立了1个社会工作室，两个工作室达标全国示范社工室，已登记备案138个社会组织（团队）。

1. 居民自治金促进了项目的精准施行。社会组织、居民社团在承接服务项目上主动、积极，所实施的项目都紧扣居民所需所盼，将服务项目做到了居民心坎上。如盘龙社区实施"从头开始"理发项目，每年仅出资不到3000元，就让辖区70岁老人免费享受到足不出户的理发服务。有63.36%的居民认为自治金项目开展以来，社区服务及活动成效有了一定提高，21.05%的居民认为成效提高非常明显（见图5-6）。有九成居民认为社区自治金项目提供的活动符合社区需要（见图5-7）。究其原因是因为居民在"自治金"项目产生中有很大主动权，居民可以根据社区实际需求开展自治行动。

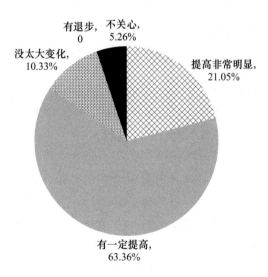

图5-6　"自治金"活动成效

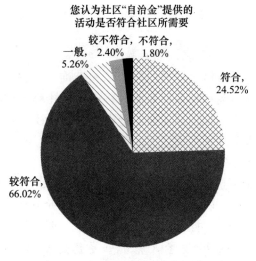

您认为社区"自治金"提供的
活动是否符合社区所需要

较不符合，　不符合，
一般，　2.40%　　1.80%
5.26%

符合，
24.52%

较符合，
66.02%

图 5 - 7　"自治金"活动实效图

2. "自治金"项目促进了群众自治内生动力的释放。九龙街道居民"自治金"项目的设立促进了居民参与机制的建设，让居民有了可以发挥自治才能的舞台，通过"自治金"项目这个契机参与到社区治理之中，在一定程度上激活了居民参与社区治理的主动性。如水碾"第五食堂"，主动为辖区上班人群及空巢老人提供助餐服务，通过收取一定服务费用实现了项目资金来源的多元化，助推了社区自治的发展。同时，居民自治金项目改变了传统的"一刀切"的社区管理模式，通过居民自我协商、自我服务、自我管理、自我决策的方式，使居民的自主性得到增强，逐步形成上下互动的社区治理新模式，社区自治能力和成效也不断提升。在自治金项目的助推下，一半以上的居民每年会参与社区活动 1 次以上（见图 5 - 8）。

有了自治金后，居民自己是活动发起人，他们就会有主动来参与的意识。小区里面觉得可以的活动他们会向社区提出，如果社区觉得可行，会让居民会议讨论了然后来开展这个工作。居民的主体意识有很大提升。（LLC4）

"邻里节"最开始是我们社区来当主力，由我们设计方案，然后邀请居民来参与，搞了几年之后，就形成居民自己的节日了，居民每年都很期待这个。我们社区的"邻里节"，每年为期一个月，从五月份开始，中间贯穿五一节，端午节，还有六一儿童节，开展系列活

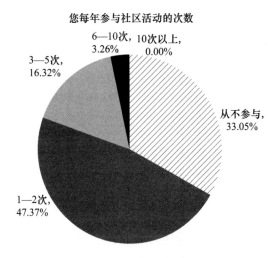

图5-8　居民每年参与社区活动的次数

动。居民真的很喜欢，后续就变成他们自己来申办了。之前社区起主导的作用，慢慢地社区就退下来了，成了一个陪伴的作用，让居民成为主力、来唱主角。比如这个队伍想搞百家宴，那个团队想搞羽毛球比赛、家庭卡拉OK比赛，慢慢地点子就多了，说直白点，单靠社区不一定能够组织完这些活动，确实是要去调动大家的积极性。（LZHJ2）

3. 自治金促进了社会组织的培育发展。随着居民"自治金"项目购买服务的力度逐年递增，社会组织和居民社团在九龙街道不断孵化培育、发展壮大。一方面，引进来的社会组织扎根社区，在提升专业化、系统化方面起到了示范引领作用。另一方面，社区社会组织得以不断孵化培育，80%以上社区干部获得了专业资质，并有9名社区干部带头登记成立社会组织，为"政府引导、社区主导、社会协同、多元参与"的社区共治提供了坚实的支撑。

最先开始时，社区居委会，党组织必须来牵头组织实施相关的工作。通过我们这些年对基础团队、社团的培养，居民领袖的挖掘，培育出来了多支队伍。比如爱筑夕阳小分队，全部是一帮退了休的老年人，成立过后就服务比他们更高龄的老年人，更多是那种失能人员，空巢老人，独居老人。他们都是刚退休的，能够身体力行，然后身体

状况良好。（LZJ1）

现在自治金都分得很细，很多种类，有一定的要求。如果我们想去做这样的活动，但我们没有这样的组织，我们就可能要去注册一个这样的组织，去组建一支这样的队伍，这样新的居民队伍就通过这个活动产生了。（LFPX3）

居民团队还需要在社区备案，我们现在已经有138个备案的社团组织，我们会引导他们备案。比如，条件成熟的，社区可以帮他们组建一个队伍出来，取个名字，队伍是干什么的，服务宗旨是什么，章程是什么，帮他建章立制，引导他们。虽然说是群众组织，但至少还需要规章制度约束，需要备案，这样我们搞活动的时候也方便链接资源。每个团队的资料也是进行备份的，这样就显示你的工作是有序进行的。如果社区工作人员换了，后面的工作人员也清楚辖区内有哪些队伍资源，别人也清楚，一目了然。（LZHJ2）

从对九龙街道居民的调查中，我们看到有63%的居民对"自治金"项目的团队组织能力较满意，较高的满意度彰显了居民自治组织发展成为正式社会组织的潜力。

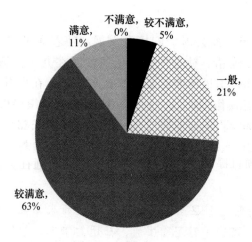

图 5-9　居民对"自治金"项目团队的团队组织能力满意度

4. 居民自治金促进社区治理共治共享。居民"自治金"项目的实施，搭建了社区居委会、社会组织、社会工作者和社区居民共治共建的平台，辖区单位的资源也得到有效链接和使用，增强了社区居民的幸福感、归属感。如九龙街道与中医院共建的全民健康项目、与火炬小学合作的生命教育项目，使政府购买的居民服务产生更好的辐射效应，促进了服务与治理的融合渗透，使政府转型与社会转型更加同频共振、和谐有序。九龙街道鼓励居民走出个人"小家"，融入社区"大家"，通过创建参与平台、建立参与组织、构建参与机制等措施，有效化解了社区碎片化、原子化难题，增强了居民交流与社区凝聚力。

> 我们当时做了一个赠书的活动，发动辖区内的居民来赠书。赠书之后，我们联系云阳的一个小学，社区还买了一些书一起送了过去。这是当时一个居民提议的，因为有一年扶贫帮困有这么一个引子，当时政府也提到了需要扶贫帮困，大小会议也在提这个事情。有些居民的意识比较好，想为贫困地区孩子做一些有意义的事情，于是他们就把这个点子发给我们，我们也觉得这个提议很好，于是就一起写了自治金项目。居民这边组织捐书，我们居委会就会去联系相对比较困难的小学，我们还去那边小学开展了一个捐赠仪式。我们当时也在小区里面拉了横幅，每家每户去通知，然后很多小朋友就主动地把书拿到社区来。（LLC4）
>
> 如果你参加一个活动的话，你心里就会非常有感触的，当时开展了一个百家宴活动，每家每户出一道菜，这个事情不是政府出钱，是他们自己自发的，每家每户出一个菜这样就形成了一个百家宴，每年到了这个时候，大家还要一起去辖区的周边、餐厅借桌子，座椅板凳这些，场面挺壮观的，这也是我工作当中记忆最深刻的一个。（LZJ1）

居民自治金项目提供的社区治理平台为实现打通社会治理的"最后一公里"目标奠定了坚实基础。从对自治金项目开展的满意度调查中（表5-4）看到，多数被调查居民对项目的主题内容、活动形式、活动氛围及活动效果感到较为满意。由此可见，合理利用自治金项目对提升社区自治水平，实现社区治理的共治共享发挥了重要作用。

表5-4　　　　　　　　"自治金"项目开展的活动满意度

	不满意	较不满意	一般	较满意	满意
主题内容	5 (2.99%)	10 (5.99%)	49 (29.34%)	65 (38.92%)	38 (22.75%)
活动形式	3 (1.80%)	6 (3.59%)	52 (31.14%)	77 (46.11%)	29 (17.37%)
活动氛围	4 (2.40%)	5 (2.99&)	39 (23.35%)	80 (47.90%)	42 (25.15%)
活动效果	3 (1.80%)	7 (4.19%)	58 (34.73%)	68 (40.72%)	31 (18.56%)

（四）居民自治金项目的社会团结作用

1. 对居民自治起激励作用

"自治金"项目化运作过程中的创新，激发了居民的参与意识与参与热情。如九龙街道各社区的文明养犬自治金项目，成功吸引超过200户居民参与。项目通过社区内宣传、发放牵引绳、设置狗粪专用垃圾桶等举措，使得社区环境得到改善，居民间的关系也进一步融洽。

　　自治金是我们活动中的一种，但不是唯一一种。我们有文化方面的活动，也有科协方面的活动，我们都在开展。自治金主要是让辖区居民参与活动。其他活动相当于是我们社区来主导居民来参与，不是像自治金这样让居民一起来共同做这个事情。活动都会开展，但是参加的主体不一样。其他口子的活动都是我们社区的完全来策划开展，然后发布出去，居民直接来参加活动就可以了。但是自治金不一样，我们要培育发动辖区内的居民，一起来参与自治，如果居民有一些自己想做的，那我们就带着他们一起来做。（LFPX3）

　　自治金开展以来，居民的参与程度更高了。起到了一个协商共治的作用，大家共同商议共同决定，共同来治理这个小区。就不会感到是政府或者社区层面的单方面行动，不是那种我要你居民做什么、居民你就应该做什么。居民现在达到这样一种自觉意识，有人会问自己应该为小区做什么？相比以前，的确现在有很大一部分居民的主体意识有所提升。（LLC4）

2. 整合配置社区资源

民意诉求的畅通表达以及社区资源的合理配置是社区治理理的两个基本问题。要创新社区治理，首先就要解决好这两个问题。[①] 自治金项目针

---

① 谢群慧、刘思弘：《"自治金"打通居民自治路径》，《浦东开发》2015年第5期。

对的就是资源合理配置这个问题。正如九龙街道一名社区工作人员所说，"自治金"项目是一种资源配置机制，能够在一定程度上对居民的需求进行有效反馈。作为一种新型资源配置方式，"自治金"具有社区治理机制"拓展存量、创造增量"的重要意义。

居民自治金作为社区治理的增量资源，能够在居委会之外形成一种服务机制来提供公共资源。此种资源配置模式既辅助了居委会行政上的工作，又加强了社区内的文化建设，既关心本地居民，也照顾到外来人员，同时也将项目小组培育成社会组织，有效发挥着资源合理配置的作用。居民自治金项目体现出一种不同于单一行政体制资源分配的人文关怀。

> 社区其实是一个很大的平台，要看你怎么做，社区主要就是发挥整合资源这个作用。说直白一点，专职社区工作人员才十几个，光靠社区工作人员根本做不完，做累死了也做不出来效果，居民也不一定对你满意。但学会链接资源就不一样了，这个资源是社区引入进来的，只要把老百姓的问题解决了，老百姓对社区的评价也就高了。我们每年的民调还有搞活动，这些还需要专门刻意去让他去做嘛？不用。他平时的活动参与就感觉到了社区真真切切是为居民解决问题的，他们对你态度的转变，认同感都不一样了。我现在调离广厦城社区一年多了，我回去大家都熟得很，就是因为以前的社区工作让居民都认识我，我们当时也是确确实实为他们服务的，居民真真切切感受到我们的诚意，基层政府给他们办实事，他们是感受到的。（LZJ1）

第三节　"公益金"：从社区组织到社区认同

一　社区公益服务基金的设立

2014 年，九龙街道创设立了居民"自治金"项目。该项目在帮助居民完善公共设施，丰富文体生活，提升幸福指数，激发居民参与社区事务，解决社区治理难题等方面发挥了重要作用。但是居民"自治金"项目最大的优势，在一定程度上恰好也是其最大的劣势，仅靠政府出资或许可以保证居民自治金的持续稳定性，但是也阻碍了社区内其他主体的活力及社区意识的养成。为了弥补此结构性失衡问题，2020 年 12 月九龙街道设立了社区公益服务基金（简称"公益金"）。

（一）社区公益服务基金设立宗旨与发展愿景

为了融汇更多社会资源参与到社区治理中，探索社会力量和基层政府共同推进社会治理新格局，九龙街道创设了社区公益服务基金。基金设立宗旨为联合社会各方力量，开展慈善救助，发展社区公益项目，培育自治团队，调动居民参与公共服务和治理的积极性和创造力，提升公益能效。社区公益服务基金的发展愿景是，将社区公益服务基金作为建设有温度社区的重要加热器，通过社区公益服务基金这个平台吸引更多社会资源、社区居民参与到社区治理中来，形成"人人来公益，公益为人人；服务更多人，温暖一座城"的良好局面。

（二）社区公益服务基金的性质

在中国，社区公益服务基金由委托方、受托方、受益方三方组成，以项目的形式依托于慈善机构或具有公募资格的基金会下，拥有较大的独立性，但并不具备法人资格。社区公益服务基金的委托方一般也是其发起人，比如个人、组织、单位或企业；受托方则可以是公募基金会、慈善组织、社会服务组织等；受益方为社区居民或社区内为居民服务的各种组织。

社区公益服务基金与自治金存在关联性。从狭义上看，社区公益服务基金可以看作是自治金的放大，它在一定程度上取代与弥补了自治金的部分功能。从广义上看，社区公益服务基金在社区总体营造，社区公益活动、慈善活动、困难群体关爱活动等更具灵活性、实操性，更有利于基层社区治理自主性功能的发挥。同时，社区公益服务基金能够改观传统政府为单一治理主体的格局，带动其他主体参与到治理之中，构建起多元主体共同协商的多中心治理格局。因此，社区公益服务基金的设立，将助推社区由行政力量主导下的社区治理转变为多元主体参与的共同治理。在此意义上，社区公益服务基金弥补了自治金对转型期基层社区治理较大议题支持不力的缺陷。

九龙街道社区公益服务基金资金来源于定向捐赠、项目支撑等方面。接受企事业单位、社会组织、个人定向捐赠，捐赠款项纳入九龙街道社区公益服务基金。社区公益服务基金管理委员会根据捐赠者意愿，合理使用捐款。社区公益服务基金管理委员会、社会组织可以针对居民需求，设计公益项目，以项目寻求社会捐助，形成社会资金购买公益服务项目，捐赠的资金纳入社区公益服务基金后以项目的形式实施。社区公益服务基金管理委员会、社会组织立足政府和群众的关注热点，通过需求调研，设计项目，必要时申请政府资金支持。九龙街道拨付启动资金10万元整。社区公益服务基金由每季度召开的社区公益服务基金管理委员会会议决定具体资助计划。日常申报、审核、公示等由工作小组和所在社区负责，主要用于资助社区困难群众、开展社区社会服务及社区公益项目。

（三）社区公益服务基金的运行模式

在推进国家治理体系和治理能力现代化的背景下，多地都在提升社区治理能力、创新社区治理模式，社区公益服务基金作为一种新型的社区治理模式参与到社区治理的实践中。社区公益服务基金的运作模式在于突破单一的政府资金供给结构，调动、整合了最广泛的社区资源，提升了社区服务的组织化程度。在社区公益服务基金的带动下，九龙辖区内各企业、居民、社会组织积极进行公益捐赠，多元主体参与社区治理的积极性与活力再一次被激发和调动起来。正如九龙街道民政和社事办主任张宏宇坦言的那样：

> 在运行"居民自治金"的过程中，不能政府唱独角戏，我们希望探索建立全民动员、部门融合、企业参与联合，构建广泛性捐赠、项目化运作、参与式治理的社区公益发展模式。这是一个有力的补充，以社区居民需求为导向，同时也促进社区公益资源的再流动。（资料来源：实地访谈）

如今，九龙街道正在施行"居民自治金"与"社区公益基金"的双重运作模式。在九龙街道党工委、办事处的领导下，以九龙社工中心为主体，成立了九龙街道社区公益服务基金管理委员会和工作小组，负责社区公益服务基金的管理和运行工作。

1. 社区公益服务基金管理委员会

（1）工作职责

定期召开会议，按照捐赠者意愿，负责对社区公益服务基金统筹管理，确定扶助帮困对象及方式；以居民需求为导向，商议开展社区各类公益活动；决定资助社区公益服务项目和补充资金；监督社区公益服务基金严格按照《九龙街道社区公益服务基金管理办法（试行）》的相关规定使用等重大事项；每半年向街道党工委、办事处报告一次社区基金的运作及管理情况，按照相关要求深化推进工作。

（2）人员构成

委员会成员由九龙街道分管领导1人、民政和社区事务办公室主任1人、社区书记主任代表1人、九龙社工服务中心主任1人、辖区企事业单位代表2人以及党代表1人、人大代表1人、居民代表1人共计9人组成。

由九龙街道分管领导担任管理委员会主任，民政和社区事务办公室主任担任副主任。

2. 社区公益服务基金工作小组

（1）工作职责

负责社区公益服务基金的日常管理、项目执行、宣传推广和筹资联络等工作；协调相关部门参与社区公益服务基金管理工作及为社区公益发展基金提供服务；定期向社区居民及社会通报社区公益服务基金运行情况；组织信息沟通、交流经验等活动；完成社区公益服务基金管理委员会交办的其他有关社区公益服务基金的工作。

（2）人员构成

工作小组成员由民政和社区事务办公室主任、民政和社区事务办公室工作人员、九龙社工服务中心负责人组成。

（四）社区公益服务基金的运作流程

社区公益服务基金的运作包含项目设计、项目评审、资金拨付、财务审计、项目实施、项目评估、信息公开等七个环节。

1. 项目设计。每年由社区公益服务基金工作小组根据捐赠者意愿，联合相关部门、社区及社工组织，调研提取社区居民需求，提出慈善救助及公益项目计划，并提交社区公益服务基金管理委员会讨论决定。

2. 项目评审。社区公益服务基金资助的公益项目须进行项目评审。项目开展前通过九龙社工平台发布项目招标意向，并邀请社会组织参与项目，由专家组成评审委员会对项目实施机构进行比选，择优决定公益项目实施方。

3. 资金拨付。对符合条件的申请主体，由工作小组协同九龙社工服务中心办理相关拨付手续。资金使用审批程序时间一般为5个工作日。

4. 项目实施。项目实施方负责项目的具体实施，明确项目实施安排、预算支出、完成期限等。各社区居委会对项目进行统筹管理，在项目实施过程中提供必要的指导和支持，定期填写《项目进度表》，及时反馈项目进度。

5. 财务审计。公益项目完结后，单个项目金额在5万元以上的，由九龙街道社区公益服务基金管理委员会指定审计机构进行项目审计，审计结果在九龙社工平台向社会公示。所有项目同时接受九龙街道内审工作组的监督检查。

6. 项目评估。社区公益服务基金资助的公益项目应严格做好项目实施中的过程评估及项目结束后的成效评估。社区公益服务基金管理委员会组织进行内部评估，或邀请第三方机构对其评估，评估结果在九龙社工平台及时公布。

7. 信息公开。社区公益服务基金管理委员会定期向社会公开社区公益服务基金的管理情况，供社会公众监督。

二　社区公益服务基金的行动逻辑

（一）拓宽居民参与渠道

在既往的社区治理中，居民能够行使的权利有限，除了有限的选举权和监督权外，居民并未真正行使决策权与管理权，更不用说居民亲身参与社区事务。这种局面的形成，与居民自身参与意识不强及参与渠道较少有关。多元共治格局的形成，是公民、政府、市场等多元治理主体间的博弈，最终形成协商式合作治理的机制体系。拓展居民参与渠道，激发居民参与意识成为社区公益服务基金的首要任务。通过社区公益服务基金，一方面，居民可以通过社区自治组织获得社区公益服务基金的支持参与到社区建设当中。另一方面，社区公益服务基金给居民提供了沟通议事的平台，居民可以充分表达自己的意见看法，并通过社区公益服务基金的支持将想法付诸实施。正是通过社区公益服务基金的形式，九龙街道将更多治理主动权赋予给多元治理主体，并以此实现了治理责任的"转移"、"共享"和"下沉"，从而实现了多主体参与的社区治理格局。

2021年5月20日，"益起来·创未来"第二届九龙社会公益项目创意大赛决赛在九龙街道如期举行。本次大赛由九龙街道办事处主办，九龙街道社区学校、街道团工委、九龙社工中心承办，旨在通过项目创意大赛的方式，征集辖区好的点子和创意用于社区教育、社区治理等工作，创新基层社会治理的服务模式。活动现场，24个项目以PPT路演展示的形式角逐，九龙街道各社区社工室、居民社团代表、进入决赛的各社会组织以及九龙街道志愿者代表70余人到场观摩决赛。最后，社会组织类："对话"——探索共建物业纠纷文明对话机制项目，社区社工室类："守望麦田，成长课堂"项目，社团类："九龙书语"3个项目分别获得各个类别的一等奖。通过本次项目大赛的开展，有利于促进九龙街道社会组织创新能力提升，拓宽居民参与的渠道，进一步激发和提升全社会单元细胞自我教育、自我管理、自我服务的能力和水平。

（二）构建社区共同体

从治理理论角度审视，社区是生活、利益及命运的共同体。社区共同体的建设离不开社区内多元主体的参与，同时社区也是各治理主体相互独立而又彼此依赖的地域共同体。英国学者迈克尔·博兰尼倡导多元化治理格局的构建，他认为由于多元治理主体有着共同的利益目标，在行动过程中会为达致共同目标而相互配合、合理协调，因而不但治理的效率会提升，其效果也会令各方满意。① 在当前国家大力倡导创新基层社区治理模式背景下，重塑社区共同体是推进社区治理的应有之义。塑造社区共同体需要有所凭借和依托，需要有一个主体或平台将社区内的多个决策和治理主体联结起来。社区公益服务基金在共同体的塑造之中发挥起纽带和平台作用，将社区内的资源、文化、精神等予以联结、内化，打造具有共同组织目标的社区共同体。

九龙街道首批"社区公益服务基金"项目于 2021 年 5 月 21 日正式启动，九龙街道、九龙社工中心分别与集美社会工作服务中心、暖洋洋社会工作服务中心、益群社会工作服务中心签署社会公益服务基金项目协议，"扶苗成长计划""禁毒""山水之城、美丽九龙"等三个项目落地到街道的龙泉社区、盘龙新城、盘龙社区。本次项目资金来源于九龙社工中心下设的社区公益服务基金。社区公益服务基金自 2020 年 12 月 18 日成立以来，共收到个人、爱心企业、社会组织各方捐款107.5 万元。基金致力于联合社会各方力量，开展慈善救助，发展社区公益项目和社区教育，培育自治团队，调动居民参与公共服务和治理积极性和创造力，提升公益能效。基金管理委员会通过上下互动分别在九龙坡区志愿服务云平台、居民金点子、项目创新创意大赛中寻求项目，经过社区公益服务基金管理委员会审查，经过严格的项目采购程序，确定了项目实施方。本次启动是撬动社会资源并回馈社会的新起点，项目实施经费来源于社会各界的支撑，项目实施的社会组织旨在利用专业知识在禁毒、青少年成长、环保等领域，让社区居民增加归属感和幸福感，构建社区共同体。

（三）搭建沟通议事平台

由于社区公益服务基金来源于社区内的多元主体，因此必须由社区搭建沟通议事平台，从而使辖区内各捐赠主体直接具有了更大的话语权，也间接体现了辖区内居民的公共意志。通过定期召开会议，根据本地情况，由居民社会组织自主决定社区公益服务基金的使用范围。相较于正式严肃的居民代表会议，相对宽松舒适的议事氛围更有益于社区多元治理主体参与社区治理，社区公益服务基金能够提供社区、社会组织开展公共事务讨论的平台。在社区治理中，协商民主更有利于公众的参与及社区问题的解

① 〔英〕迈克尔·博兰尼：《自由的逻辑》，冯银江、李雪茹译，吉林人民出版社 2002 年版，第 58 页。

决，社区治理主体能够利用社区公益服务基金这个平台对社区事务进行理性决策，营造出和谐有序的社区治理氛围。

本章小结

基层社区治理是国家治理体系的基础与重要构成部分，涉及政府、非政府组织、民众等多元主体，其中最重要的主体就是民众。怎样发挥社区民众的智慧并落实"公众参与"，是实现"推进国家治理体系与治理能力现代化"战略目标的必经环节。九龙街道居民"自治金"项目的成功模式，恰好为我们提供了此方面的典型案例。九龙街道居民"自治金"项目的实践表明，社区居民不但有参与社区治理的意愿，更有参与社区治理的能力，尤其是居民中的积极分子更是社区治理的中坚力量。充分挖掘社区隐藏的治理资源与社会资本，是推动公众参与社区治理的主要动力。

"公众参与"基层社区治理目标的实现，仅仅依靠居民的参与意愿和参与能力远远不够，从这一"可能"到"实现"的跨越过程中，政府需要发挥其"推动者"角色。一方面，政府应该推动居民参与从个体化向组织化转变，形成多元主体协同治理格局。具体到基层社区来说，就是地方政府应当通过相关的政策、举措与平台赋予，使公众参与的力量更为整合，秩序更加规范。另一方面，政府应该推动顶层设计与基层创新的有效结合，促进基层组织与地方政府之间的良性互动，让自下而上的公众参与和自上而下的制度创新形成良性动态平衡。九龙街道居民"自治金"项目实践，为"社区治理中的公众参与何以可能"给出了新思路；而从居民"自治金"项目向社区公益服务基金的转型，也使我们看到地方政府与基层社会组织在推进多元主体参与共治的努力。

（撰稿人：李爽爽　唐钱华）

第六章 防疫社会资本与社区发展韧性

新冠疫情引发的全球性公共卫生危机，不过是再次印证了贝克、吉登斯关于我们已经处于"风险社会"的判断。新冠风险事件有两重影响，一方面说明了它对包括发达国家在内的全世界的穷人、病人、移民等弱势人群的生存影响是共同的。另一方面，正如2021年慕尼黑安全报告《多领域疫情》指出的那样，也显示了许多发展中国家的经验与模式同样值得发达国家学习。这就是说，各国的经济、法律、政治领域既集结了制度性风险，也蕴涵着制度性的韧性。本章基于九龙街道抗疫过程中对制度、机制、资源的调度、运用与处理，试图解释中国社会所蕴含的社会资本在防疫危机处置、社会心理稳定与修复等方面具有的社区抗御风险潜能。

第一节 一个有关风险社会治理的新解释框架

一 风险社会治理转型的理论思路：从多元沟通模式到复杂网络模式

20世纪后期以降，随着高度工业化反身性的增强，人类社会发生了根本意义上的系统转型，类似切尔诺贝利核电站、三里岛核电站核泄漏等事件的不断出现，极端气候、金融危机、粮食危机、传染病等对人类的影响也更加凸显，人类步入了一个全球性风险社会的时代。譬如新冠疫情在多国多点爆发，不仅威胁着人们的身体健康与生命安全，更影响着全球的公共卫生安全，必须开展有效的国际合作，才能凝聚起战胜疫情的强大合力。[①] 风险社会的特征大致表现为以下几点[②]：

---

① 中共中央党史和文献研究院编：《习近平关于统筹疫情防控和经济社会发展重要论述选编》，中央文献出版社2020年版，第121—122页。

② 〔德〕乌尔里希·贝克：《风险社会》，何博闻译，译林出版社2004年版，第43—51页；刘成斌、黄宁：《风险社会的新向度：新冠肺炎疫情的理论透视》，《吉林大学社会科学学报》2020年第6期。

- 风险成因复杂化，自然与人为相交织
- 风险类型的多样性与复合性
- 风险外延的整体性
- 社会风险的人为建构性
- 风险规避的非技术选择性
- 风险治理的社会体制差异性

与传统时代的危险不同，风险社会的风险明显具有全局性、多元性、齐平性、偶然性、瞬时性、交织性、同时性等特征。比如，因为气候变化、饮食传播、市场机制等相互作用，一种病毒既可能因为人类最初的无知迅速造成巨大伤害，也可能因为人类的科学知识而被迅速遏制，这显现出自然力量与人为力量间复杂交织的特点。

很显然，这里存在一个理论和实践上都很重要的治理模式问题，即，是风险社会治理存在普遍、一致的治理模式？还是各有各的治理模式？从国内外讨论风险社会治理模式的文献看，主要分为多元主体沟通模式和复杂性网络控制模式。

风险社会治理的多元主体沟通模式主要盛行于西方发达国家，一种是基于新自由主义的灾难反应与恢复模式①，一种是贝克、卢曼、哈贝马斯等人基于社会本位的风险社会理论。这里主要介绍基于社会本位的风险社会理论。在《再论风险社会：社会理论与治理》中，尤金·A. 罗萨（Eugene A. Rosa）、奥特温·伦内（Ortwin Renn）等几位学者，高度评价了贝克、卢曼、吉登斯、哈贝马斯等人关于风险社会的前瞻性认识，同时指出他们在风险社会治理实务方面的不足。由此，罗萨等人发展出一种用于风险社会治理的决策分析方法。本质上而言，这套决策分析方式是一种延续卢曼、哈贝马斯等人理论进路的利益相关者模型，它要求将公众、科学家和专家聚在一起，对复杂性、不确定性和模糊性问题进行讨论。这一合理化模式的规则和程序，旨在鼓励各方就上述问题共同努力寻求解决方案。因此，妥协性和灵活性是这一模型的两个重要机制。②

---

① 比如较为有名的《宾库县行动框架 2005—2015》（HFA），这一框架包括了向上、向外和向下等几个层级的灾害风险治理，这在很大程度上与新自由主义议程产生了共鸣。参见 Samantha Jones 1, Bernard Manyena, and Sara Walsh, "Disaster Risk Governance: Evolution and Influences", in Andrew E. Collins etc, eds. *Hazards, Risks, and Disasters in Society*, Amsterdam: Elsevier Inc, 2015, pp. 45 – 61.

② O'Brien, Geoff, "The Risk Society Revisited: Social Theory and Governance", *International Journal of Environmental Studies*, Vol. 73, No. 2, Mar 2016, pp. 314 – 315.

风险社会治理的复杂性网络控制模式，主要是基于中国的治理实践经验。由于风险社会的风险极具复杂性，因此范如国教授认为，风险社会治理离不开复杂性治理范式和多边多层级网络协同治理范式。社会系统自身具备的复杂性拥有着一个临界阈值，当其复杂性低于或高于这个阈值时，社会的稳定性、创新性、确定性等截然不同。当复杂性低于阈值，社会的稳定性较强但适应性差，社会控制的方式能够在这种状态下有效地进行治理。而高于这个阈值时，社会的稳定性下降而脆弱性升高，此时社会控制的方式不仅无法生效甚至还会起反作用，因此需要向复杂性社会网络模式转换。①

西方学者提出的多元主体沟通模式与我国学者提出的复杂社会网络控制模式，到底谁更合理，更具普遍性，由于疫情的延续还难以定论。不过可以肯定的是，越具包容性的模式，在未来风险社会治理中成效会更好。以当前成效审视，我国的复杂社会网络机制由于充分考虑到协同与共识，能够将风险社会中的认同与控制有机结合，从而呈现出一定优势。以中美两国应对新冠肺炎疫情为例，疫情期间时值美国大选前夕，政府对疫情消极应付，民众也未能意识到问题的严重性，疫情风险一步步地酿成危机。疫情暴发后，以私有制为主体的美国社会并未建立起全民医保制度，感染就诊出现阶级、种族分化，富人占据大量优质医疗资源，非白人患者和移民就诊可及性较差。相比之下，以公有制为主体的中国社会建立了全民覆盖的多层次医保体系，公立医院集结了大多数医疗资源。在非常时期普通患者能及时接受免费治疗，整个社会得以迅速控制疫情态势。② 中美两国疫情治理的差异，既由社会体制这一重要变量所致，也与我国面对风险社会情境，采取了"复杂性＋网络性"的风险社会治理模式相关。

二　风险社会治理转型的经验基础：防疫政策的变革

（一）公共卫生防疫风险治理的宏观框架

近二十年来，我国公共卫生危机应对机制发生了根本性变化，在政策、体制、模式上都呈现出总体性跃进。公共卫生应对机制在防疫上是指以复杂性应对复杂性，以协同性应对紧急困难，以网络性匹配社会性，具体表现为制度规范、领导主体、协同机制三方面的进步。

---

① 范如国：《"全球风险社会"治理：复杂性范式与中国参与》，《中国社会科学》2017 年第2 期。

② 刘成斌、黄宁：《风险社会的新向度：新冠肺炎疫情的理论透视》，《吉林大学社会科学学报》2020 年第 6 期。

1. 防疫制度规范更加整全

SARS 发生前，我国正处于改革开放后经济的高速发展阶段。国家的综合国力、经济实力与人民的收入、生活水平都有大幅提升，居民对良好公共卫生的需求逐渐提高。然而在卫生领域的经费投入占比却呈逐年下降趋势。[①] 1990 年我国卫生总费用政府投入占比为 25%，到 1995 年下降到 17%，而到 2001 年更是下降到 15.5%，更不要说其中用于公共卫生领域的经费了。统计数据显示，投入公共卫生的经费比例从 1990 年的 19% 下降到 1995 年的 12%。与经费投入比例下降同步，政府对公共卫生领域的关注也比较少，既没有成立应对突发公共卫生事件的专家委员会，也没有组建卫生应急队伍，更不要谈出台与突发公共卫生危机有关的预案、政策。甚至直至 2002 年，我国的疾病预防控制中心才建成。因此 SARS 出现之时，政府将 SARS 以常规疾病对待，危机意识淡薄，重视程度较低，在危机应对中显得被动、乏力。[②]

经历 SARS 危机后，国家立即颁布了《突发公共卫生事件应急条例》，对突发公共卫生事件进行界定、分类。同时根据不同类别危机事件的成因、过程、结果的异质性，配之以不同的处置方法。在此后近 20 余年间，国家出台了相关的政策文件，不断完善公共卫生危机的应急预案、管理条例、处理指南等。[③] 比如《突发公共卫生事件应急条例》（2003）、《中华人民共和国突发事件应对法》（2007）、《关于印发突发事件应急预案管理办法的通知》（2013）、《第八次政府机构改革方案（应急管理部）》（2018）等。这些不断颁布、出台的政策内容与重要会议精神（参见表 6-1），极大推进了我国公共卫生危机的应急准备、应急处理和总结评估等方面的能力，使应急工作有章可循、有法可依。

近二十年来，国家对突发公共卫生危机的应对，已经基本建立了以宪法为依据，以突发事件应对法为核心，以相关法律法规为配套的公共卫生事件应急法律体系，加上党和国家历次重要会议的相关决议，我国应对公共卫生危机的政策规范在制度化、专业化水平上已经步入现代国家行列。所以，我们看到在 2020 年新冠肺炎疫情暴发时，我国公共卫生危机应急体系和制度就已基本成型，在危机响应、危机处置、次生危机、恢复重建

---

① 赵同香、王海英：《2001—2016 年我国卫生政策变迁》，《中国现代医生》2017 年第 24 期。

② 陈喆、刁丽杰：《我国突发公共卫生事件 SARS 与 COVID-19 的应急处置比较和再认识》，《现代预防医学》2020 年第 20 期。

③ 孙梅、吴丹：《我国突发公共卫生事件应急处置政策变迁：2003—2013 年》，《中国卫生政策研究》2014 年第 7 期。

等各环节都能及时保障。从 2019 年 12 月武汉市调查首例新冠肺炎患者，到 2020 年 1 月中央正式成立应对新冠疫情工作领导小组，再到全国各地逐渐升级公共卫生事件响应级别，公共卫生防疫体系反应极为迅速，后续的救治指导、社会动员、秩序维系等都有序开展。

表 6 - 1　　　　　　　近二十年我国公共卫生危机防控政策变迁

政策阶段	政策变化
公共卫生危机应急准备	应急预案实在化
	队伍建设制度化
	物资储备实在化
公共卫生危机应急处理	疫情报告明细化
	现场职责明确化
公共卫生危机总结评估	内容呈现标准化
	统计量表科学化

资料来源：孙梅、吴丹：《我国突发公共卫生事件应急处置政策变迁：2003—2013 年》，《中国卫生政策研究》2014 年第 7 期。

2. 党的直接领导更加突出

公共卫生危机应对是否有效，既取决于国家资源实力，也取决于组织能力。比较 SARS 和新冠两个时期的应对措施，可以发现一种明显变化是，除了看到我们国家整体资源实力上升外，党和国家应对新冠过程中的超强组织能力，展现了风险社会治理的特点，即是党以直接领导的方式进行社会防疫。[①] 在 SARS 时期，党主要发挥着间接作用，对疫情防控进行监督指导等，直接的应对指挥工作主要由政府来推动进行。2003 年 3 月 31 日，卫生部成立了全国非典防治工作领导小组，并要求各地也成立相应的领导小组。到了 4 月，国务院主持召开会议，成立全国防治非典肺炎指挥部，指挥部领导人由政府负责人担任，疫情防控组织主要是由政府具体推进。[②] 新冠防疫时期则有明显变化，由党中央直接指挥疫情防控，政府协调配合。成立中央应对疫情工作领导小组对疫情防控进行总体部署，并向湖北

[①] 钟开斌：《国家应急指挥体制的"变"与"不变"——基于"非典"、甲流感、新冠肺炎疫情的案例比较研究》，《行政法学研究》2020 年第 3 期。

[②] 温家宝：《温家宝主持召开国务院常务会议研究非典型肺炎防治工作（草案）》，《人民日报》2003 年 4 月 3 日第 1 版。

等疫情严重地区派出指导组。统一领导和指挥体现出明显的风险社会治理的即时性特点。[1] 事实上，这种直接领导的方式对基层防疫来说非常有效。比如从九龙（镇）街道发布的《关于全面做好"五级 + 包片 + 网格"基础工作进一步加强新冠肺炎疫情防控的通知》《九龙镇疫情防控和复工复产工作阶段性情况汇报》《印发九龙镇关于全面落实新型冠状病毒感染的疫情防控当前九项重点措施工作任务分解表的通知》《做实"九龙红哨"，筑牢战"疫"红色防线》等防疫相关文件中，我们看到基层党组织对一线防疫的直接领导。

3. 协同合作治理机制更为明显有效

对比 SARS 与新冠疫情，我国公共卫生危机应对日益形成危机驱动、协同合作的治理机制。在 SARS 阶段，政府牵头的应急指挥部模式存在各部门间沟通合作缺位问题，从而拉低了行动效率。[2] SARS 爆发初期正值"春运"，交通部未与卫生部联合行动，导致大量人员流动使得疫情快速蔓延，同时旅游局宣传出行旅游安全也扩大了疫情。SARS 疫情后期，各层级不同部门间才开始合作。SARS 时期，没有统一配套公共卫生信息中心，缺乏有效沟通平台，医疗信息与防控策略缺乏共享，国际之间合作机制比较弱。[3] 在新冠期间，我国采取了全面联防联控机制，疫情防控体系含括 30 多个部门。各部门分工协作，国际间充分协同，政治领导与专业防疫相统一，救治信息与监测数据联动共享，从而成为全球抗疫的主力军。[4]

（二）防疫风险治理的微观经验

1. 疫情防控与生活保障并重

（1）党建引领，街道统筹

街道党工委与社区党委在疫情防控中始终发挥着领导作用。重庆市突发公共卫生事件响应警报拉响后，九龙街道迅速成立了新冠肺炎疫情防控工作领导小组，研究发布疫情防控文件，为疫情防控把脉、定向。按照"五级党建落责任、九龙红哨强统筹、网格支部壮根基、党员邮递铸先锋"的工作思路，九龙街道党工委下辖的 10 个社区党委、49 个网格党支部、

① 习近平：《在中央政治局常委会会议研究应对新型冠状病毒肺炎疫情工作时的讲话》，《求是》2020 年第 4 期。
② 张国平：《分级调控：重大突发公共卫生事件应对机制》，《开放导报》2020 年第 2 期。
③ 邱五七、毛阿燕：《我国 SARS 和人感染 H7N9 禽流感疫情防控中多部门合作》，《公共卫生与预防医学》2019 年第 1 期。
④ 王洛忠、杨济溶：《公共卫生危机事件处置中政府协同机制研究——以新冠疫情防控为例》，《北京航空航天大学学报》（社会科学版）2020 年第 5 期。

29个非公党组织等都充分响应。各组织因时因地探索疫情期间的管理服务架构，编织起疫情防控网络。街道党工委根据辖区点多面广线长的特点，即根据第三产业多、复工压力大的形势，强化基层联防联控、群防群治，抓紧抓实抓细疫情防控工作，充分将各方力量组织起来，不断壮大抗疫队伍。

新冠疫情防控是关系居民生命、健康和安全的首要任务，九龙街道各部门在党委领导下及时调整工作方式，以疫情防控为中心，进行明确分工与任务划分。如在疫情来临时，九龙街道党工委根据抗疫工作需要，紧急指示将负责处理违建投诉等任务的部门（"规建办"）调整工作重心，将科室在岗人员组织起来，接受区级重点管控楼栋任务。为了强化党员的战斗堡垒作用，九龙街道党工委要求科室就地成立临时党支部，将党的领导贯穿于每一处。

面对疫情，各社区党委在第一时间加入到抗疫一线，号召社区内党员线上签署《共产党员防疫承诺书》，要求党员佩戴党徽，亮明身份，遵守疫情防控科学作业程序，为社区居民服务。各社区党员组建了党员志愿者队伍，与社区工作人员、网格员共同穿梭于小区楼栋间。党员们在社区为居民宣传疫情防控知识，进行防疫情况摸排，悬挂疫情防控条幅，入户张贴《温馨提示》《疫情防控告居民书》等。各网格支部也担负起动员群众、组织群众、凝聚群众的重任，在危难之际充分发挥出党组织的稳定器作用。

九龙街道的非公党组织也显现出自身的担当与初心。疫情防控工作开展以来，九龙街道辖区内的企业号召企业党员扛起政治责任、社会责任，发挥出非公党组织的战斗堡垒作用。企业通过制定疫情防控应急预案、互相告知复产复工报备制度，在参与疫情防控的同时做好按政府规定复工复产准备。

街道发挥统筹全局、协调保障作用。首先，街道党工委结合九龙街道实际情况，研究发布了一系列九龙街道抗击疫情的文件、指示。其次，镇街领导各科室各社区，做好疫情防控与居民服务两大重要内容。街道相关部门和科室认真担负起组织、保障职能，畅通信息沟通渠道、收集分析相关数据、获取抗疫物资、保证信息与物资及时到位。

（2）联防联控，实施"五级+包片+网格"工作机制

此次疫情中，九龙街道实施了"五级负责+包片推进+网格落实"的工作机制，利用网格治理的优势，充分发动多方力量来应对疫情。

在这个工作机制中，我们既看到了"联防联控，群防群控"的传统治理结构，也看到了暗合风险社会治理的复杂性网络控制体系——联防联控

体系与全民共同抗疫的模式。疫情之下，各方主体协商合作，政府、社会、市场力量共同参与联防联控、群防群控。九龙街道实施的五级负责制就是一条延伸到底、深入居民的纵向网络，而横向的网络主要包括街道层面各部门、各科室的分工协作与社区和网格层面的协商合作。

（3）防疫宣传，信息流动

封闭管理期间，个人、家庭失去与外界接触、互动的渠道，只能通过网络、通讯等设施获取信息与资源。从物理空间上看，个人、家庭孤立存在于社会之中，独自面对未知的强大病毒，很容易使人陷入孤独、恐惧中，损害个体的生理、心理健康。面对这种情况，在强大的网络技术支撑下，信息传递与流动成为打破未知、恐惧与孤独的秘方。但社区作为一个多元生活空间，仅仅通过网络、通信工具无法覆盖所有人群，一些弱势群体缺乏足够的信息渠道。为此，社区在进行防疫宣传时，采取了传统与现代相结合的方式来保证信息流动的效果，使居民在疫情中得以保持身心健康。

不同人群对信息接收方式和程度有所不同，强化宣传渠道的异质性可以使不同群体获得足够的防疫信息。一方面，利用传统的、线下的信息传递载体，向居民宣传防疫措施、防疫信息。线下渠道包括工作人员上门宣传、张贴横幅标语、喇叭音响播报等方式。社区通过组建抗疫队伍，由党员带头进行入户走访、发放倡议书、告知书、新型冠状病毒防控知识宣传单等各类宣传物品。社区利用户外广告栏、宣传栏、LED屏等载体，制作横幅标语、宣传口号，在突出位置与重要路口进行播放和悬挂，为居民营造良好的防疫环境与氛围。通过"流动"小喇叭、小音箱、执法车辆等进行防疫内容的播报，以多种途径进行防疫信息与防疫知识宣传，为居民提供信息获取的多重渠道。另一方面，利用现代的、线上的新媒体和智能手机进行防疫宣传。智能手机作为人们社会生活的重要工具，社区利用手机层层建起疫情防控宣传工作群，通过手机及时发布疫情防控社会宣传教育动态，开展疫情防控社会宣传教育。各类新媒体不仅是人们娱乐休闲的平台，更是信息传递、互动交流的渠道。疫情期间社区通过各类新媒体平台，向居民推送与防疫相关的图文、视频作品，起到良好的宣传效果。

（4）社区筑起防控堡垒

疫情暴发期间正值春节，人口聚集于城乡社区中，因此疫情防控的关键在基层社区。在抗疫过程中，九龙街道充分发挥基层社区的主体作用。在实施社区网格化管理的同时，九龙街道还将防控力量、资源向基层社区下沉，将社区构筑成坚实的防控堡垒。盘龙新城社区的抗疫实例就是此方面的典范。

九龙街道盘龙新城社区于 2017 年成立，目前辖区拥有 12 个小区。社区内住房结构较为复杂，包括新建商品房小区、老旧小区、安置房小区。盘龙新城社区人口共计 21000 多户 40000 余人，是九龙坡区规模最大的社区之一，但社区专职工作人员仅 13 人。在此次防疫过程中，社区担负着维护居民生命安全，满足居民日常生活保障的重要职责。首先，社区按照街道的防控指示，实施了严格网格化管理，以阻断病毒传染链。在排查湖北返渝人员过程中，社区发现了新冠肺炎确诊病例。此时，居民楼栋被紧急封闭，楼栋居民实行就地居家隔离，其他小区、楼栋实行分时出门管控措施。被感染的居民被立即送往定点医院医治，其家人也被送往区疾控中心进行医学观察。面对被感染的居民及其家人，起初大家还是比较抵触的，唯恐避之不及。但严格隔离到位后，经过社区耐心宣传和疏导，社区内居民并未出现更极端的反应，不少人反而主动站出来包容、关切、帮助他们。

楼栋平挖，社区扮演着负责每一位居民生活保障的角色。社区工作人员、镇街下派的对口合作科室人员、志愿者、片区城管等，他们化身成为"采购员""外卖员""配送专员"，为居民采购、配送生活所需的基本物资。配送工作之初，因居民需求量大、配送队伍缺乏经验，难免会出现各种问题，比如物资上地址写错、送错人家等。后来经过抗疫成员的摸索，探索出了通过优化配送时间、配送方式来提高配送效率的方法。疫情期间因为人员无法自由流动，手机就成了重要的交流工具。社区充分利用此点建立了各种各样微信群，通过微信群进行防疫宣传、沟通交流。

防疫工作之初，虽然社区防疫物资短缺，但防疫工作不能搁置。为此，社区工作人员只能"轻装上阵"，甚至通过自制口罩、佩戴多层一次性口罩来应对抗疫中的风险。

面对小区出现的确诊病例，需要对所在楼栋进行上门消毒杀菌。在未知又危险的病毒面前，社区书记当即决定，由他带几名男同志上门对病毒进行消杀工作。在没有防护设备的情况下，大家头戴浴帽、眼戴平光镜、身披一次性雨衣、脚穿鞋套，冒着被感染的风险进入确诊楼栋入户消杀。街道城管执法队大队长李显锋、盘龙新城社区党委书记冯靓更是驻扎在社区一两个月都没回过家，事后他们回忆起当时直面新冠的恐惧与艰难，但是社区的每一位工作人员都毅然接下并完成了这一艰巨任务。

2. 防控常态化与社会恢复并行

（1）以区域化、动态化策略全面精准防控

在国内疫情得以基本控制后，各地疫情防控开始进入常态化阶段。在这一时期，疫情防控面临着双重任务。一是，要应对本土疫情、防止反扑。同时，要应对境外输入病例，根据不同区域、不同情况进行分级、分类、动态精准防控。紧随国内疫情防控态势，九龙街道的疫情防控也由居家隔离转向防控常态化。一方面，社区通过发动辖区内的群防群治力量，持续对各类人员进行全面排查。通过制定疫情应急预案，划定防控"包围圈""管控圈"来应对可能反扑的疫情。另一方面，社区加强了群众健康教育，宣传普及疫情防控知识。通过网络宣传、线下活动方式，倡导群众养成科学佩戴口罩、清洁通风和保持合理社交距离等个人防护习惯，提升群众的自我防护意识与防控能力。

（2）以政策指导复工复产

在疫情冲击下，社会停摆、市场陷入寒冬。九龙街道内各企业、商户积极响应国家防控政策，一方面守好企业自家的门，一方面援助社区防控疫情。面对疫情给企业商户带来的经济损失，在疫情基本得以控制后，企业复工复产成为社区首先解决的问题。为此，各社区通过上门宣传、张贴告示、电话通知、微信通知、开设咨询点等多种形式，向辖区企业宣传优惠政策，告知企业复工要求，引导企业进行复工复产申报，解答企业商户的疑问。针对外出务工的居民，各社区用微信、QQ、电话等通知复工复产人员，并指导居民如实填报申报证明、外出务工健康申报证明等。针对辖区内企业复工复产面临的难题，社区工作人员通过走访、座谈、上报等多种形式予以应对、解答。各社区也根据辖区内的具体情况分类施策，因地因时指导企业商户在恢复经营的同时不落防控，帮助企业解决面临的问题。在此期间，社区承担起资源链接者角色，为企业做好资源的协调。物业扮演起服务提供者角色，为各类企业提供优质服务。通过政府、社区、物业协同，为企业解决了很多难题，有效地支持了企业的复工复产，减少了疫情给企业带来的冲击。

（3）社会秩序与居民生活恢复

稳定的社会秩序是民众日常生活的保障，在疫情基本得到控制后，保持社会稳定有序运转成为社区的重要工作。九龙街道通过加强社会安全稳定工作与市场监督管理，维护了市场秩序和社会稳定。一方面，在疫情期间街道始终保持水、电、燃气、通信等基础设施的正常运转，生活物资的正常供应。另一方面，在疫情防控形势积极向好后，恢复社区的日常生活秩序成为首要任务。辖区内各学校在做好消杀、防控措施的基础上，积极迎接学生复学复课。社区居民在恢复正常生活秩序的同时，保持做好个人防护。社区各类文娱、休闲活动，也在遵循防控政策的基础上走向复苏。

三　公共卫生风险治理与防疫社会资本

如前文所述，当前风险社会治理经历了从多元沟通到复杂网络模式的范式转换，而中国公共卫生危机管理体系的转变历程，恰好验证了这种范式转换。此种转换促使我们进一步思考：就公共卫生危机处置而言，什么样的治理系统、治理制度和社会机制在共同发挥作用呢？

从导源上看，公共卫生风险的产生往往是现代社会与自然世界交织的结果。然而从应对上看，公共卫生风险的治理也离不开现代社会的治理系统。此治理系统，涵盖了社会学家帕森斯所说的人类境况系统的各个子系统，比如物理化学系统、人类有机体系统、一般行动系统、目的系统。在此框架下，一般行动系统又细分为文化系统、社会系统、人格系统、行为系统等。对于治理来说最重要的系统是社会系统，其又可以分为经济子系统、政治子系统、文化子系统和共同体子系统等。基于此种系统认识论，罗萨、伦内和马克瑞特基于多元社会中决策需要考虑的复杂要素，强调一种审慎分析过程。[①] 所谓"审慎"，就是从社会系统理论角度去分析风险及其治理。他们对帕森斯的系统作了些许变通，认为经济系统、政治系统、社会系统和专家系统是风险社会的"中心系统"（Central Systems），因此需要围绕这四个中心系统，梳理治理的代价收益平衡、协调、专家建议团队和参与等四种治理机制（见图6-1）。

在这一系统框架下，一个完善的治理制度大致包含预估、监控和控制、管理、跨学科评估等四种子制度。评估类制度尤其重要，它涉及对人力社会资本、财力技术资源、制度化手段等评估。（见图6-2）

图6-2带给我们的进一步思考是，如果我们将这一普遍型的风险社会治理制度及其资源基础框架，应用到中国公共卫生防疫的话，我们就能在分析意义上推进边燕杰的防疫社会资本概念。[②] 公共卫生风险防疫的治理在于效果，那么效果如何体现呢？我们认为，需要从当地风险灾难与实际社会资源着手，才能更好地透视这种效果。出于此种认识，我们把地震灾难中的脆弱性、物质基础、知识基础、人力基础等要素结合，在边燕杰防疫资本概念的启迪下，我们试图把防疫社会资本的生成逻辑呈现出来（见图6-3）。

---

① Rosa, Eugene A., Ortwin Renn and Aaron M. McCright, *The Risk Society Revisited: Social Theory and Governance*, Philadelphia: Temple University Press, 2015, p. 173.

② 边燕杰、马旭蕾等：《防疫社会资本的理论建构与行为意义》，《西安交通大学学报》（社会科学版）2020年第4期。

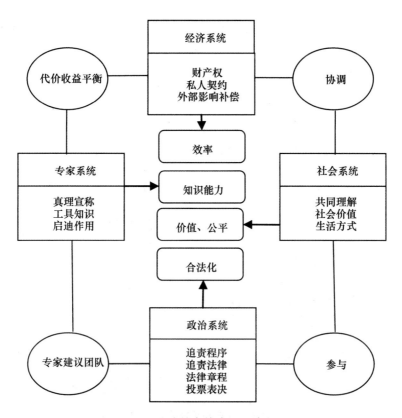

图 6 - 1　风险社会的治理系统和机制

资料来源：参见 Rosa，Eugene A.，Ortwin Renn and Aaron M. McCright，*The Risk Society Revisited*：*Social Theory and Governance*，Philadelphia：Temple University Press，2015，p. 175.

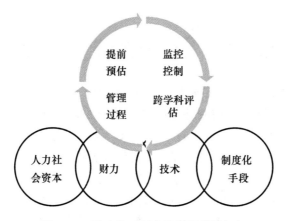

图 6 - 2　风险治理制度及资源基础框架

资料来源：Rosa，Eugene A.，Ortwin Renn and Aaron M. McCright，*The Risk Society Revisited*：*Social Theory and Governance*，Philadelphia：Temple University Press，2015，p. 158.

从图6-1到图6-3，我们构建了防疫社会资本的治理系统、治理制度和生成逻辑。在本章的后两节中，我们将结合此分析框架对九龙街道防疫的实践经验进行解析。

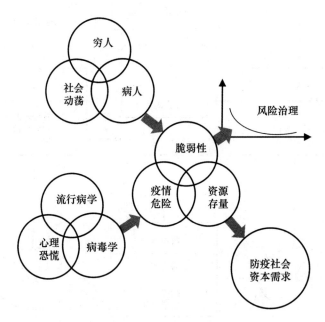

图6-3   风险治理与防疫社会资本的生成逻辑

资料来源：Scawthorn, Charles, "A Brief History of Seismic Risk Assessment", in Bostrom Ann etc, eds. *Risk Assessment*, *Modeling and Decision Support*, Heidelberg：Springer-Verlag, 2008, pp. 5 – 81.

第二节   防疫社会资本的系统分析

在认识事实上，主体对客体的感知可分为"远经验"和"近经验"两种。① "远经验"展现事物的整体面目，"近经验"描述事物的微观肌理。一般而言，我们要获得对事物的正确认识，就需要把"远经验"和"近经验"、具体经验和归纳理性结合起来。如果说对风险转型、危机演变、治理模式的分析属抽象的"远经验"，那么抽取一个地方案例，展现其危机治理的具体运作过程，则构成危机治理的"近经验"分析。这里借助"近经验"视角，观察社区的防疫社会资本。防疫社会资本是边燕杰教授及其

---

① 〔美〕克利福德·格尔茨：《地方知识》，杨德睿译，商务印书馆2016年版，第92—93页。

团队根据中国防疫经验及"关系社会资本"概念提出的新范畴，包含物理隔离、关系、资讯三方面要素。[①] 在防疫社会资本范畴的启示下，我们结合九龙街道防控疫情的实践经验，分析防疫社会资本治理的系统结构、风险评估。

一　防疫社会资本的系统要素

（一）经济系统：代价收益平衡

经济系统是嵌在整个社会大系统中的子系统，也是防疫社会资本的系统要素之一。在市场体系中，各类经济主体在财产权、私人契约、外部影响补偿的基础上，建立起成本—收益平衡机制。通过运用经济系统中的金融资本、市场资源，他们调整自己的市场行动和决策行为，以适应整体的经济形势。在这一过程中，形成了资源→生产→分配→交换→消费→环境→资源的闭路循环系统。[②] 经济系统的目标是追求效率，体现在防疫抗疫过程中，经济系统通过物资生产与供应、资源的交换与配置等方式，在疫情及时防控、生活保障、社会稳定方面发挥着重要作用。

在此次新冠疫情大考下，我国的社会主义市场经济体系在防疫治理中优势明显。九龙街道积极保障经济系统的正常运转。一方面指导企业调整生产结构、恢复生产、增加产能、扩大供给。另一方面保持超市、药店、菜店等店铺，以及各类水、电、气、互联网等基础生活设施正常运转。经济系统的有序运行，保障了封闭管理期间九龙居民的正常生活，对疫情防控与社会稳定起到了积极的正向促进作用。疫情下辖区各类经济组织的实际运营情况，居民的消费意愿、消费习惯的变化，对企业营业目标调整的影响，对居民生活的保障作用，对企业与消费者关系的改变，是防疫社会资本经济系统的具体展现。在疫情下，九龙街道各类型企业出于成本—收益权衡的考虑，不再仅关注企业营利，而是愿意主动承担社会责任。

（二）政治系统：动员与整合

在风险治理过程中，政治系统通过决策活动、政策技术和行政手段等方式来应对风险。[③] 我国是不同于西方对抗式政治体制的协商型政治，协商政治的目的在于寻求不同利益主体的共同点和妥协点，以达成共同目的

① 边燕杰、马旭蕾等：《防疫社会资本的理论建构与行为意义》，《西安交通大学学报》（社会科学版）2020 年第 4 期。

② 昝廷全：《系统经济学研究：经济系统的层级过渡理论》，《中国传媒大学学报》（自然科学版）2015 年第 1 期。

③ 宾凯：《政治系统与法律系统对于技术风险的决策观察》，《交大法学》2020 年第 1 期。

来保证政府决策意志的统一性。中央对地方的有效管控使得决策能够下达到基层，从而对疫情风险实施有效治理。在决策实施过程中，党的领导始终嵌入其中。党组织体现出来的政治担当与政治伦理成为风险治理中的重要政治资源，地方政府可以运用这一资源在疫情中很好地进行政治动员、资源整合与疫情防控。

在此次疫情防控中，中央的统一领导与决策、自上而下的迅速响应以及基层网格化管理制度，是疫情能够有效控制的关键。疫情蔓延初期，我国就迅速组建了全国疫情防控工作指导小组，对疫情防控做出统一指挥和决策，从地方到基层也开始迅速响应。短时间内，各省都启动了突发公共卫生事件应急响应，全国的城镇、乡村都对道路出入与人员流动等进行控制与管理。九龙街道遵照区委区政府的统一指挥，及时制定了一系列疫情防控的政策文件，并将防疫要求下达至各村、社区。街道的行政力量、行政资源迅速向基层社区集聚，共同参与疫情防控及与疫情相关的各项处置任务。在疫情防控关键时期，基层网格管理体制和党政体制发挥了重要作用，网格员、党员们沉入基层，协助社区收集管理信息，参与疫情防控，服务居民需求，成为疫情防控的重要力量。各级政府之间的密切联系和层级关系，为各项防疫政策快速落地提供了可能性。政府、社会组织、个人等多元参与主体，保障了各项政策和工作要求能延伸到每一个角落。他们既是政策的实施对象，又是政策的推广者，确保了政策落实的精准有效。在九龙街道疫情防控中，街道、社区、小区、单元都建立起微信工作群，为信息快速传递提供了有效途径。但同时，也存在错误消息扩散引起居民恐慌的风险，因此做好信息发布的管控尤为重要。

（三）社会系统：协调与参与

罗萨、伦内和马克瑞特在帕森斯系统理论基础上，划分出风险治理的四中心系统。他们认为，在社会系统中，行动主体通过利益、偏好、交流、平衡来找到解决冲突和问题的办法。① 在风险治理中，社会系统是参与治理的重要力量。政府虽然具有全局引领性，但无法应对全部的复杂社会问题与社会风险，社会治理多主体的协同参与因此成为影响风险治理效果的重要因素。范如国教授在探讨社会系统的虚实"二相"性时提到，以个体网络、群体性关系、血缘关系为基础形成的非正式社会组织结构，对风险治理具有重要意义。②

---

① 殷杰、王亚男：《社会科学中复杂系统范式的适用性问题》，《中国社会科学》2016 年第 3 期。
② 范如国：《复杂网络结构范型下的社会治理协同创新》，《中国社会科学》2014 年第 4 期。

在九龙街道防疫治理中，社区居民、社会组织、社区自组织等主体的协同参与是抗疫取得成功的重要因素。九龙街道社区居民一方面加强自觉性与防疫意识的提升，积极遵守社区防疫规范。另一方面，以网络公共空间为交流载体，通过居民互助、家庭互助、社区互助的方式，帮助社区民众解决疫情中遇到的各种问题。例如，在老旧社区，居民组织成立的业委会、自管会、志愿团队成为社区抗疫的支柱力量。一些社区艺术团通过举办线上节目，在宣传抗击疫情知识的同时，丰富了居民的精神生活，缓解了居民的心理压力。九龙社工中心作为专业的社会服务组织，在疫情期间为居民们链接了防疫资源、提供了专业服务、解决了居民防疫期间遇到的困难。

（四）专家系统：科学建议团队

专家系统是由专业技术、专业人员、专业团队、专业知识等多重要素共同组成的体系，通过将专业知识、科学技术、价值理念等融入人们生活的环境中，对人们的行动、决策产生影响。由于专家系统具备的专业知识、技术能力等具有理性权威，在参与风险治理过程中可以通过与政府合作同盟，从而创新治理理念、重组治理机制、调整治理技术，最终影响政府决策来达到治理效果。[1]

为了应对高复杂性、模糊性和不确定性的综合风险，政府越来越强调决策的科学论证过程与专家的权威意见，通过引入专业力量、运用科学技术手段来提升风险治理效能。专家系统要与掌握政治资源与治理资源的政府建立关系，则需要通过与政府建立同盟、项目操作、政治提升、建立机制来组成一个链式环，完成参与过程。[2]

在新冠疫情中，专家系统对政府防疫治理决策的影响是显而易见的。九龙街道在防疫过程中实施的封闭式管理措施、为社区居民提供口罩、消毒液、中药等防疫物资，号召居民之间进行增距交往、防疫信息的宣传等，都建立在专家们对疫情研究的结果与防治意见的基础上。对街道居民而言，各类新闻媒体是人们获取疫情信息与专家建议的主要渠道，直接影响了人们的防疫行为及防疫态度。信息本身和获取渠道的可信度，是影响群体意识的重要因素。在疫情防控中，把握信息传播渠道，做好信息内容筛查，是稳定居民情绪的有效途径。

①　陈柏峰：《风险社会的技术治理与应急决策》，《中国法律评论》2020年第2期。
②　何雪松、李佳薇：《专家系统驱动的技治主义运动式治理——基于F市创建禁毒示范城市的转译社会学解释》，《吉首大学学报》（社会科学版）2020年第5期。

二 防疫风险评估

（一）提前预估

风险虽然是一种本体论上的真实现象，但只能通过人们的心理感受来理解。这些感知、解释和反应，是由社会、政治、经济、文化背景共同塑造的。新冠疫情的爆发具有突发性、未知性和传染性，不但危及个体身体健康，也对政治、经济、社会等领域产生了巨大冲击。因此，我们若要对风险进行提前预估和预警，就要首先对风险予以理解、解释，这对后续考虑、处理风险有重大影响。虽然人们已经获得了许多关于各类风险及其潜在影响的经验和集体知识，但是不可能囊括所有的风险及干预手段，就像此次新冠疫情对人类认知经验重塑一样。不同主体对风险理解的差异，往往取决于自身的利益、角色、价值等。因此，风险提前预估需要建立起一个多参与者和多目标的治理结构，同时考虑普遍性的社会风险指标体系结构与具体的风险指标。这样才能通过修复系统脆弱性、提前设计应急管理方案、预测预警等方式，对随机性质的风险提前预估。① 九龙街道不是疫情突发地，风险反应有一个缓冲过程，可以根据疫情发展和病毒研究进程，对疫情应对进行提前预估、分析和准备，并据此制定相应防疫政策、防疫措施，将突发风险的冲击降至最低。

（二）跨学科评估

要想有效治理风险，我们不仅要对风险本身有充分认识，还要对风险治理资源进行梳理，因此评估包含风险评估与资源评估。风险评估的内容包括：对风险的识别、系统的脆弱性评估、风险感知、社会关注、风险影响等方面。资源评估包括人力社会资本、财政资源、技术资源、制度化手段等方面。传统的风险治理系统只是简单化、单一性的评估操作，而如今的风险治理则是整合了风险评估和资源评估两方面的跨学科评估。在评估资源的使用效率时，须考虑资源的流动性，分清资源实际发挥的作用和资源储备的初衷之间的差异。

疫情之初，九龙街道通过对新冠疫情信息的收集，来评估疫情对辖区内政治、经济、社会生活的影响程度，关注辖区居民对疫情的反应，识别社会系统的脆弱性，以此作为防疫决策的支撑。通过评估九龙街道内部所拥有的社会资本，并有效动员与利用这些社区资源，防疫社会资本的总体

---

① 陈景岭、孙旭峰、周明生：《社会风险预估的系统研究和实证分析》，《统计与决策》2010年第17期。

存量得以上升。

在九龙街道下属社区出现了确诊病例后，为了控制病毒感染，维护社区居民健康与社会稳定，街道对各社区采取封闭式管理、居家隔离、消毒预防等措施。这不仅要求有大量人力资源，还要求防疫人员具备相关知识、专业技能和良好素质。以盘龙新城社区为例，社区居民的总人口为4万余人，而社区工作人员仅有10余人，纵使社区工作人员拥有再丰富的人力资本，也无法应对如此庞大的管理任务。要应对这种情况，就需要通过运用制度化手段、技术资源、社会资本、财政资源和物质资源来作出更为合理的组织与决策，促进防疫行动的高效率和有效性。

（三）监控控制

库乔斯基（E. Kujawski）和安吉利斯（D. Angelis）曾运用广义决策树和风险曲线对风险应对进行监控，跟踪风险应对随着时间推移的效能变化，详细说明了持续监控风险的重要性，以及风险监控对于风险管理的实用性。因此需要在不同的阶段、环节及时采取相对应的措施，合理地分配风险治理资源。① 在防疫社会资本发挥风险治理效果的过程中，监控控制这一治理环节既包括了对疫情风险的全过程监控与控制，还包括了对防疫过程、防疫行动的监督与监控。

九龙街道对疫情风险的监控与控制，主要体现在技术手段的运用和多元主体的参与。当疫情出现后，九龙街道及社区充分运用监控控制手段。防疫治理的成效取决于疫情信息的全面收集与大数据分析，以能够做出正确决策和适当行动。疫情中，每个社区都设置了疫情信息采集员。通过五级微信群、信息采集点等渠道，收集各个返渝登记点的人员信息、核对派出所登记的居家隔离人员数据、掌握密切接触者数据等，再形成数据统计报表，将数据统一上报给九龙街道的平安办与社事办，信息实行每天更新和动态管理。街道根据上报的各类数据，进行决策分析、分类建档、统一指导。比如，对排查出来的疑似症状人员、密切接触者、武汉返渝人员，分别进行建档造册，指导社区进行实时跟踪、及时记录与更新信息。通过对数据的掌握与分析，对街道范围内的疫情发展情况进行实时监控，从而为后续采取相应的防疫措施提供依据。对防疫行动的监控，一方面体现在防疫行政主体对自身防疫行为的监督与控制，另一方面则体现在社会大众对社区防疫行为的监督。在防疫过程中，区、街道的监督始终贯穿于九龙

---

① Edouard Kujawski and Diana Angelis, "Monitoring Risk Response Actions for Effective Project Risk Management", *Systems Engineering*, Vol. 13, No. 4, Dec 2010, pp. 353 – 368.

街道风险应对行动中。九龙坡区成立了防疫指挥部督察组，对下辖镇街的防疫工作进行明察暗访。九龙街道也自行组建起镇级督查队伍，进行不定期突击检查与暗访，对防疫过程中的问题与不足进行督促改进，以保证防疫措施的有效实施。

（四）全过程管理

霍尔兹曼（R. Holzmann）和约根森（S. Jørgensen）在社会风险领域内建立起风险管理分析框架。风险管理首先要对风险的提前预估与跨学科评估结论进行审视，结合风险监控所得到的信息，确定风险管理对象，制定风险管理策略，实施风险治理对策，包括预防、缓解和应对。目的在于降低风险发生的可能性和风险发生时的潜在影响，以及在风险发生之后减少风险所带来的影响。[①] 国内学者毛小苓等立足于中国国情，提出了面向社区的全过程风险管理体系，将"全过程"的概念与风险管理相结合起来。[②]

从九龙街道此次突发公共卫生危机应对中，我们看到他们对风险的管理过程。新冠疫情发生后，九龙街道成立了新冠肺炎疫情防控工作领导小组，构建起疫情期间的决策系统，制定九龙街道总体疫情防控策略，并迅速采取行动将决策层层落实。在防疫措施实施过程中，参与风险管理的主体也是多元的，包括政府、社会和市场等多重力量。政府通过制度化手段和强有力的行政体系，对防疫过程进行安排、管理、落实，社会和市场也作为参与主体与政府进行协商合作。

在疫情基本得到控制后，对风险的管理也进入恢复阶段。在这一时期，疫情风险并未完全消失，因此在修复与重建过程中，同样要警惕风险"余灰复燃"。九龙街道在这一阶段对风险的管理，包括了社会恢复与防疫的常态化进行，将疫情风险的管控落实于各类社会活动中。例如，在指导企业复工复产过程中，将疫情防控作为一项重要的考察标准；在推动学校复学复课时，将防疫设施的建设、防疫措施的落实作为必需的要求；在社区居民逐渐恢复社会活动过程中，倡导居民坚持养成良好的防疫行为和卫生习惯。

[①] Robert&Steen Jørgensen Holzmann，"Social Risk Management：A New Conceptual Framework for Social Protection, and Beyond"，*International Tax and Public Finance*，Vol. 8，No. 4，Aug 2001，pp. 529 – 556.

[②] 毛小苓、倪晋仁、张菲菲、张歆：《面向社区的全过程风险管理模型的理论和应用》，《自然灾害学报》2006 年第 1 期。

三　防疫社会资本的功能分析

（一）解决疫情危险的紧迫现实问题

在突发公共卫生危机中，公众往往是直接受损者。以新冠疫情为例，最初人们对新冠病毒并不了解和重视，缺乏完备的预警系统和应急预案。因此直到病毒给人们的生命安全造成威胁时，有关部门才开始对病毒进行研究和控制。从病毒学上看，感染了新冠病毒的患者在临床上会表现出发热、咳嗽、乏力等症状，同时严重者可能伴有急性的呼吸窘迫综合征、心肌损伤、休克、感染等并发症，甚至危及生命。[1] 即使我国对新冠疫情采取了及时有效的治疗和控制手段，仍有一些人被病毒夺去了生命。从它的流行病学特征看，传染源主要包括感染新冠病毒的患者和无症状感染者。根据卫健委发布的新冠病毒肺炎诊疗方案，可以明确呼吸道飞沫和密切接触传播是该病毒的主要传播渠道。对易感人群来说，由于这是一种新发的传染性疾病，人们普遍缺乏抵抗力和免疫力。尤其是本身免疫功能就比较弱和具有基础疾病的老年人们更容易受到感染。[2] 同时，随着感染基数的不断增加，研究发现儿童和孕妇同样是新冠肺炎的易感人群。[3] 另外，随着病毒快速传播，人们对病毒的心理恐慌更甚于病毒本身，甚至由于心理恐慌和压力引发精神疾病、过激行为。因此，对不同人群的心理服务也是疫情防控工作的重要部分。[4] 九龙街道通过人员排查、健康监控、医学隔离等手段，筛查感染病毒的患者和潜在人员，并及时地进行医学治疗和医学观察，有效控制住了疫情。同时，针对疫情期间人们的心理健康问题，九龙街道充分挖掘社区防疫社会资本。通过组织社区、社会组织链接资源，引入心理咨询师、社会工作者等专业力量介入，九龙街道在社区民众情绪安抚方面成效显著。

（二）应对系统脆弱性带来的损害

风险往往孕育于环境、系统之中，而系统本身具有一个临界阈值，这个阈值是系统韧性和状态快速转变的一个点或者区间。当低于这个阈

---

[1]　国家卫生健康委员会办公厅：《新型冠状病毒肺炎诊疗方案》（试行第六版），《中国感染控制杂志》2020 年第 2 期。

[2]　国家卫生健康委员会老龄健康司：《关于做好老年人新型冠状病毒感染肺炎疫情防控工作的通知》，《中华人民共和国国家卫生健康委员会公报》2020 年第 1 期。

[3]　国家卫生健康委员会妇幼保健司：《关于做好儿童和孕产妇新型冠状病毒感染的肺炎疫情防控工作的通知》，《中华人民共和国国家卫生健康委员会公报》2020 年第 2 期。

[4]　国家卫生健康委员会疾病预防控制局：《关于印发新冠肺炎疫情心理疏导工作方案的通知》，《中华人民共和国国家卫生健康委员会公报》2020 年第 3 期。

值时，系统本身的韧性降低，与致灾因子接触的暴露性将会上升，此时外部或内部的细小扰动都极易产生现实风险。① 系统的脆弱性并非伴随着风险产生，而是系统本身就具备的。当系统韧性不足以抵御风险发生时，脆弱性会扩大和加剧风险的发展与影响，甚至超出风险本身的破坏程度。② 在此次疫情中，除了病毒带来的生命、健康、经济损害，还存在着社会系统暴露出来的脆弱性带来的风险后果。比如，由于缺乏及时有效的风险预警体系，突发的新型病毒导致公共卫生体系措手不及，从而加剧了疫情蔓延；民众自身存在的内外部脆弱性，对疫情风险的后果和风险治理的效果也有着重要影响。

那么九龙街道是如何面对社会系统脆弱性影响的呢？这要归因于社会支持系统的韧性，以及多级治理格局的优势。在疫情初期，九龙街道区域内出现了被感染的居民。由于九龙社会系统较为完备，街道和社区及时采取了防治措施，感染者被及时送至医院救治。密切接触者也被送到疾控中心，进行医学观察并居家隔离，疫情由此被迅速有效控制。除此之外，针对疫情期间公众作为直接受灾体所具有的脆弱性问题，③ 支持老人、病人等弱势群体成为重点工作。一方面，这类弱势群体因为本身缺乏足够的免疫力和自我保护意识，在病毒的威胁下，更容易导致身体和心理受损。另一方面，封闭式疫情管控措施使得他们不易获取基本的生活资源和防疫资源。如有的老人常年独居，疫情管控之下子女无法在身旁照顾；有的居民身患疾病，因居家隔离面临着断药的风险；有的老人不会使用网络工具、也不识字，无法有效获取防疫信息、物资，也无法使用智能手机刷卡出行；有的居民行动不便导致物资匮乏，生活无法得到保障。

面对这些情况，九龙街道发挥了社区长期聚集的防疫社会资本优势，通过家庭互助、居民互助、社区互助，建立起居民与家人之间、与邻里之间、与社区之间的社会支持网络，以此帮助民众解决上述问题。

（三）提升社区防疫资源的存量

要有效治理风险，不仅需要提高社会的韧性，还要注重利用当地资源。在新冠肺炎疫情应对中，一般的社会资源不足以应对这种突如其来的、未知的危机，还需要在原有的资源存量基础上发掘新的防疫社会资

---

① 徐文锦、廖晓明：《重大社会风险致灾机理分析与防控机制建构——基于新冠肺炎疫情风险防控的研究》，《软科学》2020 年第 6 期。

② 刘铁民：《脆弱性——突发事件形成与发展的本质原因》，《中国应急管理》2010 年第 10 期。

③ 彭宗超、钟开斌：《非典危机中的民众脆弱性分析》，《清华大学学报》（哲学社会科学版）2003 年第 4 期。

源。这也是防疫社会资本要解决的问题，即通过提升社区资源存量来应对新冠疫情风险。社区资源的类型包括物质资源、人力资源、文化资源、社会资本等，是社区发展的可持续动力。[1] 在前面我们已经提到，对社区资源进行评估，并且动员、利用这些资源来进行疫情防控。防疫社会资本的要素也在这个过程中发挥作用，以弥补社区资源存量的不足。

社区社会资本是社区共同体的核心，丰富而多元的社区社会资本能够使社区充满活力与韧性。[2] 在疫情风险治理过程中，九龙街道利用网络公共空间，吸引居民在网络空间上集聚，引导并促进社区居民间的互动交往，从而形成新的人际交往和社会关系网络，帮助居民建构起获取社会资本的途径，增加个人、社区的防疫社会资本存量。一方面，从居民层面增加了社区防疫社会资本。疫情中九龙街道各社区通过抗疫防疫、提供各类服务，维护居民共同的生命安全利益，满足居民共同的生活保障需求，以此促进了居民对社区的信任和合作，增强了居民对社区的认同感及归属感，激发了居民参与社区抗疫的主动性与积极性。在此过程中，原本流失的社区社会资本得以重建和聚合。另一方面，从社会组织层面增加了社区防疫社会资本。社区社会组织作为建构社区社会资本的重要载体，在防疫过程中，也发挥了其联结社区居民、挖掘社会资源、进行社区动员等重要作用。社区社会组织通过建立、增进居民之间以公共利益、共同需求为目的的人际关系网络，激发了社区活力，丰富了疫情期间居民的文化生活，增强了居民之间的横向联系，从而建立起内部成员之间、居民之间的信任与互动关系，生成了新的社会资本。

第三节　疫情心理恐慌的精准应对

一　心理恐慌的传染性

霍布斯在《利维坦》中描述了自然状态下的"人人相互为敌"的战争状态，[3] 个体的自我保存成为最为根本的自然权利。在现实的社会状态下，虽然有国家和家庭的保护，但是身负现代性的个体在面对风险和灾难时反

---

① 杨贵华：《社区共同体的资源整合及其能力建设——社区自组织能力建设路径研究》，《社会科学》2010 年第 1 期。

② 张青、李贺：《社会组织在社区社会资本建构中的作用》，《沈阳师范大学学报》（社会科学版）2018 年第 3 期。

③ 〔英〕托马斯·霍布斯：《利维坦》，黎思复、黎廷弼译，商务印书馆 1985 年版，第 94 页。

倒更加具有心理压力，更加恐慌。因为现代性，个体陷入到既相信又不相信的矛盾性状态中。因此当极端的危险来临时，恐慌也随着人的怀疑与安全的瓦解应运而生。①

二战后，世界人口的增长以及人口密度的迅速上升，巨大的人口流动性带来了巨大的风险。各类要素在全世界范围内流动、交换，经济、信息、生态、技术、跨文化冲突的跨疆界性，② 带来了一些负面的要素，风险、瘟疫、危机、恐慌等也循着全球化的发展过程散布开来。事实上，早在 20 世纪 40 年代，俄裔美国社会学家索罗金就在其《我们时代的危机》一书中，言中了现代社会的各种弊端。③

疫情中的病毒风险伴生了社会恐慌心理。群体情绪基于群体而产生，通过群体来呈现，与"群体"和"情绪"息息相关。法国著名心理学家古斯塔夫·勒庞，对群体情绪进行了系统的研究和讨论。他在《乌合之众：大众心理研究》一书中，描述了一种群体的心理效应：群体中的个体行为被"强大力量主宰"，个体的自我意识和个性被埋没，陷入一种"无控制感"中，因此会产生一种集体的、群体的情绪特征，这种情绪特征将会凌驾于个体意识之上。④ 群体会形成具有强制力的规范与文化体系，这种规范会塑造群体中个体的情绪表达，这种文化体系也会通过潜移默化的方式影响群体中每个成员的情绪体验。群体内的成员们对事物的解释和看法，情绪的产生和表达方式，都会逐渐向一致性发展。李·丹尼尔·克拉韦茨在《奇特的传染：群体情绪是如何控制我们的》一书中，描述了群体情绪在人与人之间的传染与控制作用。他从生理上进行分析：人类的大脑会在现实中进行无意识的挑选，被大脑挑选到的线索就能够在人的大脑中进行繁殖。此时，大脑就是完成传染的载体，这些线索通过人与人之间的互动、交流，无意识地、隐蔽地感染他人的思想。⑤ 因此，人们在环境中传播彼此的想法时，会在无意识中受到许多影响。当恐慌在群体内产生，由

---

① 渠敬东：《传染的社会与恐惧的人》，《清华社会科学》（第 2 卷第 1 辑），商务印书馆 2020 年版，第 229—247 页。

② 〔德〕乌尔里希·贝克：《什么是全球化：全球主义的曲解——应对全球化》，常和芳译，华东师范大学出版社 2008 年版，第 11—37 页。

③ 何健：《社会文化体系转换与危机社会学》，《社会理论》（第 3 辑），社会科学文献出版社 2007 年版，第 264—272 页。

④ 〔法〕古斯塔夫·勒庞：《乌合之众：大众心理研究》，冯克利译，广西师范大学出版社 2015 年版，第 7—12 页。

⑤ 〔美〕李·丹尼尔·克拉韦茨：《奇特的传染：群体情绪是怎样控制我们的》，刘晓艳译，中信出版社 2019 年版，第 35—50 页。

恐慌生成的一系列消极情绪就会悄无声息地、快速地在群体内蔓延传播，从而完成恐慌的传染过程。

随着现代信息化技术的进步，人们的社交网络、信息获取、人际交往等，逐渐从物理空间转移到网络空间中来。互联网用户的急剧增加，使得互联网生态和各类互联网社交平台获得了迅猛的发展，人们获取信息的速度、方式、数量等都发生了质的跃变。虽然互联网技术为人类的生活方式带来了便利，但是在信息大爆炸时代，互联网社交平台同样也是谣言产生的温床。社会恐慌则是谣言的同路人，它以文字、视频、音频等方式通过网络快速传播，互联网社交平台反而成为社会恐慌传染的催化剂。① 尽管谣言可以通过种种手段被平息，但是其中暴露出的一系列问题，仍然会引起人们的高度紧张与焦虑，使得社会恐慌持续蔓延。

社会恐慌会对人们的心理健康、生理、社会等产生严重的破坏，甚至引发一系列的次生灾害。从心理健康角度来看，社会恐慌会使人失去自我控制感，使脆弱的心理直接裸露在源源不断的危险信息中，从而产生巨大冲击。从生理上说，短期内的恐慌带来的焦虑和恐惧的情绪体验，会使人处在"应激"状态中。适当的压力与紧张可以激发人的潜能和动力，而长期的压力和紧绷会使人处于无尽恐慌中，摧毁人体的免疫系统和生理健康。从社会角度来看，社会恐慌不仅会对人们的生活秩序产生影响，对社会关系、社会秩序等都会产生破坏。②

二 应对新冠疫情社会恐慌

（一）疫情中社会恐慌的形成

1. 病毒信息未知性

疫情之初，新型冠状病毒的来源和传播途径都不明确。随着防疫抗疫过程的推进，对病毒的研究才进入攻坚克难阶段。然而病毒不等人，疫情很快在全国范围内蔓延开来。对未知的恐惧是人的本能，在不知道病毒来源、传染途径、治疗方法与治疗药物等信息的前提下，人们对病毒的恐惧是必然的。在恐慌之下，人们甚至开始抢购药品、防疫物资、生活物资等，从而导致社会秩序的混乱。截至 2021 年 6 月，我国疫情感染人数约11.8 万。在 2020 年初，由于疫情的突发性、未知性，医疗系统一时难以

---

① 韩玉祥：《"风险恐慌"及其现代化治理——以新冠肺炎疫情期间的恐慌情绪为例》，《中国应急管理科学》2020 年第 7 期。

② 孙元明：《灾难中社会恐慌的生成、演绎、变化及其危害性——重大疫情防控期社会情绪应急管理及后疫情时代的社会情绪治理》，《前沿》2020 年第 4 期。

负荷；同时对新型病毒缺乏有效的治疗手段，导致死亡人数在短时间内激增。面对这种严峻的状况，从而导致民众对病毒的恐惧进一步加深。

2. 社区区隔化带来恐慌

由于缺少应对新冠病毒的药品与治疗手段，疫情初期的形势并不乐观。随着感染人数的日渐攀升，政府开始采取物理隔离、封闭管理的方式来减少人员流动与接触，社会生活与经济发展陷入停滞。九龙街道各社区也采取了封闭管理、登记测温、分时出门等方式来防控病毒。辖区内的企业商铺等全面关停，学校延迟开学，娱乐场所停止营业……社区的区隔化，使居民的工作、生活、学习等被"无限期"打乱与搁置，因此容易形成恐慌心理，甚至导致生理、行为状态的改变。

（二）疫情中社会恐慌的表现

1. 心理上出现负面情绪

面对迅速扩散的新冠病毒，各地区第一时间采取应对措施，将资源、重心下沉至基层社区，以封闭管理、物理隔离的方式阻断病毒传染链，通过全面排查与人员管控筛查传染源，以防疫宣传和生活保障提升防疫效果。然而病毒的未知性、传染性，疫情发展的严重性、不确定性，仍然引得人心惶惶，每个人都绷紧了弦。人们笼罩在可能被感染的恐惧下，产生焦虑、紧张、害怕、烦躁等负面情绪。

2. 生理上由于精神紧张引发身体不适

疫情期间，社区内的居民由于恐慌而长期处于精神紧张、焦虑的状态，身体免疫力下降，进而引发生理上的不适。尤其是社区内的老年人群体，他们本身因自然的生理机能退化易患各种生理疾病。疫情带来的冲击，进一步使老年人群体处于高度紧张与恐慌中，更易引发身体上的不适。疫情期间因居家隔离缺乏运动，导致老年人群体身体素质下降。部分老人出现发烧、咳嗽、咽喉疼痛等与新冠肺炎类似的初始症状，甚至诱发其他生理疾病，对病毒的想象和恐慌进一步加重了身体的不适。

3. 行动不配合与关系疏离

面对传染性极强的病毒，减少人员流动与接触、居家隔离不外出成为最好的防护措施。但是，疫情的长期持续使得居民心中的恐慌无法疏解，甚至在行动上不配合社区防疫工作，邻里之间发生冲突，居民关系也会疏离。

在可能被感染的恐惧之下，选择逃避、怀疑、敏感是人们第一时间的本能反应。除此之外，人们对病毒的恐惧还会蔓延至被感染者及其生活空间。例如，有的居民不幸感染了病毒而进行隔离救治，他的家人往往也需要经过医学隔离观察确认健康后才能返回家中。这种隔离带来的社会恐慌会导致居民间的关系出现割裂、疏离。

居民对日夜守在卡点登记测温的志愿者，以及奔波在每个社区角落劝返居民的工作人员也有不理解的时候。一些居民认为这是一种粗暴地限制个人行动自由的方式，是一种"野蛮行径"，甚至于发生语言、肢体冲突。疫情危机伤害的不只是人们身体健康，同样也在撕裂着社会情绪、社会关系。

（三）应对措施

1. 社区进行情绪安抚

疫情时期，打倒人们的也许不是危机本身，而是人们对危机的想象，以及由此带来的巨大恐惧与压力。疫情期间居民的心理安抚、舆论引导，是社区防疫抗疫工作的重要一环。居民居家隔离中的生活与安全保障由社区负责，社区成为居民心理、生活上的依靠和屏障之一。社区不分昼夜地接听居民打来的电话，对居民进行情绪安抚和心理辅导，以减轻他们的心理压力。为了缓解居民的负面情绪，九龙街道各社区还及时为居民们推送《新型冠状病毒社区（村）防控指南》《致九龙坡区市民的一封信》《社区温馨提示》等防疫指南，通过线上线下各渠道宣传普及防疫知识，以此化解他们的不安情绪。此外，社区工作人员还担任"心理咨询师"角色，为居民排解恐慌情绪，舒缓紧张的心理状态。

2. 专业力量介入服务

社会恐慌不仅会对居民心理、生理造成伤害，若处理不当还会引发次生危机，影响社会关系与社会秩序。面对疫情中的社会恐慌，社会工作发挥了独特作用，扮演着服务提供者、资源链接者、组织者等角色。作为九龙街道打造的专业名片之一，九龙社工中心在疫情中联动社区，建立了"九龙社工中心居家隔离后援团"微信群，通过线上平台，为居家隔离者提供心理咨询、医务咨询、情绪疏导、交流陪伴、社区照顾等服务。社工中心还通过线上招募青少年家庭，举办以"亲子共战疫，宅家也有趣"为主题的线上公益亲子活动。通过此类活动，九龙社工中心以此引导居民积极应对疫情，丰富了居民的居家生活，缓解了居民焦虑和烦躁的心理情绪。除此之外，社工中心通过链接资源，引进心理咨询师、医生入驻"九龙社工中心居家隔离后援团"，为居家隔离者提供心理咨询、心理辅导和健康咨询。心理咨询师们通过微信平台为民众提供心理咨询服务，分享自我情绪调试音频、分享新冠病毒预防绘本、发布宣传视频等，充分发挥自身的专业力量抗击疫情。

社会工作者、心理咨询师、医生等发挥各自的专业作用，通过线上方式满足居民需求，帮助居民缓解心理恐慌和压力。

3. 居民互助共渡难关

疫情来临后，居民们都居家隔离，正常的邻里互动、社会交往、社会活动受到限制。在这种情况下，个人无法以一己之力对抗压力与恐惧，居民们开始通过互助相守来携手共渡难关。

面对隔离期间产生的恐慌、烦躁、不安，各类微信群成为居民们交流互动的主要渠道。居民们利用网络平台，以微信视频的方式开展自娱自乐的线上演唱会，以线上唱歌、编顺口溜、聊天、运动打卡等多种方式互相鼓励、排解负面情绪。

社区建立起来的网络公共空间是居民互助、交流的重要途径。疫情中防疫物资紧缺是居民们共同的感受，与新冠肺炎相似的咳嗽、发热、喉咙疼痛、头疼等症状也会让人们无比紧张与慌乱。但这些需求、困惑、害怕、担忧等，大多能够得到其他居民和社区的回应。在这种情况下，居民们通过建立新的关系网络，获取新的成员身份，来构建起自身的社会资本，增强抵御风险的能力。

本章小结

农业社会处在一个相对平缓的发展状态，而工业社会开启的则是一个加速发展的进程。现代社会中，工业化、城市化、全球化带来的不仅是现代制度、经济、科技、文化等方面的发展，也将风险带到每一个人身边，风险社会已经到来。与传统社会的风险相比，现代社会中的风险具有成因复杂化、类型多样化、后果多面化等特征。面对此种情况，风险社会治理也经历了从多元沟通模式到复杂网络模式的范式转换。

公共危机并不少见，我国对公共危机的应对机制也在逐渐变化。从2003 年的 SARS，再到 2020 年的新冠肺炎，我国在公共危机应对中，形成了政策规范化、主体多元化、机制协同化的危机治理体系。九龙街道对新冠疫情的处置应对，就是一个鲜活的处理公共卫生危机的案例。我们将普遍的风险治理体系运用于九龙防疫实践经验中，建立起九龙防疫社会资本的系统分析框架。

公共卫生危机给人带来的不应只是生理上的损害，更包括心理上的崩塌。因此抗疫不应只是停留在物质层面，还有心理抗疫，即如何应对疫情带来的社会恐慌。伴随着恐慌的生成与传染，社会恐慌所带来的消极影响不可小觑。在九龙抗疫的过程中，由于新冠病毒极强的传染力与未知性，以及疫情发展过程中的不可预见性和严重性，社会恐慌应运而生，民众在心理、生理、行动上都表现出不同程度的反应。面对这种情况，九龙街道采取的措施包括社区进行情绪安抚，引入专业力量以及居民互助，通过多种方式相结合，引导舆论方向，疏解居民的恐慌心理，达到了疫情防控的良好效果。

（撰稿人：王红艳　何健）

第七章 "不去其乡"：流动型老旧 社区的生活治理*

生活或谓过日子，包含着中国人对活着及活着的意义的全部理解。"人活着就是为了把日子过好。"过日子在这样一些类似的言语表述中已经具有了"存在论"意义。因此，在中国的治理传统中，治理指向的是人们的日常生活，即直接指向群众怎么过日子。这样的治理实践直接人格化地融入日常生活过程，帮助群众实现有序和幸福的生活，因此可称为生活治理①。当然，随着社会转型，中国人的生活方式也在发生改变，但"不去其乡"的文化心理逻辑并不会截然改变。因此，接续传统与现代、旧与新，立足生活治理，重构社区生活共同体遂成为基层社会治理的基本方向与目标。

第一节 半熟人社会：社区发展的过渡形态

一 社区发展的时空性

改革开放以来，中国社会发展呈现出独特的时空性，借用戴维·哈维的概念，即是"时空压缩"。在戴维·哈维那里，时空压缩意指因科技的迅猛发展而造成的，人们在时空结构变化方面产生的距离缩短、时间缩短的感受。② 具体到当代中国社会，时空压缩更加强调传统性、现代性和后现代性都被压缩在同一个社会时空中。就九龙镇而言，从农村乡镇转变为城市街道的过程，事实上就是一个时空压缩式的发展过程。因此，稳定与流动、传统与现代、封闭与开放、同质与异质等结构性因素皆混杂并存。

---

* "不去其乡"一词来源于韩愈《送杨少尹序》，是指不舍弃故土的美德。
① 熊万胜：《社会治理，还是生活治理？——审思当代中国的基层治理》，《文化纵横》2018年第1期。
② 〔美〕戴维·哈维：《后现代的状况》，阎嘉译，商务印书馆2013年版，第284页。

（一）城市化发展

九龙镇的发展大体可分为公社、乡镇、街道三个阶段。[1] 1961 年组建九龙公社，1982 年成立九龙乡，1993 年建立九龙镇，2020 年挂牌建立九龙街道。九龙街道的成立是九龙乡镇发展史上的重大事件，标志着九龙镇作为重庆主城核心区特大建制镇的历史告一段落。

1. 九龙公社

九龙公社于 1961 年 3 月 16 日组建。处在重庆西郊、九龙坡近郊的九龙公社，在当时减少了粮食种植面积，以种植蔬菜为主，大力发展牧副渔业以及种植养殖企业，为城市提供更多的副食品。此时的九龙公社成为保障城市菜篮子的大后方，并逐步形成了六大基地——蔬菜基地、种（养）猪基地、养鱼基地、养鸡基地、奶牛基地、肉食加工基地。

2. 九龙（乡）镇

1982 年 12 月撤九龙公社建九龙乡，1993 年 1 月撤九龙乡建九龙镇。九龙镇位于九龙坡区东部，与杨家坪、黄桷坪、二郎、石坪桥、大渡口区跃进村等街道相邻，辖区面积 9.3 平方公里，辖行政村 4 个，社区居委会11 个。改革开放后，乡镇企业异军突起，九龙镇作为"重庆摩帮诞生地""重庆市乡镇企业发源地"等而声名显赫。

1987 年，九龙全乡工业总产值突破亿元大关，1988 年市委市政府授牌九龙乡"乡镇企业·异军突起"。1992 年，九龙乡镇企业总产值位居四川省乡镇三甲。2003 年，大堰工业园区、盘龙工业园区以及九龙都市工业园相继诞生，绿云石都建材市场、恒冠钢材市场、九龙玻璃市场、光华机电市场、九龙机电城等大型市场纷纷入驻。2012 年，全镇工业销售收入超过 150 亿元，二、三产业总量 327 亿元，铸就了工业时代辉煌。

3. 九龙街道

2020 年 8 月 22 日，重庆市政府批复设立九龙街道，自此九龙镇告别历史舞台。2020 年 8 月 26 日，《重庆市人民政府关于九龙坡区部分镇街行政区划调整的批复》发布，同意撤销九龙镇设立九龙街道。调整后，九龙坡区辖 9 个街道、10 个镇。[2] 调整后的九龙街道辖区面积 8 平方公里，管理服务 11 个社区（龙泉社区、盘龙社区、马王社区、水碾社区、巴国城社区、彩云湖社区、大堰社区、盘龙新城社区、上游社区、杨渡路社区、

---

① 九龙报社：《从公社到街道，从农业时代进入商贸时代，九龙街道历史沿革》，《九龙报》2020 年 9 月 25 日第 1557 期。

② 重庆市人民政府：《重庆市人民政府关于九龙坡区部分镇街行政区划调整的批复》2020 年。

杨渡村社区）与 3 个村（九龙村、大堰村、上游村），常住人口 20.1 万人。

在九龙镇发展过程中，最能体现城市化发展的是从乡镇到街道的转变过程，也就是"镇改街道"的阶段。对于为何要撤镇设街道及调整区划，九龙街道党工委书记蒋立强解释道："随着我区城乡统筹和城市建设步伐的加快，之前九龙镇的行政区划管理体制设置已难以适应城市化发展要求，给城市总体规划建设和管理带来诸多不便。为进一步优化政府行政资源配置，更好地履行公共管理和社会服务职能，经区委、区政府研究部署，2018 年底由区民政局联合多部门及九龙镇、杨家坪街道、黄桷坪街道共同开展调研，广泛征求意见，形成了撤镇设街和行政区划调整方案。"①

近年来，九龙的经济社会发展和社会治理经历了如下方面的重要转变：从以乡、镇、村为主要平台运作，转变为以城市社区为主要平台运作；从过去抓经济发展为主，转变为抓经济发展和社区建设并重；从区域多点分散战线长的架构，到将区划调整板块集中统一；从面对快速城镇化中加强管理的主要矛盾，到解决深度城市化中深化治理的主要矛盾；从服务定居明确的大量农业人口，到服务流动性更大的常住居民人口。无论是从所处区位、人口构成，还是从经济结构、社会形态，九龙镇撤镇设街道可谓水到渠成、势所必然，是城市化和经济社会发展的自然结果。

（二）流动性

改革开放以来，随着城市化进程加快，我国社会的流动性也进一步增强，这主要表现为大量农村人口涌入城市。截至 2019 年末，全国流动人口达 2.36 亿，并呈现出流动原因经济化、流动方式家庭化等新特征②。转型期中国城市社会结构的分化状况，反映了城市社会结构变迁的复杂性，从而给城市社会治理创新提出了新挑战。一方面，流动人口为城市的发展带来了活力；另一方面，流动人口的多元诉求使得传统的基层社会治理模式难以有效应对。以九龙街道所辖的桥湾小区为例，其人口流动率高，小区内约有 1/3 以上居民是租户，1/3 左右居民是因房屋买卖而入住小区，而土生土长或原单位分房的原住居民仅占 1/3 左右。由此，如何适应这种社区流动性特征，实现由传统治理方式向现代治理方式的转变，成为当下中国基层社会治理实践的重要课题。

---

① 邹姜：《新九龙新征程》，《九龙报》2020 年 9 月 23 日第 1556 期。
② 李友梅：《当代中国繁荣发展的重要密码：流动的中国充满繁荣发展的活力》，《人民日报》2019 年 7 月 26 日第 8 版。

二 老旧社区的文化心理逻辑

（一）单位制：桥湾社区联结的逻辑起点

社区联结是指一定地域范围内的居民，在持续互动中形成的亲密关系。涂尔干通过分析个人自主和社会团结的关系，提出了机械团结和有机团结，认为社会联结与个人、社会的关系息息相关。[①]滕尼斯在《共同体与社会》中，对共同体与社会的关系进行了区分。他认为在共同体内，个体间即使是分离的，也保持着某种内在的联结状态。在社会中，个体虽然是结合的，却彼此保持疏离的状态[②]。与社会的分离不同，共同体里的生活是亲密的、有关系来往的生活。作为人类共同生活的物质载体与精神家园，社区虽然随着时代的发展而不断变化，但也有其历史性，桥湾社区就是由单位社区脱胎而来。

在计划经济时期，城市里的社区大多依附企事业单位而形成，是一种因业缘关系组成的工作与生活共同体，具有封闭性与整合性的特点，我们将它称之为单位制社区。在单位社区里，居民在同一个单位工作、以同样的方式获取同样的生活资源、在同样的生活场所中活动，彼此间具有密切的联系。社区成员通过单位获得合法身份与社会地位，其户籍、编制、人事档案等都与单位挂钩。居民的社会交往通常局限于单位内部的联结，他们高度依赖单位和社区，拥有强烈的社区认同感和归属感。因而在计划经济时期，单位社区内人员相对稳定，很少流动，具有熟人社会的性质。

20世纪90年代以后，随着计划经济向市场经济转变，我国单位制走向抓大放小，城市部分居民开始由"单位人"转变为"社会人"。人们不再高度依附于单位，单位社区封闭稳定的性质发生变化。另外，社会转型直接促进了社会成员的流动，一部分人因寻找更优的工作机会或是寻找更舒适的居住环境，而将具有私人产权性质的单位住房变卖。许多非单位人员入住单位社区，社区内人员构成的改变使得以往高度同质化的单位社区变得异质化。单位社区也从过去相互熟悉的熟人社区，变为人员复杂的半熟人社区，亦称为混合社区或混杂社区。

桥湾小区经历了从单位制社区到一般街道社区的转变，其居民的心理与行为逻辑也随之发生了明显改变，但同时也有不变的因子顽强地惯性式持续

---

① 〔法〕埃米尔·涂尔干：《社会分工论》，渠东译，生活·读书·新知三联书店2000年版，第89—92页。

② 〔德〕斐迪南·滕尼斯：《共同体与社会》，林荣远译，商务印书馆1999年版，第132页。

存在。从桥湾小区发展历程看，它是十八冶（现中冶建工集团）修建的员工住房，属单位制社区性质。最早的一批居民在 1998 年入住，最晚的也于2000 年左右陆续迁入。社区居民不仅是普通的街坊邻居关系，也有工作场域中的同事关系，他们在长时间朝夕相处中形成了社会信任，构建起社区的人际关系网络。2013—2014 年，因为周边商品房兴起，桥湾小区开始有居民在外购房而搬出小区。与此同时，周边农村或做生意的人开始入住小区。桥湾逐渐由单位房小区转变成流动小区，其内部居民结构亦发生改变。不过，桥湾小区也有其不变的一面，新进来的居民住久了，就变成了老居民。传统文化的心理逻辑仍然发挥着独特的作用，即陌生人的熟人化。因此，桥湾小区居民的互动仍然较为频繁，正如社区工作人员所说：

> 老旧小区它有一个特点，就是所谓的熟人小区，虽然独门独栋地隔开了，但一出门大家都认识，这是张妈，这是李妈。原先社区的老年人嘛，什么都知道，什么都很清楚，但是新的楼盘小区就不行啊，你不知道我隔壁是谁，我不知道我楼上是谁。（TWS8）
>
> 桥湾毕竟是个老小区，大家都在这住了这么多年了，相互之间都比较了解，原来也是在一个单位工作，新购房进来的与楼上楼下的邻居经常见面，因为大家平时休闲娱乐的区域就是楼道与楼下，新搬来的跟邻居打几回招呼慢慢就熟悉了。对比之下，比商品房小区大家相互之间要熟悉得多。老旧小区的优势就是隔壁来了哪个人，谁又搬走了，大家在闲聊的时候就会讨论，见到新来的人会去主动认识，渐渐地就会相互了解，共同融入到这个社区中来。（JZS2）

　　整体看来，当下的桥湾小区仍然具有较强的熟人社会特点。"熟人社会"这一概念是学术界对中国传统乡村的经典描述，最早由费孝通先生在《乡土中国》一书中提出。费孝通先生认为"熟人社会"是一个"熟悉"的社会，没有陌生人的社会。[①] 在这个熟悉的社会中，大家的信息是透明的，彼此知根知底，并以血缘、亲缘和地缘为基础，培养起深厚的信任关系。而桥湾小区作为单位制小区，居民之间的信任和联结不再仅限于血缘、亲缘基础，而更多是基于职业和地缘基础。

　　对于血缘和地缘的关系，费孝通先生认为血缘是稳定的力量，在稳定

---

① 费孝通：《乡土中国》，北京出版社 2004 年版，第6—9 页。

的社会中，地缘与血缘是不分离的，地缘附属于血缘存在。[1] "地缘是契约社会的基础，契约是指陌生人中所作的约定。"[2] 然而在当前的中国城市社区中，社区划分标准是人们共同居住的地理范围，血缘关系渐弱，血缘与地缘逐渐呈分离之势，地缘关系替代血缘关系成为新的人际交往的纽带和基础。单位制小区的一个很重要特征便是地缘中心。在传统乡土社会中，人们以血缘关系为核心、以大家族的形式聚集在某一地域范围内形成村落，而现代的城市社会，人们以职业为核心，以地缘为基础聚集在某一地理范围内，分布于各种住宅小区中，形成城市社区。

在一定意义上，所有社区都具有地缘关系，当代中国城市数量最多、发展最快的便是商品房社区。那么与这些商品房社区相比，老旧流动社区有什么特别之处呢？首先，老旧流动社区的同质性较强。在社会流动背景下，居民的同质性虽然没有单位社区时期高，但相同的生计模式、历史记忆、互惠互助等观念还没有完全消失。由于老旧小区的环境限制，外来居民的生活水平大都与原住居民相同，而愿意进入这样的老旧小区生活，在一定程度上也说明他们对社区的价值观念以及生活状态较为认可。其次，老旧小区多是步梯式楼梯，居民的休闲场所也较少，居民之间见面的次数较多，为大家提供了更多的交流机会。最后，在社区治理方式上，一般商品房小区都有物业公司入驻，负责社区内的安保、清洁、绿化等工作。因为老旧流动小区的复杂性与环境设施的滞后，物业的工作主要由居民、社区承担，居民之间更容易发生联系。目前的桥湾社区，在社会流动的不断冲击下，其熟人社会的形态也在发生松动、改变，正日益向半熟人社区转变。

（二）人情取向的交往逻辑

中国社会是一个人情社会，日常生活中的"送人情""通情理"等都是对人情的描述。人情就是中国的一种本土文化，影响中国人的观念和交往，表现中国人的心理和行为方式，是在世俗的社会生活中逐渐累积和提炼而形成起来的"世俗化的文化概念"[3]。黄光国认为人情归根到底有三层含义：一是人们在遭遇不同生活情景时的情绪反应；二是双方进行社会交易时可以馈赠给对方的一种社会资源；三是指人与人应该如何相处的社会规范。[4]

---

[1] 费孝通：《乡土中国》，北京出版社 2004 年版，第 101 页。

[2] 费孝通：《乡土中国》，北京出版社 2004 年版，第 109 页。

[3] 李伟民：《论人情——关于中国人社会交往的分析和探讨》，《中山大学学报》（社会科学版）1996 年第 2 期。

[4] 黄光国：《人情与面子：中国人的权力游戏》，杨国枢《中国人的心理》，江苏教育出版社 2006 年版，第 234—235 页。

我们所说的在社区内形成的这种人情取向的交往逻辑，便是取自第二、三层含义。即它是一种社会资源或者是人员相处的社会规范，这两者通常混于一体，构成了中国人社会交往活动的内容和形式。人们之间如果没有人情的互相亏欠，无异于与陌生人往来，人情于维系人际关联的持续性不可或缺。

在中国传统社会中，"面子"与"人情"具有同等的地位，二者都是人际交往的重要规则。无论亲疏，在与他人交往中，大家都很看重各自的"面子"，让别人"丢面子"是极不礼貌、极不友好的行为。越熟悉的群体中，"人情"与"面子"的作用越容易体现。在流动性小的熟人社区里，居民之间相互熟知，人际交往势必会引起人情的来往与亏欠，并深刻影响人们的日常生活交往。例如，在桥湾社区，社区工作人员利用人情开展工作，使社区工作直接面对居民。人是有情感的生物，在社区工作中，不能只依靠死板的规定来约束居民，更要借助中国人的人情、面子观念来与人磨合。据社区工作人员回忆：

> 2015 年初，桥湾拆除违章建筑时，一些居民出现不理解不配合的情况，甚至有准备跳楼的个别居民，他坐到楼顶上，不让你拆，用跳楼来威胁你。他是用钱把那些违建修起来的，你拆了他又得不到一点点赔偿，得不到任何好处，他肯定是不愿意的，那肯定他就要阻拦你做这个事情，使矛盾升级。我们就跟他沟通，想办法给他去做思想工作。在跟他做工作的过程中我们也会让他的亲戚啊朋友啊去劝他，或者是发挥楼栋长（楼栋长是类似于群众代表的人物，是社区骨干，由每个楼栋的居民推荐出愿意热心做事情的居民）的作用。恰巧他那栋楼的楼栋长又跟他关系比较好，我们就让楼栋长去当一个中间人的角色，不至于让他下不来台，他会在中间也起到一个调节的作用。楼栋长作为他的朋友、他的邻居去给他做工作，告诉他社区不是针对的一家或者是政府做的都是为了大家好，作为居民应该配合，你看别人的都拆了，也不是针对你一个，这样就会在里面起到一些调节的作用，让相关的工作顺利开展。（JZS2）

三 半熟人社区的生成

在流动小区里，原住居民和外来居民的不同的价值观念、生活方式交汇于共同空间中，社区人际关系不可避免地呈现出陌生化特点。借用贺雪峰提出的"半熟人社会"概念，[①] 桥湾这样的老旧流动社区也可以称作"半熟人社区"。桥湾社区跟现代半熟人社会的乡村社区一样，具备以下三个特征：社区内异质化增加；居民间熟悉度降低，社区规范难以约束居民行为；居民对社区归属感逐步减弱。随着社区建设的发展，老旧社区逐渐被纳入政府标准化治理范畴，其中一个重要方面就是对社区有限空间的规划，从而使社区生活空间区域化。同时，流动性和陌生化也使老旧社区的社会关系日趋复杂化。这里，我们重点讨论如下几方面内容。

（一）生活空间的区域化

生活空间是基于居民日常生活与休闲发展出的物理空间和社会空间，是有边界、有领土范围的空间[②]。生活空间的区域化源自社区治理的标准化。2013 年，在《民政部财政部关于加快推进社区社会工作服务的意见》中，明确提出要"加快推进社区社会工作服务法规、政策与标准化建设"[③]。社区服务标准化建设，成为社区社会工作的重要任务和发展方向。在此《意见》中，服务流程、方法、评估等环节的具体标准也相应出炉，例如要求一个社区需要规划公共活动空间，并配备相应的休闲娱乐设备、老年活动室、图书室等。

从物理空间来看，桥湾社区因为修建时间较早，规划理念落后，缺乏必要的娱乐健身设备和场地；从社会空间来看，社区内人口异质性增加，原有的生活空间不能满足当下社区居民的需求。因此，九龙镇政府对以桥湾为代表的老旧社区进行了综合环境整治。通过将有限的社区公共空间有效利用起来，一方面活化既有空间，另一方面拓展新的空间，对生活空间进行功能性划分，使之规范化和有序化。针对社区内的既有空间，由社区居委会牵头，征求居民意见，在宽阔广场内增添娱乐健身器材，修建休憩座椅，划定公共晾晒地；针对居民小区内停车位不足的问题，创造条件开辟新的地域，以居民小区名义租用周边厂房，交由居民小区自管会收费管理。经过整治，桥湾社区不仅实现了空间的充分利用，还满足了不同居民的需求，促进了小区的长远发展。

（二）社会关系的复杂化

人口流动带来的是人口陌生化，社区内陌生人口增加，街坊邻居间的

① 贺雪峰：《论半熟人社会——理解村委会选举的一个视角》，《政治学研究》2000 年第 3 期。

② 约翰·弗里德曼、戈岳：《生活空间与经济空间：区域发展的矛盾》，《国外城市规划》2005 年第 5 期。

③ 《民政部财政部关于加快推进社区社会工作服务的意见》2013 年 11 月 15 日，民发〔2013〕178 号。

关系需要重新建立。在桥湾社区，随着"外来人口"不断增加，居民间的陌生化也在增强，生活方式与价值观念的差异导致彼此间的冲突矛盾频发，社区社会关系也因此变得更加复杂，这些都大大增加了社区治理的难度。

事实上，社会的现代化发展和社会流动，并没有让"人情""面子"等传统中国社会的人际交往法则从日常生活中消失，"托关系""给面子"的规则仍对中国人的交往行为有重要影响。这些文化观念为什么可以在社会发展中经久不衰，以顽强的生命力存在于中国人的社会交往中呢？有学者用"陌生关系熟人化"解释了这一现象。如田先红等就指出，从理论上来说，在熟人社会中形成的规则，不适用于逐渐陌生的社会，但是人们会采取某些行动将陌生人的环境转变为熟人环境，从而促使传统交往规则在社会中延续下来。① 桥湾社区虽然因为人员流动逐渐陌生化，但是陌生的居民也会通过一些方式和渠道逐渐熟悉起来，在新建立的熟人关系中继续发展和使用"人情"与"面子"规则。

（三）多元身份认同中形成的生活圈

1. 天赋使然：将陌生人变为熟人

中国人似乎天生就有着善于与他人产生人情关系的特性。靠着这种天赋，他们使互不认识的陌生人慢慢变成相互了解的熟人。这种天赋既表现为中国人在与人相处过程中从陌生到相知熟悉的个人特性，也表现在社区建设过程中，体制性力量推动社区居民走向熟悉化。这是中国人的天赋，也是中国社区的特殊性。

（1）社会性自发熟悉

"社会性自发熟悉"是指通过居民的个人力量，将所遇到的陌生人变成熟人的过程。对于社会性自发熟悉，有学者对其发展过程和模式进行了研究。杨忠芳和彭泗清认为人际关系的进展可分为三个阶段：礼遇、工具及感情。② 礼遇阶段，双方互不了解、互相试探，是表层交往方式，通过一起共事或者观察对方来决定如何向对方表现自己、如何进行交往；工具阶段，双方通过对对方行为进行评判，决定是否能和对方形成更深层次的交往关系；感情阶段，双方产生更深层次的联系，发展成为朋友或者其他关系。

---

① 田先红、张庆贺：《城市社区中的情感治理：基础、机制及限度》，《探索》2019 年第 6 期。

② 杨中芳、彭泗清：《中国人人际信任的概念化：一个人际关系的观点》，《社会学研究》1999 年第 2 期。

不同于"差序格局"的人际交往模式，这种从陌生到熟悉是在关系疏远的人中，通过相识相知相熟的阶段拉近关系，由疏离变为亲密。通过礼遇—工具—感情的动态发展过程，由远及近的人缘—人情—人伦交往模式得以呈现。① 如一个居民所言：

> 久了自己慢慢就熟悉了，比如说你到一个地方，今天你碰见隔壁邻居了，或者我们几个今天有空下楼在小区里面转一转，见面了，或者说我看你面生，问一下你是哪里来的呀，你是做什么的，拉拉家常，慢慢地自然而然就熟悉了，这其实就是一个熟悉的过程。(TWS8)

我们访谈的对象王阿姨，今年54岁，2019年2月份才到这个社区与儿子儿媳同住，平时主要负责带孙子。王阿姨告诉我们，这个小区的年轻人白天都在上班，老年人和小孩在外面玩的时候比较多，虽然自己来这里不到一年时间，但是跟社区中的人很快就熟络起来、相处得很好。王阿姨退休之前从事销售工作，所以很会与人沟通。她说自己先是在带小孩的时候与一些阿姨认识了，然后会经常约出来一起玩，再通过交际圈的扩展去认识更多的居民。尤其是到晚上，有很多人出来打羽毛球、乒乓球，这也是与大家熟络的良好机会。王阿姨就是通过社会性自发熟悉过程，很好地融入桥湾社区的典型。

（2）体制性促进熟悉

"体制性促进熟悉"是指通过体制性力量，将居民由陌生人变成熟人，即以社区党支部、居委会为核心，通过不断开展活动，增强居民的熟悉和认同。② 中国的社区建设从一开始就是由政府推动的。在社区发展中要建立起居民间的联系方式、熟悉机制，必然需要政府介入，利用党组织、社区居委会、社会组织等体制性力量为居民交往创造平台。

桥湾社区通过各种体制性力量，有效促进了居民间的互动与彼此熟悉。如在社区党组织层面，通过对组织关系转入社区的党员同志举行组织生活会、党员座谈会等。首先让社区中的党员彼此熟悉，进而通过党员去影响他们的家人和其他居民。在社区居委会层面，除了召开居民代表大会外，居委会还积极培育社区自组织，鼓励居民发展兴趣爱好，成立兴趣团

① 鲁小彬：《当代中国熟人间的人际交往——对人际信任和交往法则变迁的探讨》，《中南民族大学学报》（人文社会科学版）2006年第1期。

② 李宽：《城市社区共同体的生成机理：从陌生人到熟人》，《重庆社会科学》2016年第5期。

队，发挥社区自组织领头人的桥梁作用，将社区居民联结起来。在社会组织层面，社会工作机构针对社区内各类人群的需求开展社区活动，为社区居民提供便民服务。通过社工机构提供的服务活动，社区居民增进了彼此间的互动与熟悉。

2. 内部化机制

宋丽娜把以地缘关系为基础，而产生的人情、面子、信任、规则的机制叫作"内部化机制"①。熟人社会之所以称其为熟人社会，是因为它形成了可以在一个社会圈中发挥作用的、成熟的信用和规则体系。人情往来是熟人社会运行的主要机制。如果说面子、信任、规则是一个圈子中既定的规范，人情往来便是能让这个规范运行起来的发动机。内部化机制的运作使得以地缘关系、业缘关系为主导的地区具有了熟人社会的性质，让居民有了自己认同的生活圈。

内部化机制的最终形成，代表一个社区的成熟和居民的认可。桥湾社区的居民李芳1999年左右便住进这里，她在桥湾开了一家"芳芳理发店"。店铺虽然不大，但生意还不错，来往的都是小区或者小区周围的人，与顾客也比较熟悉。2013年，李芳有了一些存款，便在新修的商品房小区置办了房产并入住，但是李芳的理发店仍旧开在桥湾，她需要每天奔波于家与理发店之间。虽然新小区的环境条件和物业管理都很好，但因为她大部分时间还是待在桥湾小区，所以对新小区并不熟悉，也不认识那里的人。对她而言，新房子只是一个晚上睡觉的地方，朋友都在桥湾。在桥湾进行综合整治后，环境大大改善，李芳再三考虑后决定又搬回桥湾居住。

> 还是桥湾比较适合我，住着舒服，虽然条件设施比不上新小区，但是住习惯了，朋友都在这边，对这里也很熟悉，我也不想再去适应一个新环境的生活。（TLS9）

（四）新的行为逻辑与传统惯习的互动纠合

传统惯习一般是地域性的、内在性的，倾向于强调和固守自己的特殊性。② 它并不等同于过去，是现实存在的。传统惯习是传承下来的价值观念、生活习惯、行为礼俗、道德规范，而新的行为逻辑是现代化背景下，随着新事物的出现而产生的革新行为或者制度规范，两者间在一定意义上

---

① 宋丽娜：《熟人社会的性质》，《中国农业大学学报》（社会科学版）2009年第2期。
② 景天魁：《中国社会发展的时空结构》，《社会学研究》1999年第6期。

是新、旧之间的博弈。

转型时期的老旧流动社区，同时体现了新的行为逻辑与传统惯习纠合的特点，即传统性和现代性被压缩到同一个社区时空中。随着单位制解体，社区生产功能和生活功能分离，社区治理和居民交往也有了新的变化。在这样一个半熟人社区，新的行为逻辑与传统惯习既存在冲突，也存在相互协调、相互包含，无论是制度还是文化的发展都兼具两者的特性。

在桥湾社区，此种新的行为逻辑与传统惯习互动纠合的特点非常显著。在制度层面，桥湾社区倡导规范管理，建立了明确的规章制度，居民在社区内需遵守社区公约。以前，居民圈地自用，垃圾在楼道里随意堆放。社区对垃圾进行规范管理后，规定居民将垃圾分类并放在指定地点，这有助于改变落后生活习惯以适应新的环境。另外，社区对事务进行分类化处理。在成立居民小区自管会之前，居民无论要办什么事都找社区居委会。现在居民小区自管会和居委会划分各自职责，居民需到指定部门和负责人处办理事务，权责更加明晰。在文化层面，重面子、讲关系的行为礼俗与建设社区家园的意识不谋而合，利用人情关系，社区积极分子极易带动居民参与社区治理。在居民小区自管会志愿者招募中，虽然因为预算问题志愿者仅有电话补贴，而没有工资、五险一金，但是仍有大量退休居民自愿报名。这些居民不计个人得失，牺牲自己的空闲时间来为小区居民提供服务。正是因为他们将居民小区看作自己的家，愿意建设自己的家园。传统与现代、旧与新从来都不是相互对立的，在正确的方法引领下，二者的结合将会为社区治理提供持续动力。

第二节　老旧小区的改造：自助式治理

老旧小区治理问题，已成为影响我国城市高质量发展，制约居民幸福感、获得感提升的关键。目前老旧小区的管理模式大多是一种组织架构，是一种将区域内所有公共财产进行统一处置的、自上而下的资源传递模式。在这一模式中，组织的有效运行不仅会影响小区的可持续性发展，还会对小区居民的获得感与归属感产生影响。因此，治理方式的选择对老旧小区的可持续发展至关重要。[1]

---

[1] 郭斌、李杨、周润玉、刘乐、张蕾：《中国情境下的城市老旧小区管理模式创新研究》，《中国软科学》2021 年第 2 期。

一 社区治理的新陈代谢

(一)城市更新背景下的社区治理

2007年9月20日,《重庆市城乡总体规划(2007—2020年)》出台,文件除了对各地的建设内容做出规划外,在具体要求中还明确指出要按照合理布局、集约发展的原则,逐步把重庆市建设成为经济繁荣发展、社会生态和谐、具有鲜明特色的现代化城市。2009年11月,九龙坡区人民政府在《九龙坡区土地利用总体规划(2006—2020年)》中,进一步明确了对九龙坡区进行改造的必要性,强调九龙坡区作为重庆城市建设的新兴区域和核心发展区,要以发掘内涵为重点,大力推进老旧小区和城中村改造,改善市容市貌,完善城市基础设施,实现城市功能的不断提升。

党的十九大报告中明确提出,要加强现代化建设和完善社区治理体系,充分发挥基层社会组织的力量,推动治理中心向下转移,实现政府宏观调控、社会自我调节和社区居民自治的有效协调。这就为新时代老旧社区治理体系,从行政化向自主化的转型发展指明了方向。

(二)桥湾老旧小区的现实困境与挑战

在城乡快速发展过程中,社会变迁带来的人员流动给社区治理造成了一系列困境。对老旧小区而言,建筑物年久失修、基础设施缺失、环境脏乱差已经成为较为普遍和严峻的问题。社区也因为没有专业物管入驻,可能处于相对无序的状态。如何改善环境、优化社区治理,是老旧小区在治理中长期探索的问题。

桥湾小区位于九龙坡区九龙街道水碾社区,始建于1994年。① 由于没有专业物管入驻,加上小区本身年代较为久远,内部基础设施日渐陈旧却得不到修缮,环境无人管理,垃圾随处可见。除此之外,小区还出现了违法搭建、占地毁绿等现象。面对这样的现状,小区内居民对改善居住环境、提高生活质量和安全指数的呼声日益强烈。为此,社区组织楼栋长、居民代表、管理人员等,参观其他已经成功改造的老旧小区,开始学习和借鉴相关经验。

2014年底,九龙坡区开始全面推进市容环境综合整治工作,老旧小区改造是其中的重头戏。2015年,九龙镇党委和政府将老旧小区整治纳入"十大民生"行动。城市老旧小区自助式物业管理模式,成为创新基层社

---

① 张奥然:《九龙镇推广居民自治探索老旧小区转型之路》,《重庆日报》2016年11月23日第5版。

会治理体系的新探索。该模式以改善居民环境为出发点，以拆除违章建筑为突破口，以建设和谐、乐居、自治的宜居小区为行动目标，通过先"拆"后"建"、自助自管的方式实现老旧小区的改造。

二　老旧小区自治模式的探寻

（一）"先拆后建"：创造美丽社区

1. 拆违夯实基础，保障社区安全

桥湾小区建成后不久，出于扩展生活空间的需要，一些居民开始搭建违章建筑。如一楼的住户向外拓展围出自留地用于乘凉、种菜；二、三楼的住户扩建阳台，顶楼的住户在楼顶搭建房屋、饲养鸡鸭等家禽。这些违章建筑不仅占用了社区的公共空间，还存在极大的安全隐患，影响其他居民的日常生活。面对小区乱搭乱建的现象，九龙镇摒弃头痛医头脚痛医脚的刺激反应式做法，按系统治理方法开展老旧小区治理。

首先，从理念上加强对小区居民的宣传和动员，营造良好氛围。社区通过悬挂标语、张贴海报、散发传单、上门入户等方式，积极宣传政府的治违政策及各地区治理违章建筑的进程，让违建者明白违建必治的必要性和紧迫性。在拆违工作过程中，桥湾小区先后召开楼栋长会 5 次、居民代表会 12 次、违建者座谈会 20 余次。这些会议着重强调治违的重要性，描绘拆违后的美好环境，强化当事人的主人翁意识，提高其对小区拆违工作的支持度，从而营造出全体居民共同要求、支持拆违的浓厚氛围。

其次，按照系统治理的要求找准关键点，逐个突破。坚持"由易到难、以点带面"的原则，社区优先选择楼顶简单违建住户和党员、楼栋长的违建进行拆除。这些违建简易、造价低，居民的经济损失少，所以拆建阻力较小。从小区楼栋长、党员的违建入手，是因为他们比较热衷小区事务，思想观念也易于转化，在镇政府和社区的集中约谈引导下，很快便答应并支持拆违。利用群众代表和骨干的作用，也可以极大地调动居民支持拆违的积极性，拆违工作得以快速展开。

最后，从社区心理着手做好群众的心理疏导，让居民支持理解拆违工作。小区一些"强硬"违建者，不管社区如何引导、约谈、震慑，都很难说服他们。面对这种情况，社区通过对当事人进行全面深入的调查，再根据具体情况实施"一案一议、对症下药"的策略。为此，社区采取了组织关心感化、舆论施压促进、亲情劝导攻心等方式做好他们的思想工作，以破解治理难题。如通过与居民交涉，综合考量各种因素，在不违背大原则情况下，社区向居民作出一定让步，允许违建居民保留部分原有建筑或预留一定面积，其余部分进行直接拆除。针对居民对漏雨、安全等问题的担忧，社区免费为居民清运废渣，复原墙面、防盗网，并对所有楼栋进行防水治理。通过社区的细致工作，拆建逐渐获得了大部分居民的理解、支持。

拆违工作历时三个半月，取得了良好成效，共计拆除 117 宗违法建筑（合占地面积 1206 平方米，违建面积 4910 平方米），拆除率达到 100%。桥湾小区也因此成为九龙坡区老旧小区中，首个市级"无违示范小区"。

2. 建设优美环境，创造美丽社区

拆违是关键，建设是根本。桥湾小区原有的基础设施老化严重，居民生活休闲需求难以满足。在区市政园林局、区房管局等相关部门的支持下，按照"整洁环境、规范秩序、配套设施、和谐人文"的十六字标准，九龙街道投入整治资金 600 余万元，以解决小区"脏乱差破堵"为重点，对桥湾小区进行全面改造。

由于资金有限，小区建设难以面面俱到，因此社区从实用性与功能性入手，采取"先地下后地上、先里子后面子"的原则进行治理。首先，针对小区管道易堵塞问题，进行下排系统改造。共改造下排管网 180 米，疏通 600 米，保障了下排的通畅。其次，对小区内的路面进行修缮、更换，改造人行道路板 8000 平方米，新建并硬化停车场 1000 平方米。最后，在环境整治方面，修缮绿化 1800 平方米、粉刷墙面 2 万平方米，还为 452 个住户的雨棚进行了更换。① 为了维持环境的整洁，小区还安排保洁员对单元楼梯、人行道、绿化带等地方开展日常清扫，及时开展垃圾清运、化粪池清掏等工作。

在完善居民基础设施建设的同时，为了更好地满足居民的精神文化需求，街道投入 150 万元进行相关改善。这些改善包括：修缮了小区内的社区便民服务中心和养老服务站；对小区篮球场进行了塑化处理，增添了休闲桌椅、健身器材等设施设备；在小区公共地段、醒目墙面，重新添置以社会主义核心价值观为主题的宣传墙画和反映小区公共管理的宣传专栏等。

为加强小区配套建设，推进城镇生活垃圾资源化、无害化，九龙街道还在桥湾小区率先实行生活垃圾分类处理。通过垃圾分类试点活动的宣传与实践，逐步培养起居民良好的生活习惯，增强了他们主动保护和维持小区优美环境的意识。

另外，经过对小区进行整体合围并安设完善的监控和照明设备，大大

---

① 九龙报社：《老旧小区旧貌换新颜》，《九龙报》2017 年 8 月 21 日第 1083 期。

降低了小区偷盗事件的发生率。在小区内部，占道停车的现象得到改善，违章建筑全部消失，居民的公共空间回归，基础设施更加完善，"小区里住着，既有老街坊的亲切，又有新社区的感觉"。在"发现九龙城市之美"评选活动中，桥湾小区被评为最美小巷，并荣获 2015 年度重庆市"最美宜居小巷社区"。

（二）"自管自治"：发挥居民主体优势

环境整治后，小区又面临如何进行管理的新问题。为了巩固治理成果，促进小区长远发展、和谐稳定，小区居民与社区居委会一起商讨具体的管理模式。经过对其他老旧小区的探访和经验借鉴，在广泛民意调查基础上，桥湾小区最终选择居民自治管理模式。

自治管理的第一步，是建立"1 + 1 + X"自助自治体系。①"1 + 1 + X"自助自治体系具体指 1 个居民大会、1 个居民自治管理委员会（简称"自管会"）和 X 个居民监督小组。居民大会为小区决策机构，自管会负责制度执行和管理，居民监督小组则发挥工作监督的作用。但在后续实践中，居民监督小组并未真正成立，而是由小区楼栋长代为执行监督工作。在前期准备工作中，社区深入了解居民对小区治理的实际想法，引导居民树立"自我服务、自我管理、自我教育"的自治理念，激发群众的参与热情，为实施自助式管理打下坚实的思想基础。2015 年 9 月，经过充分酝酿和民主推荐，小区依法选举产生 9 名群众基础好、政治觉悟高的成员，成立居民自治管理委员会，同时组建 3 个居民代表小组，每组推选 4—5 名居民代表。小区自管会实际是物业管理和业委会自治的结合，负责社区收费、人员管理、自我监督等工作。为保障自管会的顺畅运行，做到有章可循，居民大会还通过了各项管理章程，建立了民主议事、财务管理、工作例会等制度，进一步明确了自管会及其成员的职责分工。

自治管理的第二步，是确立了以志愿者服务为基础的管理模式。由于小区内老年人较多，不愿承担高额的物业管理费用，如按正规物业公司收费标准居民难以接受。相比之下，采取居民自助服务，以"志愿者补贴"的形式，不仅可以吸引居民参与社区管理，降低服务成本，还可以解决部分困难群众的就业问题。最终，经居民大会会议表决通过，小区确定了 0.45 元/平方米的收费标准和"志愿者补贴"自助服务模式。在自管会和志愿者的监督管理层面，小区进一步强化了自管会的业务指导和经费监管，设置公示栏和宣传栏，每季度按项目明细公示小区收取费用和开支情

---

① 王晓易：《办实事、做好事、解难事》，《重庆日报》2016 年 4 月 19 日第 2 版。

况，接受公开监督。

自治管理的第三步，是力推以自治金项目为支撑的自治共治活动。为了加大政府支持力度，深入引导居民自助、自治、自管，九龙镇政府于2014 年设立自治专项资金（简称自治金），助力自管会工作，促进小区和谐发展。"居民自治金"专项用于面向社会组织及辖区居民社团开放购买服务项目，以居民所长对接居民所需，实现自助服务、自我管理，并以此为抓手完善规范运作流程，培育社区社会组织，充分汇集服务资源、联动社会治理力量，形成多元共治格局。

桥湾小区在老旧社区治理上，探索出了一条"自管自治"的路子。特别是在小区改造和治理上，没有不切实际地采取高端精致模式，而是因地制宜的从居民实际需求出发，采取节约经费、务实管用的"自管会"模式。这样不仅赢得了居民的信任和支持，也有效地促进了居民的社区参与和社区的可持续发展。桥湾小区"自管自治"模式的成功，主要得益于以下几点：政府的大力支持，特别是前期环境改造的资金支持；居民改造小区的现实需求与强烈意愿；大部分居民愿意负担相应的小区管理费用。当然，桥湾小区的"自治自管"模式能否可持续，还有待时间检验。

（三）"细小微实"：推行精细化治理

随着我国城市化程度不断加深，城市从外延式扩张阶段转向以城市更新和精准治理为代表的内涵式高质量治理更新阶段。在此大背景下，桥湾小区的治理实践也逐步迈向精准化。这具体体现在以下三个方面。

1. 工具技术的嵌入

工具技术嵌入社区精准治理的目标是，优化公共服务流程、提高社区治理效率。它是通过现代信息通信技术和智能技术，精准识别居民需求，从而对症提供服务，推进社区治理精细化发展，提高社区的治理能力和成效。网格化管理和网络平台的使用，是工具技术嵌入社区精细化治理的重要表现。桥湾小区实行网格治理，配备网格员进行每日巡查。网格员不仅会主动发现社区存在的问题，还会直接面向居民搜集相关意见，并配合九龙云社区 APP 的使用优化社区治理，服务社区居民。同时，社区还通过微博、微信、手机 APP 等平台，拓展互动交流的渠道，利用信息化交流平台缩小居民之间、居民与社区工作人员之间的距离。

2. 社区服务与治理的人本性

人是社区的主体，以人为本是社区治理和社区服务的题中之义。社区服务的人本性主要体现在，从居民的实际需求出发来开展服务，注重对居民权利的维护与保障，注重激发居民的内在潜力、主动性与创造性，以共同建设社区。很多社区在提供服务与福利时，把户籍居民放在首位，对租住居民的需求并不重视。而桥湾小区扩大了社区服务对象，涵盖了在小区内居住的所有居民；在社区自治管理人员的选拔和推举中，对选举人和被选举人也不做户籍或新旧居民的要求，只要在小区住满一年皆有推选和被推选的权利。另外，桥湾小区在公共空间治理中也坚持人本性原则。社区公共空间是社区居民情感寄托的重要场所，有了情感，社区才富有生机和活力。因此，社区公共空间治理的基本目标就是，"建设一个人性化的空间，而不是建设一个非人性化的空间"①。桥湾小区以居民为本，充分考虑居民的生活习惯，设立适宜的空间建设目标，打造小广场、舞蹈室、健身区域等公共场所，满足了不同年龄段、不同层次居民的休闲、健身和交往需求。

3. 治理内容的精准性

社区治理内容的精准性表现为治理内容更为丰富，任务分工更加细致，对工作步骤、推进时间和实施细节等的要求更加明确。相较以前，现在各职能部门分工更细致。虽然部门划分没有改变，但是每个部门做的事情更多，口子更细，工作量更大。在精准化治理中，治理内容繁杂琐屑，如宠物随地大小便、下水道堵塞、楼道堆放垃圾或杂物、小区小广告等，都是需要解决的问题。因此，社区的每一项工作都必须有计划、有安排，谁来完成、什么时间完成、什么标准都应该清清楚楚。水碾社区只有二十个居民代表的名额，但是有四五十个楼栋，选出的居民代表并不能完全覆盖所有楼栋、代表众多的居民。为弥补居民代表名额有限的不足，小区设置楼栋长职位。楼栋长职务与居民代表相似，楼栋长由社区指定，涵盖更全面，直接搭建起小区居民与社区沟通的桥梁。

三　小区自治的困境与突破

居民小区自治或社区自治一直被视为我国社区建设的基本方向和目标。自2000年以来，社区自治开始全面推行，全国各地都进行了大量实践探索。社区自治由此得以长足发展，但其中也存在诸多困境与问题。就桥湾小区而言，自治的困境主要包括自治主体性困境、资源整合困境、社区参与困境、情理法的矛盾冲突困境等。为突破这些困境，桥湾小区进行了积极探索。

---

① 〔美〕威廉·H.怀特：《小城市空间的社会生活》，叶齐茂等译，上海译文出版社2016年版，第10页。

（一）自治的困境

1. 自治主体性困境

一般来说，社区事务由该社区居委会管理。社区居委会名义上是基层群众性自治组织，但实际上它直接受街道办事处的指导和监督，社区自治的行政痕迹较为明显。从结果上看，政府成了单一治理主体。当前，在社区自治中如何突破政府单一主体困境，让居民回到社区治理的中心位置，充分发挥多元主体的作用，构建起社区治理共同体，这是解决基层社会治理困境的关键。

桥湾小区从社区管理到居民自治，从被动参与到主动参与的转变也经历了曲折的发展过程。尤其是在小区改造初期，对于治理能力不足、规章制度不成熟的自治管理委员会来说，社区应该将哪些职能进行放权转移，其自身能否维持良好运行，在当时这都是一个未知数。

> 最开始大家也都不知道应该怎么弄，摸着石头过河嘛……肯定有不配合的，但是没办法，必须要慢慢推进。（TZS1）

小区自管会成立后，社区将原本集中的权力逐步下放，并将其分解落实到每一个自管会成员手中，社区居委会开始退居幕后，居民的主体作用得以逐渐展现。但是，起初自管会成员个人能力的不足、社区管理知识的欠缺、社区居民的异质性、各异的利益诉求以及组织化程度不高等问题，也使得多主体参与的社区治理共同体格局始终没有真正建立起来。

2. 资源整合困境

每个社区都存在大量公共资源，包括有形的资源如公共草地、广场、树木、公共基础设施、社区财政资金等，无形的资产如组织资源、制度资源、信息文化资源等，这些都是社区居民可以共享的资源。

社区资源整合的目的是使资源得到充分利用，以提高社区服务水平，充分满足社区居民日常生活需求。一般而言，社区资源整合困境主要表现在四个方面：一是社区内部既有资源稀缺，难以有效满足居民需求；二是社区资源被闲置浪费；三是社区资源的利用率低；四是社区资源无人管理或无序管理。桥湾小区也存在上述四方面的问题。比如小区内的停车位资源就很紧缺。现在家家户户基本上都买了车，但老旧社区原本就没有规划足够多的停车空间，导致居民在小区内停车基本靠"抢"靠"占"。又比如在桥湾小区改造之前，社区公共用地多被居民私人占用。这种社区资源的无序管理，曾经严重影响了居民的生活与社区治安。

3. 社区参与困境

居民社区参与形式一般分为正式参与和非正式参与。正式参与包括社区居民代表大会、业主大会、社区文化活动、社区知识讲座等。非正式参与包括邻里交往、网络交流等。就桥湾小区而言，实行自治自管后，居民的主体性有所增强。但总体上看，居民社区参与的比例、程度仍然不够高。

这种参与困境具体体现在两个方面：一是居民社区参与积极性不高，二是居民社区参与的环境条件不成熟。居民社区参与积极性不高直接导致参与度低，一些居民不出席社区公共活动。还有一些居民的社区参与浮于表面，因为奖品激励或社区强制性要求去参与社区居民代表大会或者是其他文体活动。这部分居民常常是身到心不到、置身事外，社区参与的质量不高。居民社区参与度不高，还与社区信息传播途径的限制、居民参与的氛围等相关。在传统的行政化管理下，社区信息传播不够顺畅，流通面不广。居民了解不到相关信息，也未能形成小区居民的社区参与意识。

4. 情、理、法的矛盾冲突困境

不同于西方社会对理性和个人主义的强调，中国文化更加重视人情和集体主义。尤其是在传统社会中，人们通常以亲缘、地缘为基础联结成一个个群体。在这样的群体中，秩序的维系更多依靠人情往来、关系亲疏与面子。"远亲不如近邻""守望相助"等意识为传统的熟人社会增添了许多温情色彩。

在桥湾小区，人员的流动让小区内原本的情感联结受到冲击，居民关系和社区治理的理性化色彩日渐浓厚。面对日益复杂的社区关系与利益纷争，理性的制度治理、法治逐渐成为刚需。人情逻辑也要配以现代化的理性逻辑、制度逻辑、法治逻辑，从传统的人情社区向现代化的法理社区转变。不过在现实生活中，这种转变又是非常复杂的。由于居民的行为方式还会继续受到文化惯习、心理惯习的影响，从而导致他们在实际行动中的种种矛盾冲突与困惑。在整个社区层面，主要表现为社区治理的情、理、法的矛盾冲突困境，如何有效整合三者的关系，也成为社区治理需要解决的重要议题。

（二）老旧小区自治困境的突破

1. 自治、法治与德治的统一

基层社区治理的自治、法治、德治，源于 2013 年浙江省桐乡市的自治、法治、德治"三治合一"建设。党的十九大更是明确提出要"健全自治、法治、德治相结合的城乡社区治理体系"，这也就意味着三治融合成为社区治理的发展大势。

郁建兴和任杰曾深入讨论自治、法治与德治的关系。（见表7-1）在基层社会治理中，德治是"先发机制"，它将问题解决在萌芽状态，起到良好的预防作用；自治是"常态机制"，贯穿在日常社区事务中，发挥着较为普遍的影响；法治是自治与德治的"保障机制"，提供强有力的外部支持。在三治融合过程中，自治基于规则、法治基于政策、德治则更加强调柔性感召。在自治和法治相对"刚性"的方式中，德治通过发挥其"润滑剂"作用，实现法、理、情的有效整合。①

表7-1　　　　　　　　　　自治、法治与德治的内涵与定位

	自治	法治	德治	内涵
自治	—	自治是法治的基础	自治是德治的基础	法治与德治是一种基层群众共识，这种共识以自治为基础
法治	法治是自治的保障	—	法治是德治的保障	通过法治避免民粹主义、多数人暴政、礼教吃人
德治	德治是自治的补充	德治是法治的补充	—	以德治降低自治和法治成本
定位	常态机制	保障机制	预防和润滑机制	实现基层社会有效治理

资料来源：郁建兴、任杰：《中国基层社会治理中的自治、法治与德治》，《学术月刊》2018年第12期。

桥湾小区在自治实践中，也在积极探索自治、法治与德治有机融合的路径。选择自管自治模式是桥湾小区居民的共识，因此自治成为一种常态机制。同时，德治与法治也成为重要的润滑机制和保障机制。一方面，桥湾小区虽然受到人员流动的影响，但总体说来，还是属于半熟人小区。在小区内部的相处和互动过程中，长期凝聚的情感与传统道德伦理依旧发挥着重要的作用。在这里，德治对居民关系联结与小区秩序维护具有润滑剂功能。另一方面，法治对居民小区自治有保障功能，小区异质性的增强和利益关系的复杂化，客观上要求运用刚性制度进行有效的调节和约束。

桥湾小区的治理实践表明，以自治为基础，实现自治、法治与德治的统一，可以有效地提升治理成效。首先，注重"硬治理"的法治为社区自治提供了强有力保障。桥湾小区之所以能够较为顺利地完成改造，一方面

---

① 郁建兴、任杰：《中国基层社会治理中的自治、法治与德治》，《学术月刊》2018年第12期。

是因为严格执行了政府与街道的改造原则，在拆建过程中"一把尺子量到底"，绝不徇私舞弊，获得了外部支持；另一方面是在小区内部架构的改组中，制定了《桥湾小区居民议事规则》《桥湾小区管理规约》《水碾社区桥湾小区管理制度规定》等一系列规章制度，对相关组织及人员的职责权限作出明确规定，避免"越界"行为出现。其次，注重"软治理"的德治为社区自治提供润滑功能。桥湾小区以传统楹联文化为载体，积极宣传传统道德规范，倡导社区尊老爱幼、和谐邻里的良好风尚。在这里，德治的基础是小区居民长期凝聚的情感与文化惯习。同时，小区积极发挥退休干部、热心居民的作用，并选举他们做楼栋长、居民代表，通过他们与居民互动，培育社区文明风尚，引导正向价值，共同营造关爱他人、团结邻里的和谐社区氛围。

最后，以自治为基础，有机统一法治和德治。桥湾小区的居民自治以志愿者服务为基础，在实际志愿服务中，不可避免地涉及工作规范、能力建设、关系协调等问题，这些都需要制度进行约束和规范。同时，加强道德的培育也是必不可少的环节。对自管自治的小区而言，以制度贯彻为约束，以道德遵循为柔性手段，不仅可以优化治理效果，还可以提升居民的社区责任意识，增强身份认同感。归根到底，自治、法治和德治的统一，最终要落脚到居民身上，居民的利益和需求是三治融合道路中不可忽视的内容。

> 社区中其实没有那么多所谓的高大上的工作，说到底就是做好居民工作，无论是在政策执行还是活动开展上，最终的目标都是为了居民的共同利益。（JZS2）

2. 以小区自治为基础的社区多元合作共治

社会的快速转型与多元发展，使得社区基层治理的形式也更加多元化。复杂多变的社会问题，对社区治理方式提出了更高的要求。传统的政府单一主体的治理方式，已经不能满足居民更高层次的需求。面对现实性难题，发挥政府、社会组织、居民等多元治理主体的作用，构建治理共同体遂成为基层社会治理的必然趋势。

（1）基层政府

基层政府是方针政策的贯彻者、执行者，同时也是社区建设有力的组织者、推动者和服务者。基层政府从社区居委会工作报告中了解居民目前的需要与担忧，满足社区建设的资源需求，为居民提供完善的公共服务以及公共产品。同时，基层政府还需要不断推动社区的民主管理进程，确保居民的主体地位，丰富民主参与形式，扩大居民的政治参与。

> 我们现在其实都不会参与他们（小区）的日常事务管理，只是在小区有问题找到我们的时候，会给予一些指导和建议，偶尔也会给他们开展一些培训讲座，提高管理能力。（TZS1）

（2）社区居民

社区居民不仅是社区治理的参与者，也是社区治理的直接受益者，居民参与是推动社区治理创新的基础性力量。在桥湾小区，居民的主体意识不断觉醒，他们通过各种形式表达个人的利益诉求。如通过居民大会表达建议、直接向社区提出要求、在自治组织建设和活动开展中反映问题等。小区居民不仅是社区生活的直接参与者、管理者，还是社区工作的监督者。在社区治理中，社区居民的加入不仅有利于民主决策，也有利于形成科学决策。

（3）社会组织

社会组织是实现居民自我管理、自我服务的重要力量，桥湾小区的社会组织主要有社会工作机构、志愿者组织等。如九龙社工中心有社会工作者长期驻点小区，针对小区居民的日常生活需求，提供专业服务；小区志愿者组织或慈善组织，则主要关注、帮扶困难居民。社区充分利用社会组织亲民性特点，吸引居民参与社区治理，拓宽了居民社区参与的渠道，也为社区居民搭建起互动平台，增强了社区凝聚力。

3. 治理与生活一体化

我国已经进入新发展阶段，人民对美好生活的需求日益增长，这在客观上要求社区治理要更多着力于居民美好生活需求的实现和满足。当前，居民对社区的期待与诉求日益向生活经验与情感归属靠拢，社区治理政策和实践应对此作出积极回应。[1] 事实上，社区治理的本质就是对居民生活的治理，涉及居民过日子的问题。因此，在一定意义上讲，社区治理首先指向的是居民的日常私人生活而非公共议题。[2]

---

[1] 李翠玲：《从发展到生活：当代城市社区治理的价值转向》，《新视野》2019 年第 5 期。
[2] 熊万盛：《社会治理，还是生活治理——审视当代中国的基层治理》，《文化纵横》2018年第 1 期。

社区的工作是日常而繁复的，每天处理的问题就是谁家楼上水管漏了之类的。居民之间出现冲突和摩擦我们就去给他解决，小区高龄老人无人照顾我们去联系该怎么办，哪一栋楼门前的垃圾无人清理我们找到负责人把垃圾清理了，社区内的路灯、设备坏了我们去报修……（JZS4）

这充分表明治理实践要融入居民日常生活。社区治理就是要回归生活世界，帮助居民实现有序而幸福的生活，桥湾小区的自治模式也让我们看到了将生活与治理整合的可能性。

第三节 新生活构建：建设有温度的社区

我国社会当前的主要矛盾，已经转变为人民日益增长的美好生活需要和不平衡不充分的发展之间的矛盾。这就意味着，人们在基本温饱问题得到解决的基础上，对美好生活提出了更高的要求。"立足生活世界，彰显人文精神"，遂逐渐成为引领社区治理的新方向。社区治理从对"物"的治理转向对"人"和"情感"的治理，以关注生活和人文发展为导向的社区治理形式逐渐显现。

一 社区治理的价值转向：回归日常生活

（一）政治叙事转向生活实践

我国传统的社区治理，是在政府集中管控下进行的。虽然这在一定时期内满足了社会管理和权力整合的需求，但在实际工作当中，因服务行政化严重、居民参与积极性低、权责不清等问题，极大地阻碍了社区的发展。随着经济体制改革的深化，单位制进一步向社区制转变，社区的职能、作用也越来越受到重视。此时，社区工作的内容不再局限于社区秩序的维护，而是延伸到社区生活，开始更多地着力于发挥多元主体的作用，通过整合各种社会力量和资源，来解决社区问题及增强居民生活福祉。因此，从日常生活入手，精准把握居民需求，完善社区服务，鼓励居民自觉参与社区建设，不断深化和拓展其自我管理、自我监督、自我服务的意识，将治理与生活相统一是当前社区治理的重要方向。

像桥湾小区这样的老旧小区，大都是在单位制改革前由政府、单位共同出资修建的，处于集体统一管理之下。随着城市化进程加快，小区内部更新缓慢、公共设施落后、违章搭建严重等问题日益突显，直接影响到居民的生活、小区的发展。因此，转变治理方式，从生活实践入手，提升小区活力已经刻不容缓。在桥湾小区的自治治理中，一方面，社区通过对居民日常生活需求的关注将服务落到实处；另一方面，居民充分发挥个人的积极性，主动表达诉求，参与社区生活。这样，社区治理逐步实现从宏观的政治建构到微观的生活叙事的回归。[①]

（二）物本治理转向人本治理

在相当长一段历史时期，我国社区治理都存在重"物"轻"人"的倾向。这突出表现在社区建设中，偏重物质设施改造与经济建设，而忽视对人的心理情感需求和文化需求的有效满足。事实上，社区治理的宗旨和目标是服务于民，"以人为本"是社区治理的核心要义。将社区治理回归到以人为本，就是立足居民对美好生活的向往，立足居民日常生活实际，紧紧围绕居民需求开展社区建设和社区服务工作，以实现居民福利最大化。一方面，随着社区逐渐多元化、异质化，居民的利益诉求也日益多元化，对生活质量有了更高要求。在此背景下，居民不再仅仅满足于物质环境设施的更新完善，而是对精神文化生活有了更多的个性化需要、追求。这就要求社区必须充分考虑，兼顾不同年龄、性别、职业的居民群体，为他们提供个性化服务。另一方面，随着社区居民公民意识和自治意识的增强，对于自我权利维护和自我成长的需求也日益强烈，这在客观上要求社区治理必须以人为本。在桥湾小区，社区为居民积极提供机会、平台和渠道，充分满足居民的自治需求。如通过自管会的成立、居民代表的选举、楼栋长的任命等，使居民在社区中的主体作用得到越来越充分的体现。甚至社区组织的讲座培训，也让"居民自己教育自己"，使居民小区自管会的工作能力和社区参与方面得到切实提升。

（三）刚性管制转向柔性感召

过去的社区管理，具有浓厚的行政化、理性化的倾向，甚至"不近人情"的"刚性管制"特点。尤其是近年来对技术治理与制度治理的大力倡导，更是有可能放大"刚性管制"。刚性管制最大的缺陷在于，对人情感心理的忽视，且难以有效满足居民的复杂需求。社区作为各项公共服务的承接者，不仅维系着政府和居民间的情感交流，发挥着沟通桥梁与纽带的作用，还承载着大众的信任与期待。这就在客观上要求，社区在治理中需

---

① 李翠玲：《从发展到生活：当代城市社区治理的价值转向》，《新视野》2019 年第 5 期。

要充分考虑情感因素，注重柔性感召的情感治理。①

柔性感召的情感治理包括两个方面。一是以情感为治理对象，诉诸居民的情感体验，培育居民积极情感、疏导消极情感。同时，通过对居民情感和服务需求的把握，回应居民的情感关切，解决相关问题，实现社区内不同居民、家庭、组织之间的情感联结，塑造社区共同意识，"激发和形成社区公共生活空间的共性情感"②。二是把情感作为一种治理手段，即通过经营和运用情感，利用社区情感的联结与积淀，以居民乐于接受的方式和策略开展实践工作，还原社区的温度与厚度，获得居民认可。③ 因此，在具体的社区治理工作中，社区工作人员要善于运用情感策略，以心换心，在日常互动中培育与居民的情感关系，这样才能把工作做好。比如社区工作难免会遇到政策需要落实，但是居民又不愿意配合的情况，这时运用情感策略就非常重要。

> 所有的制度都是需要贯彻落实的，而且需要一把尺子量到底，不然如果你维护了这一家，那么其他的人也会有同样的要求和抱怨，难以服众。但是在这一过程中要和那些比较抗拒的住户进行沟通交流，换位思考，做好群众工作，在政策上坚决执行，在情感上宽慰安抚，这样才能取得一个好的效果。（JZS2）
>
> 一旦一个社区或者小区居民之间有了认同，会形成良性运转机制，收益很大。无论是老旧小区，还是新型物业小区，都是这个道理。比如彩云湖社区的绿韵康城小区，是一个新小区。在 2015 年的时候搞了"七个一"模式，就是"一清查，理家底""一问诊，立整改""一大会，定决策""一制度，抓规范""一公开，强监督""一沟通，求协调""一规约，管约束"。通过这个"七步"工作法，既让小区居民有高度的情感认同，又充分确保小区业主委员会发挥作用。不管是老旧小区还是新型小区，情感治理都很重要。（资料来源：九龙街道社事办主任张宏宇）

情感不仅是双向互动，也是理解与认同，对维护良好的社区秩序而言，情感的重要性不言而喻。社区治理的情感转向表明，在社区中不应只

---

① 孙璐：《社区情感治理：逻辑、着力维度与实践进路》，《江淮论坛》2020 年第 6 期。
② 艾娟：《感动：心理学阐释及其作为社会情感治理策略》，《学术交流》2020 年第 5 期。
③ 孙璐：《社区情感治理：逻辑、着力维度与实践进路》，《江淮论坛》2020 年第 6 期。

片面强调刚性的权力和秩序，更应该重视在日常生活中重塑居民与社区的情感关系。

二　打造生活共同体

共同体是滕尼斯在《共同体与社会》一书中提出的概念，是指建立在一定的情感和文化认同基础之上的，拥有固定地域范围和共同生活方式的群体联结。在一定意义上，共同体或社区对人来说具有时空上的不可替代性。一方面，个体通过长期的社区生活与活动参与，形成自己的地方性时间；另一方面，在社区的地域范围内，通过公共空间的建设与完善、环境的整治与美化、对外的联系与交流，形成独特的空间意义。在中国社会转型时期，很多社区原有的时空体系受到冲击，新的社区秩序需要重建。新居民的融入和新老住户的交往需求，都在呼唤和推动社区生活共同体的重构与建设。社区生活共同体重构与建设的内容包括，社区民生、家庭生活、邻里关系、公共生活等，它们的共同目标是建设和谐的幸福家园。

（一）社区民生

在社会整体发展中，民生是最重要的落脚点。社区作为基础性的社会空间单元，也是民生建设的"最后一公里"，关乎每一个社区居民的生活质量与福祉。中国社会大转型时期，也是社区民生问题凸显的时期。如何有效保障社区民生，是社区治理与社区生活共同体构建的核心问题。

社区民生是一个复杂的系统，涉及居民日常生活的方方面面，可谓事无巨细，一切都包含其中。参照吴忠民、尹保华的观点，社区民生包括三个层面的基本内容。最基础的层面是指，社区居民日常生活保障的底线。主要侧重于居民的"生存状态"问题，具体内容包括社会救济、基本生活保障、住房保障、义务教育、公共卫生等。第二个层面包含社区居民所需的发展机会的获取和个人能力的提升。它关注的是社区居民基本的"生计来源"，具体内容包括促进充分就业、职业培训，以及提供公平合理的社会流动渠道等基本权益保护问题。第三个层面指向社区居民较高要求的社会福利。它着眼于社区居民的"生活质量"问题，具体包括教育公平、住房安全、卫生医疗服务、合理权利的保障等。①

桥湾小区在自治中，聚焦民生重点，开展了大量卓有成效的工作。如为了保障社区安全，创造和谐宜居的生活环境，小区建立了以居民自管会

---

① 吴忠民：《民生的基本涵义及特征》，《中国党政干部论坛》2008 年第 5 期；尹保华：《民生社区的概念及其意义》，《华东理工大学学报》（社会科学版）2009 年第 4 期。

为主体，社区干部、楼栋长、居民代表共同参与的治安管理体系。针对小区困难居民，由社区牵头与街道公共服务中心取得联系，成立专业的帮扶小组，通过定期走访和资源链接，帮助他们有针对性地解决实际困难，提升生活质量。对小区居住环境、生活设施进行改造完善，小区绿化得到显著提升，小区车辆乱停乱放问题得到有效整治、解决。在整个九龙街道，健身器材、阅览室、舞蹈排练室等几乎覆盖每个社区，且每年还会有固定的拨款对相关场所进行修缮。除此之外，街道也会与每个社区进行对接，以申请自治金和社区公益服务基金、联系社工中心、活动进社区等方式，从多层面解决社区民生问题，让每一位居民都能切实享受到福利。

（二）家庭生活

和谐的家庭生活，有助于个人健康发展和安全感、幸福感的提升，对社区的稳定发展也有重要意义。作为家庭的空间载体与情感交流场所，社区不仅在地域范围上满足了家庭的归属需求，还为家庭活动提供了空间与物资上的支持。社区的时空性，在一定程度上也体现在家庭的时空性上。家庭通过内部的沟通模式和权责划分，形成独特的家庭结构、氛围，影响着个体的成长。同时，家庭再通过与外部的交流，传达个人和家庭的特质，在潜移默化中影响彼此的交往方式。因此，社区需要加强对家庭生活的关注和支持，从家庭生活入手，推进社区生活治理的开展。

在桥湾小区，我们能看到一个有趣的现象：社区居民往往以老年人和小孩居多，在外活动频率高的也是这一群体。年轻人在工作日因为上班不太会在社区活动，周末又会与好友相聚离开社区，他们的家庭意识不如老一辈那样强烈。年轻人的"缺失"导致社区的整体节奏放缓，家庭生活似乎成为了老人和儿童的祖孙生活。但与其他商品房小区不同，桥湾小区的家庭生活更具有"烟火气"。我们通常能看到老年人聚在一起打羽毛球、练练太极，带孙辈的爷爷奶奶也在各个小广场围成一团，聊着带孩子的经验，唠唠家常。虽然没有过多的年轻人参与，但是时间带来的熟悉感和老一辈"自来熟"的特性，也让小区变得热闹非凡。

在桥湾小区，为了营造和谐家庭的氛围，特别是让年轻人更多地回归家庭、参与家庭活动，社区采取了诸多措施，积极开展各种家庭建设活动。如开展尊老爱幼宣传活动；组织以家庭为单位的文娱活动；通过社会工作者对居民家庭问题提供专业咨询与干预服务等。又如社区加强了社区公共设施的改造和完善，对社区内的舞蹈室、活动中心进行维护，并增设图书室，以满足家庭的休闲娱乐需求。除了立足于家庭亲情共同体的建设，桥湾小区十分重视家庭对社区公共性建设发挥的功能。有学者特别指出，社区与家庭的关系是相互的，通过社区功能的打造，吸引个体回归家庭，在家庭中重新建构成员关系和身份；同时，要让个人走出家庭，融入社区，以社区共同体成员身份关怀公共利益，超越个人的主观喜恶，实现从家庭"私人"向"公共人"的转变。① 这可能是家庭生活建设与社区治理之间的辩证法关系。

（三）邻里关系

"不同于以往的'熟人社会'，对一个传统亲缘关系、邻里关系逐渐弱化的社区而言，利益和价值的多元化是客观必然。"② 人员流动所带来的异质性，冲击着个体间的交往，从而导致社区集体意识的凝聚和社区共同体的培育变得越来越困难。一方面，社区中单元楼结构的设计，减少了邻里之间的交往频率。一扇门隔开的不仅是房间，也阻隔了左邻右舍的情感交流。另一方面，网络化的发展与生活节奏的加快，让居民忽略了亲密交往的重要性。人们动动手指就能在网上购物、传递信息，生活更加便利的同时，情感却愈渐匮乏。我们的日常生活好像缩小到一个手掌大的机器中，生活越来越退回到个人空间，集体感与家园意识越来越淡薄。③

我们看到"新邻里主义"正在桥湾小区兴起。桥湾小区通过打造公共生活空间、成立社区自组织、开展文化体育活动等方式，为小区邻里之间提供相互了解和熟悉的渠道，强化彼此的交往。桥湾小区强调，通过社区提供交流沟通的空间，给予居民在社区生活的安全感，在共同生活中构建道德秩序，培养无责即无权的意识，让居民共同参与社区治理，维护社区利益。这样的邻里关系，能够让居民从个人空间中走出来，实现社区整体的交流和互动。

从分析意义上，桥湾小区居民可以分为新住户和旧住户两大群体。小区旧住户大都为十八冶退休职工，因为对环境熟悉且关系稳定，相处较为"随意"。而新住户则呈现年轻化倾向，且因为入住时间较短，彼此间关系较为松散。在对桥湾小区原住民的访问中，我们问到了这样一个问题：您觉得您和邻居的关系怎么样呢？会经常和新住户联系吗？回答显示社区区隔是存在的。

---

① 胡畔、王兴平：《家庭促进型社区规划的理论阐释及其空间治理研究》，《南京社会科学》2019 年第 11 期。

② 吴兴智、田耀华：《生活化治理：构建城市民主发展的微观逻辑——基于望江街道"睦邻驿站"实践的思考》，《中共天津市委党校学报》2017 年第 4 期。

③ 付惠、杨艺旋：《农村集中居住社区和谐邻里关系构建研究——以成都市大邑县福田社区为例》，《四川省干部函授学院（四川文化产业职业学院）学报》2020 年第 1 期。

　　邻里相处都还不错嘛，平时一起散个步，打打牌什么的。但是和新搬来的人，怎么说呢，我们嘛，就和熟悉的人一起玩，那些新来的居民也会有他们的圈子。(TLS7)

可见，整个小区邻里之间没有明显矛盾，日常也能看到三五成群打牌跳舞的人，但是新旧居民之间的关系疏离有潜在的可能。对他们而言，生活圈差异导致的新旧居民的分化，是一个自然而然的过程。在不产生矛盾冲突的前提下，不相互打扰和不刻意融入也是对彼此的尊重。因此我们看到，促进邻里融合始终在路上，不必刻板强调所有居民间的相处与认同。在可控范围内的差异，是给予彼此自由和发展的空间，在相互碰撞中尚可激发社区活力。

（四）公共生活

社区公共生活参与，是居民增强彼此互动、联系的重要形式。对桥湾这样的流动社区，相对固定的组织载体给居民提供了互相认识和交流的途径，实现原住民带动新居民参与，新居民为原有社区注入活力的效果。在组织载体方面，除了社区居委会、党群组织等传统的组织机构，社区自组织如腰鼓队、合唱队等在近几年蓬勃兴起。这些自组织通过活动开展，不仅增强了团体内部的集体荣誉感，还丰富了社区居民的日常生活，促进了社区公共性的发育。

九龙街道在社区自组织培育和社区公共活动开展上狠下功夫。在社区文化设施建设方面，街道每年会分配几万元资金到各社区，对各社区内的图书室、舞蹈教室等进行修缮；在文体活动方面，会对社区每年举办的体育和文化活动做出数量要求。值得一提的是，在街道或者社区引导开展的活动之外，居民自发组织的文体活动数量越来越多，这也说明居民在社区生活参与的自主性和积极性上得到进一步提升。

在九龙街道的自组织发展中，最具有特色的是健身球操队，目前每个社区都成立了一支10—20人的健身球操队。正是以九龙街道为基础，2008年"全国健身球之乡"落户九龙坡。目前，在九龙辖区有着7%以上的老年人热爱并长期坚持健身球操运动，街道11个社区组建了13支健身球操队伍。在国家、省（直辖市）、市、区级比赛中，九龙健身球操队多次取得优异成绩。九龙街道也数次承办全市、全区健身球操比赛交流活动，为健身球操运动的推广普及工作做出了贡献。

通过加强社区公共生活建设，有效地增强了居民间的互动联结，由此形成了和谐的社区伦理。社区伦理是指，社区成员在公共生活中形成的用来调节行为规范和相应的道德意识、道德活动及其所遵循的道德规范的总和，是一种社会的区域伦理和综合伦理。[①] 在桥湾小区，厂企型单位的属性和公共生活建设，让区域内的传统习俗和道德得到继承、更新。社区外卖菜的阿姨说，她已经在这里 10 多年了，长期的交往让她和周围商铺业主建立了非常友好的关系，没有事的时候就到这家串串门，帮那家看看店，彼此没有竞争，相处融洽。同时，随着小区新居民迁入，小区异质性也在增加，客观上需要加强公民道德建设。桥湾小区主要围绕爱国守法、敬业奉献、诚信友善、艰苦奋斗、勤俭节约的基本道德规范，广泛开展了社会公德、职业道德、家庭美德教育活动。通过这些教育活动，逐渐培养起居民的公共精神和道德规范意识。

本章小结

在城市化、工业化加速推进的大背景下，中国基层社会正在发生深刻变化。这主要表现为熟人社会向半熟人社会、陌生人社会的转变，相对封闭的地域社会向开放的流动社会转变，从而带来了社会治理方式的变化。但这种转变或变化并不是一种非此即彼的完全替代或彻底颠覆，而是表现为传统与现代、新与旧的既冲突又涵摄的关系。"不去其乡"的文化心理逻辑，仍然顽强地存在于人们的日常生活、行为方式中。因此，接续传统与现代、旧与新，以自治治理为基础，立足生活治理，重构"家园"式的社区生活共同体遂成为基层社会治理的基本方向与目标。

作为一个老旧小区，桥湾小区实现了内生发展，体现出了一种典型性。一是，它揭示了旧小区焕发新生命的逻辑。旧有的资本，旧小区内在的熟人性是它转换的基础。它的价值恰恰是将陌生性熟人化。没此熟人性，人际关系、小区关系、社会关系皆无从谈起。二是，它揭示了老旧小区能在困境中通过自助式治理实现创生。三是，它找寻到老旧小区日日焕新的着力点恰恰是回到民众日常生活中。只有通过生活构建，才能建设有温度的社区，老旧流动社区的生活治理是重拾温情和敬意的唯一路径。

（撰稿人：涂雪梅　蒋芙蓉　周永康）

---

① 李健：《社区伦理论纲》，《深圳大学学报》（人文社会科学版）2004 年第 5 期。

第八章　尾论

第一节　作为文明内生性演化机制的精准治理

习近平总书记指出，"推进国家治理体系和治理能力现代化，必须解决好制度模式选择问题。治理体系和治理能力现代化要往什么方向走，是一个带有根本性的问题。一个国家选择什么样的治理体系，是由这个国家的历史传承、文化传统、经济社会发展水平决定的，是由这个国家的人民决定的。我国今天的国家治理体系，是在我国历史传承、文化传统、经济社会发展的基础上长期发展、渐进改进、内生性演化的结果。正因为没有挂着别人的拐棍，坚持独立自主选择自己的道路，我们才能始终站稳脚跟，走出了一条不同于西方国家的成功发展道路，形成了一套不同于西方国家的成功制度体系。"①

在上述这一关于中国制度演化的论断中，我们看到了文化自信、历史自觉、制度自信和道路自信。这段话向我们传递的是一个文明自有其发展之路的讯息，换言之，我们文明有着一种内生性演化的可能性。那如何理解我们制度的内生性演化呢？

罗祎楠认为，迄今为止对文明分析最有影响的模式莫过于马克斯·韦伯所倡导的"个体性权力模式"，然而这一模式从属于西欧政治社会经验，可能并不适用于中国这一文明。"个体性权力模式"的关键是基于对权力作支配和服从的理解。"支配（Herrschaft），是指一项特定内容的命令会得到特定人群服从的机会……支配的事实只存在于个人成功地向他人发号施令，但并不必然要系于有行政幕僚和组织的存在。"② 从这样的定义出发，

① 习近平：《习近平谈治国理政》（第一卷），外文出版社 2014 年版，第 105 页；中共中央宣传部：《习近平总书记系列重要讲话读本》，学习出版社、人民出版社 2016 年版，第 75 页。

② 〔法〕马克斯·韦伯：《韦伯作品集Ⅶ：社会学的基本概念》，康乐、简惠美译，广西师范大学出版社 2005 年版，第 72—73 页。

权力便转换为了抽象的"合法性"概念，历史、文明和制度便被转换为了个体的舞台表演。持有"个体性权力模式"观念的分析者将历史人物类型化为苏丹、家父长、地方精英、乡绅等，以这些想象的个体创造想象的历史，并借助历史的想象建构出理想的历史。按此模式，"中国（古代）的治理模式就是作为理性官僚制这一理想类型的对立面而被建构出来的"，但显然这样做是非历史的，是对历史的随意概括。因此需要一种"制度性权力模式"来理解"内生性演化"的历史。具体来说，国家治理的历史演化超越了个体，"生成"于制度及其运行过程扭结而成的历史机制之"内"。这样一来，历史机制突现出来，权力的意义不再仅是个体性的，并且具有了一定的因果力量，塑造了这段历史时间当中的治理参与者的行动及其相互关系。因此，权力过程需要通过社会科学分析把历史机制与治理演化之间的因果关系呈现出来。所以，在"制度性权力"视角看来，国家治理实际上取决于由制度及其运行的历史过程所共同构成的历史机制。①正如马克思在《路易·波拿巴的雾月十八日》指出，"人们自己创造自己的历史，但是他们并不是随心所欲地创造，并不是在他们自己选定的条件下创造，而是在直接碰到的、既定的、从过去承继下来的条件下创造。"②

从内生演化的制度性视角看，精准治理是我们制度完善过程中的应有之义。这是从 2013 年出台的《中共中央关于全面深化改革若干重大问题的决定》所提到的矛盾和挑战、重点问题和重大举措中可以看出来的，精准治理是要处理好"政府和市场的关系""公有制为主体，多种所有制经济共同发展的基本经济制度""财税体制""城乡发展一体化体制机制""协商民主广泛多层制度化发展""司法体制和运行机制""反腐败领导体制和工作机制""互联网管理领导体制""国家安全""国家自然资源资产管理体制和监管体制""全面深化改革领导小组"等十一个方面。正如习近平总书记指出，"要有强烈的问题意识，以重大问题为导向，抓住关键问题进一步研究思考，着力推动解决我国发展面临的一系列突出矛盾和问题。"③ 全面深化改革因此是问题倒逼改革，是在深化中寻求具有系统性、整体性、协同性的新发展理念。习近平总书记在中共十八届五中全会第二次全体会议上强调"以新的发展理念引领发展"，新的发展理念坚持创新、

---

① 罗伟楠：《中国国家治理"内生性演化"的学理探索——以宋元明历史为例》，《中国社会科学》2019 年第 1 期。
② 《马克思恩格斯选集》第 1 卷，人民出版社 2012 年版，第 669 页。
③ 习近平：《习近平谈治国理政》（第一卷），外文出版社 2014 年版，第 74 页。

协调、绿色、开放、共享等五大理念。① 新的发展理念、经济发展新常态，以及经济的高速增长阶段转向高质量发展阶段都明确以人民为中心，实现社会共享。

从以上理论进路可以看到，治理体系和治理能力的现代化最终是以人民和社会为旨趣的。这就不同于米歇尔·福柯所讲的国家与人对立的状态，② 而是国家、人民和社会之间的融合，这也正是"内生性演化"的表现，即"治理参与者的主体意义世界与客观制度系统、事件环境的互动中演化"，市场、文化、财政、价值观等综合因素及其事件化促成了"治理轨迹变化的系统性制度"。③

第二节　党建全面引领下的精准治理

从 2013 出台《中共中央关于全面深化改革若干重大问题的决定》到 2019 年出台《中共中央关于坚持和完善中国特色社会主义制度、推进国家治理体系和治理能力现代化若干重大问题的决定》，标志着要努力建设"更加成熟、更加定型的中国特色社会主义制度"。正如习近平总书记指出，"相比过去，新时代改革开放具有新的内涵和特点。相比过去，其中很重要的一点就是制度建设分量更重，改革更多面对的是深层次体制机制问题，对改革顶层设计的要求更高，对改革的系统性、整体性、协同性要求更强，相应地建章立制、构建体系的任务更重。"④

制度建设是重中之重的任务，制度建设关系到中国之治。中国之治背后有一个制度核心密码，"中国共产党的领导，是中国特色社会主义制度的最大优势，是我国国家制度和国家治理体系的'核心密码'"。⑤《中共中央关于坚持和完善中国特色社会主义制度、推进国家治理体系和治理能力现代化若干重大问题的决定》中的一个重大理论共识就是总结了党的建设的重大意义："中国共产党领导是中国特色社会主义最本质的特征，是

① 习近平：《习近平谈治国理政》（第二卷），外文出版社 2017 年版，第 197 页。

② 〔法〕米歇尔·福柯：《安全、领土与人口》，钱翰、陈晓径译，上海人民出版社 2010 年版，第 83 页。

③ 罗祎楠：《中国国家治理"内生性演化"的学理探索——以宋元明历史为例》，《中国社会科学》2019 年第 1 期。

④ 习近平：《习近平谈治国理政》（第三卷），外文出版社 2020 年版，第 112 页。

⑤ 中共中央宣传部：《习近平新时代中国特色社会主义思想学习问答》，学习出版社、人民出版社 2021 年版，第 70 页。

中国特色社会主义制度的最大优势，党是最高政治领导力量。必须坚持党政军民学、东西南北中，党是领导一切的，坚决维护党中央权威，健全总揽全局、协调各方的党的领导制度体系，把党的领导落实到国家治理各领域各方面各环节。"① 党的领导是总领性质，从宏观到微观，从抽象到具体，从系统到要素，从历史到现实，纵横相连，全面引领各领域各方面各环节。朱光磊对此作了非常准确的解释，"党建引领并非单纯自上而下制度设计的产物，而是基层在长期摸索和应对挑战时形成的一系列做法……党建引领并非有着清晰定义和明确边界的制度安排，其更接近于开放性的制度创新要求。"② 这种开放性对于基层治理而言也就是自主性和自治性，也就充分发挥了基层人民群体的创造性。因为越是符合基层人民自己需要的，就越能达到基层治理的要求。所以，我们看到，精准治理作为制度运作机制广泛作用于我国社会各个领域，它既是方略，也是机制和方法，并不仅仅是导致形式主义的理想目标。③ 张铮和何琪从治理体系切入，研究了党建引领下的贫困治理体系在制度、价值和行动等三个维度上的精准展开，党建引领推进组织建构与责任压实、发展行动思想与价值理念、实现基层动员与资源整合，从而在脱贫攻坚和乡村振兴方面产生了长效作用。④

第三节　作为指导工作的精准治理方略

一般谈到精准治理，学术界最容易想到精准扶贫、精准治贫，这方面的研究果为数不少。⑤ 随着精准扶贫广泛施行以及在扶贫攻坚战中的巨大效能，精准方略的价值得到了重大体现。精准治理方略及其方法最先体现在党和国家的反贫困事业中，因为精准才能真扶贫、扶真贫、脱真贫，精准治理方略创造了减贫治理的中国样本。与此同时，我们看到精准治理的视角与方法也可以应用于我国广大基层社会治理创新。扶贫攻坚战的成功

① 习近平：《习近平谈治国理政》（第三卷），外文出版社 2020 年版，第 125 页。
② 朱光磊：《全面深化改革进程中的中国新治理观》，《中国社会科学》2017 年第 4 期。
③ 贺雪峰：《精准治理的前提是因地制宜——精准扶贫中的四个案例》，《云南行政学院学报》2020 年第 3 期。
④ 张铮、何琪：《从脱贫到振兴：党建引领乡村治贫长效机制探析》，《中国行政管理》2021 年第 11 期。
⑤ 陈云：《城市贫困精准治理体系的建构》，科学出版社 2019 年版；张赛玉：《新时代中国农村老年贫困精准治理研究》，世界知识出版社 2018 年版；贺雪峰：《精准治理的前提是因地制宜——精准扶贫中的四个案例》，《云南行政学院学报》2020 年第 3 期。

案例，证明了自2013年《中共中央关于全面深化改革若干重大问题的决定》出台始，"社会治理"正在取代"社会管理"，一条具有中国特色社会学意涵的社会行动道路正在通过精准治理方略展现出来。

社会治理工作最坚实的力量支撑在基层，最突出的矛盾和问题也在基层。本书表明，精准治理作为一种指导我们工作的一般性方法，可以用于处于城市转型和社会转型的基层城镇社会治理实践，继而可以探寻从市域治理到镇域治理的具体路径。首先，从理论逻辑和实践逻辑看，精准治理既是一种新社会理论，也是一种新行为方式。其次，从社会分化与社会整合的角度看，体制内外的差异（分化）构成了社会精准治理（社会控制与社会整合）的基本前提。最后，精准治理在中国国家治理体系和治理能力现代化过程中具有双重转换性作用，既实现了从乡村社会到城市社会的转型，又实现了基层社会治理体系与能力的现代化转型。

本书聚焦于一个西部中心城镇的精准治理实践经验，从党建引领、网格治理、社工组织、疫情防控以及小区生活治理等方面一窥精准治理方略的落地与价值。第一，党的领导在基层社会治理过程中的体现，关键在于坚持"把党立于社会之中"的历史传统。新时代社会治理传承了"红色治理"的基因。在社会治理体系创建过程中，一方面需要加强党的引领力，另一方面需要创新群众本位的治理路径。第二，网格制整合并超越了单位制、项目制和科层制，逐渐呈现出一种国家治理的网格制形态。网格制通过信息技术把人们与社区进行线上线下结合，并非只是匿名化的刚性管理，而是能够在陌生化情境性下找回熟人性，重构生活共同体，实现社区社会稳定。第三，社会工作是党和政府的助手，能提供高质量的专业化服务。社会工作服务是"以人民为中心"的专业化服务；新乡贤力量助推社工的生成与发展。第四，基层社区的公众参与从初级的组织起来阶段迈向了高素质志愿服务阶段。基层社区治理是国家治理体系的基础与重要构成部分，其主体涉及政府、非政府组织、民众等多元主体，最重要的主体是社区民众，最重要的推力是政府，两者双向建构是根本机制。在此基础上创设了从"自治金"到"公益金"的居民公共参与新机制。第五，新冠疫情下社区社会资本存量增加。风险社会治理转型的理论思路已经从多元沟通模式转变为了复杂网络模式。风险社会治理存在代价收益平衡、协调、专家建议团队和参与等四大机制，它们共同应对脆弱性、疫情危险、社区资源存量等三大关键问题，为此可以从防疫社会资本层面来处理公共灾难。第六，生活治理是老旧流动社区重塑的关键路径。老旧社区发展事实上处于半熟人社区的过渡形态；治理实践要融入居民的日常生活；打造社区生活共同体，社区治理从对"物"的治理转向对"人"和"情感"的治理。

第四节　透过精准治理探究中国社会发展奥秘的可能性

中国的 2021 年注定是不平凡的一年。一方面是中国共产党从 1921 年至今已经历了第一个一百年，从今，它将走向第二个一百年。这已经彪炳史册，中国共产党带领全体中国人民实现了独立，让近 1 亿人脱掉了绝对贫困的帽子，进一步走向了富民强国阶段。另一方面，中国社会克服危机的能力再次得到了检验。1949 年，它从 1840 年之后的满目疮痍中又恢复了活力，2021 年，它从世界性疫情危机中保持了最稳定的秩序。我们因此有理由认为，这注定它在 21 世纪将成为世界发展的动力源。

这一切会让广大社会科学家思考，中国为什么会取得这样的成就，中国社会发展的奥秘在哪里？关于近一百年来中国社会发展的解释，我们经历了"刺激—反应论""市场转型论""世界体系论"等说法，然而这些说法也还更多的是描述了某一方面，而且基本上仍然脱不开"传统—现代化"理论的框架。它们把中国迅速发展的事实解释为是符合了西方现代资本主义的发展逻辑。比如，即使是支持那种中国经济社会发展会取得可持续性观点的学者，也简单地把中国经济社会的可持续发展等同于刺激国内工人阶级消费。[①] 然而，中国经济社会的一个重大现实是，第一产业虽然占了 7% 不到，在经济的意义上似乎已经无足轻重，然而在社会的意义上却十分重大。因为自农业税费改革后，农业、农村、农民的发展和城市的发展真正是"全国一盘棋"了，虽然"三农"在 GDP 数字上不重要了，然而它对中国整体的发展来说反倒是更重要了，没有中国三农的稳定，就没有中国城市的稳定。这里面的学问，不完全是一个简单的发展经济学问题，而更可能是一个发展社会学的问题。中国经济社会为什么能在全球逆境和危机中实现增长，关键在于它的社会本位和伦理本位，一言以蔽之，就是"以人民为本位"，人民群众和广大社会安全安定了，国家治理才能步入正轨。比如，18 亿土地红线维系的是安全，各家各户和各人土地产权面积虽不大，但因为有这个土地，便能做到心安，城乡人民心安了，国家

---

① Ho-fung Hung, "Crisis and The Rise of China", in *Sociology of Development Handbook*, ed. By Gregory Hooks, California: University of California Press, 2016, pp. 485－504.

才能治理得好。

这样看来，解释当代中国社会治理方方面面的发展，经济学的、政治学、管理学的视角虽然都很重要，但是由于它们分别是侧重于利益、权力和效率的单一维度，也不免偏颇，恰恰是反映并指导了我国改革开放以来尊重历史、综合施策的中国特色社会主义社会治理理论更为全面，更具分析能力。我们认为，中国基层社会治理大体有三条"黄金原则"：第一，只有尊重中国历史文化逻辑的这个大前提，基层社会治理才能活起来；第二，只有遵循科学的社会系统观的理论和方法，基层社会治理才能精准起来；第三，只有保持时代的敏感性，基层社会治理才能推陈出新。

重庆市九龙坡区九龙街道基层社会治理实践，虽然只是我国西部地区一个中心城镇的探索，但它很好地符合我们提出的基层社会治理黄金三原则。

首先，它尊重了历史文化原则。九龙街道的基层社会治理始终把红色治理历史传统、民间楹联文化、地方乡贤文化带进社会治理中来，很好地使管理转向了治理，使刚性过渡到了柔性，使自上而下演化为上下结合。正如习近平总书记2021年3月22日在福建武夷山九曲溪畔的朱熹园考察时指出，"我们走中国特色社会主义道路，一定要推进马克思主义中国化。如果没有中华五千年文明，哪里有什么中国特色？如果不是中国特色，哪有我们今天这么成功的中国特色社会主义道路？我们要特别重视挖掘中华五千年文明中的精华，把弘扬优秀传统文化同马克思主义立场观点方法结合起来，坚定不移走中国特色社会主义道路。"① 九龙街道的基层治理坚持从党史出发，将红色传统、地方文化传统贯穿于治理全过程，努力把握和挖掘这其中的历史逻辑、理论逻辑和实践逻辑。

其次，它遵循了科学的系统观。基层社会治理是系统工程，需要综合施策，精准施治。2019年1月15日至16日，在北京召开的中央政法工作会议上对此明确强调，"坚持以人民为中心的发展思想，加快推进社会治理现代化，加快推进政法领域全面深化改革，加快推进政法队伍革命化、正规化、专业化、职业化建设，忠诚履职尽责，勇于担当作为，锐意改革创新，履行好维护国家政治安全、确保社会大局稳定、促进社会公平正义、保障人民安居乐业的职责任务"。② 这充分体现出了社会治理的系统观

① 习近平：《习近平谈治国理政》（第四卷），外文出版社2022年版，第315页。
② 参见《习近平在中央政法工作会议上强调全面深入做好新时代政法各项工作促进社会公平正义保障人民安居乐业》，《公安教育》2019年第2期。

思想：一是社会治理的现代化需要坚持以人民为中心；二是社会治理的队伍需要革命化、正规化、专业化、职业化；三是社会治理的效能表现为安全、稳定、公正；四是社会治理的归宿就是人民安居乐业。九龙街道的基层社会治理将党的领导、网格化管理、疫情防控、社会服务、自治组织、社区安居、生活供给等全方位结合。

第三，它适应治理的时空条件变化而主动创新。改革开放以来，中国社会治理的时空条件发生了重大变化，比如城乡二元户籍逐渐打破、庞大的人口流动性、新职业群体大量涌现、公共服务产品需求猛增、信息化网络化前所未有等新变化对基层治理变革提出了异乎寻常的高要求，因此必须"要坚持问题导向，把专项治理和系统治理、综合治理、依法治理、源头治理结合起来""要处理好活力和秩序的关系""加强和创新社会治理，关键在体制创新，核心是人，只有人与人和谐相处，社会才会安定有序"。显然，这里的求人民安全、求人民稳定、求人民发展的逻辑不只是宏观粗线条的呈现，更是微观基层社会治理领域的具体创新。九龙街道在十多年的基层治理创新的探索中，坚持向全国各地优秀治理经验学习，向"枫桥经验""南山经验""东城经验"等学习，学以致用，举一反三，结合重庆九龙街道实际，在总结过去的单位制、项目制、科层制的基础上，走出了一条以镇街为主导的全覆盖、精准化、可持续的基层网格系统治理之路。这不同于一般意义上由上级部门或单一部门推进的网格化管理系统，我们从中看到了对单位制、项目制和科层制的超越，即网格制把工业化时代的科层制、计划经济时代的单位制、转型过渡时代的项目制的优点相集合，又摒弃它们的时代局限性问题，在信息化网络化时代的基础上，全面走向网格化治理，在基层呈现出了国家治理的网格制形态。

此外，本书借个案解剖的机会，还讨论了基层社区的居民参与创新路径和形式，社区防疫社会资本的存量形式、功能作用和发展机制，基层社区社会服务的专业化发展，以及老旧社区转型过程中的生活治理转向。这些议题从不同层面展现了我国基层社会治理创新的活力。

行笔至此，我们想说，我们在九龙街道田野调查过程中看到的某种网格治国形态雏形还在不断发展中，但它已经足够让我们感到惊叹了。确实，只要我们能主动驻足于斯人斯地，斯物斯事，我国广大的基层地方治理实践必定会带给学者们种种"惊奇"的体验。这里面自有温情与敬意。表面上，九龙街道仅是地图上的小点，似乎微不足道，然而把它放在历史与现实，中国与世界，传统与现代的脉络里审视，它就是有生命的，是众多生命的共同体集合。中国的社会治理不是简单的个体、社会和国家的非此即彼，而永远是它们之间的互动关系。我们研究者的视角应当将各种治理关系予以历史化、条理化和系统化，在学理和实践两方面去支撑中国的基层社会治理。特别是在当前这样一个处于大变动的时代里面，激荡中既有风险也有创新，安稳中既有静止也有演化，一国、一镇、一街、一人、一沙砾都是一世界，要做到处变不惊，非要我们这些研究者不断做出专业分析来，不断接近和促进民生。

（撰稿人：何健）

附　　录

附录 1　九龙街道概况

重庆市九龙坡区九龙街道地处重庆主城都市核心区——九龙坡区东部，于 2020 年 8 月 22 日由九龙镇撤镇设街道而来。街道管理服务 11 个社区、3 个村，辖区面积 8 平方公里，户籍人口 9.3 万，常住居民 20 万，农业人口 171 人，有 101 个基层党组织，党员 3417 名。从 1961 年组建九龙公社，到 1982 年成立九龙乡，再到 1993 年建立九龙镇，2020 年设立九龙街道，60 年的创业与发展，奠定了九龙街道在重庆都市核心区的区位优势、资源优势和商贸优势，历年获得"全国优秀乡镇""中国经济强镇""中国百强名镇""全国创建文明村镇工作先进镇""全国文明镇""中国民间艺术（楹联）之乡""中国最具幸福感城镇""重庆市先进基层党组织"等荣誉称号。

撤镇设街和区划调整后，九龙从以乡、镇、村为主要平台运作转变为以城市社区为主要平台运作，从过去抓经济发展为主转变为当前和今后抓经济发展和社区建设并重，从区域多点分散战线长的架构到区划调整板块集中统一，从面对快速城镇化中加强管理的主要矛盾到解决深度城市化中深化治理的主要矛盾，从服务定居明确的大量农业人口到服务流动性更大的常住居民人口，面临着深度的转型。

当前，九龙街道正秉承"拥抱新时代，建设新九龙"的思路，坚定"产业决定地位、社区决定格局、城中村决定命运"的判断，加快经济、城市、社会转型，按照"产业向高端演进、城市向精细耕耘、社会向人文积淀、民生向幸福攀升"的四个导向，全力推进"三好"建设（产业发展好、城市品质好、社会治理好），全力实现"三美"目标（生态环境美、社会人文美、群众生活美），推动九龙辖区朝着高质量发展、高质量生活的方向迈进，夺取"十四五"新胜利，开启现代化新征程。

附录2　九龙社工大事记

2013年，引入第一家社工机构——重庆兴民社会工作服务中心，开展社工服务。

2014年，创设"居民自治金"，激活居民参与；第一个本土社会组织——蒲公英家庭服务中心登记成立。

2015年，出台推进三社联动"1＋6"制度体系，引导社会工作规范化、常态化、专业化运行。

2016年，实现辖区内各社区工作室、社会组织、社工项目、居民自治金项目全覆盖。

2017年，打造"九龙社工"服务品牌，推进社会治理创新；确定每月20日为九龙社工日，开展九龙社工品牌推介暨项目路演活动。

2018年，评选一批最美社工、优秀社工组织；彩云湖社区、广厦城社区获国家级社会服务工作示范社区。

2019年，九龙社工中心正式挂牌；举办首届九龙社工创新创意项目设计大赛。

2020年，完善"两中心、两基地"（新时代文明实践中心，九龙社工中心，社会组织孵化基地，志愿服务组织孵化基地）；设立九龙街道社区公益服务基金。

2021年，举办"益起来·创未来"第二届九龙社会公益项目创意大赛；成为深圳市南山区社会组织创新苑联动合作基地；成为西南大学国家治理学院社会工作实践教学基地。

附录3　各章相关文件资料

第一章

序号	名称	单位/部门	时间
1	振奋精神 坚定信心 克服困难 为建设经济强镇、文明新镇而努力奋斗（党代会报告）	中共九龙镇委	1998.12.25
2	九龙镇政府工作报告（2000）	九龙镇人民政府	2000.1.12

续表

序号	名称	单位/部门	时间
3	九龙镇政府工作报告（2016）	九龙镇人民政府	2016.12.16
4	九龙镇政府工作报告（2018）	九龙镇人民政府	2018.1.24
5	关于批转〈马王社区"党员邮政站"党建项目工作方案〉的通知	中共九龙镇委	2018.6.21
6	关于印发〈九龙镇推行"物业红哨"强化基层治理工作实施方案〉的通知	中共九龙镇委	2018.6.25
7	发挥基层党组织在物业管理中的作用（调研报告提纲）	九龙镇党建办	2018.7
8	盘龙新城社区网格党支部及物业服务联盟启动仪式工作方案	九龙镇党建办	2018.9.28
9	九龙镇政府工作报告（2019）	九龙镇人民政府	2019.3.14
10	中共中央关于坚持和完善中国特色社会主义制度 推进国家治理体系和治理能力现代化若干重大问题的决定	中共十九届四中全会	2019.10.31
11	中华人民共和国城市居民委员会组织法	第十三届全国人大常委会	2020.3.5
12	重庆市物业管理条例	重庆市第五届人大常委会	2020.5.1
13	拥抱新时代建设新九龙奋力拓展转型升级和高质量发展新境界（党代会报告）	中共九龙镇委	2020.5.20
14	教育部办公厅关于在全国高校师生中开展党史、新中国史、改革开放史、社会主义发展史学习教育及新冠肺炎疫情防控知识竞答讲述活动的通知	教育部办公厅	2020.6.29
15	实施"城中村改造，蝶变一座新城"（调研报告）	中共九龙镇委	2020.8.18

第二章

序号	名称	单位/部门	时间
1	中共中央、国务院关于加强和完善城乡社区治理的意见	中共中央、国务院	2017.6.12
2	关于"网格化＋信息化＋综治工作中心"建设	中共九龙镇委	2017.1.20
3	关于对九龙镇11个基层社区（管委会）部分服务管辖区域进行调整的通知	中共九龙镇委 九龙镇人民政府	2018.5.8

序号	名称	单位/部门	时间
4	关于印发《九龙坡区城市综合管理"五长制+网格化"实施方案（试行）》的通知	中共重庆市九龙坡区委办公室 重庆市九龙坡区人民政府办公室	2018.7.4
5	关于印发《九龙镇基层网格治理创新实施方案》的通知	中共九龙镇委 九龙镇人民政府	2018.8.22
6	关于印发《九龙镇城市综合管理"五长制+网格化"专项行动实施方案（试行）》的通知	中共九龙镇委 九龙镇人民政府	2018.8.28
7	关于印发《九龙镇"五长制+网格化"逐级考核办法（试行）》的通知	中共九龙镇委 九龙镇人民政府	2018.8.28
8	关于印发《九龙镇各网格楼栋长设置情况一览表》的通知	中共九龙镇委办公室 九龙镇人民政府办公室	2018.9.11
9	关于进一步明确网格党支部划分及岗位设置等有关事项的通知	中共九龙镇委	2018.9.20
10	关于印发《九龙镇"11XN"基层网格构架基本工作职责分解（试行）》的通知	中共九龙镇委办公室 九龙镇人民政府办公室	2018.11.22
11	关于印发《深入推进网格治理创新工作实施意见》	中共九龙镇委办公室 九龙镇人民政府办公室	2019.10.15

第三章

序号	文件名称	单位/部门	时间
1	关于建设"九龙社工"服务品牌推进社会治理创新的实施意见	中共九龙镇委办公室 九龙镇人民政府办公室	2017.9.15
2	关于开展"九龙社工日"活动的通知	中共九龙镇委办公室 九龙镇人民政府办公室	2018.9.15
	关于表彰2016—2017年度优秀社会组织、优秀社工室、优秀社工的决定	中共九龙镇委办公室 九龙镇人民政府办公室	2017.9.15
4	关于成立九龙社会工作服务中心的通知	中共九龙镇委办公室 九龙镇人民政府办公室	2019.4
5	重庆市九龙坡区九龙社会工作服务中心章程	九龙社工中心理事会	2019.4
6	九龙社工中心组织架构及工作职责	九龙社工中心理事会	2019.4
7	九龙社工服务中心发展规划	九龙社工中心理事会	2019.9
8	九龙社会工作服务中心孵化培育准入机制	九龙社工中心理事会	2020.2

续表

序号	文件名称	单位/部门	时间
9	九龙社工服务中心社会组织入驻培育流程和服务内容	九龙社工中心理事会	2020.2
10	关于开展九龙社工服务中心社会组织入驻培育组织评估的通知	九龙社工中心理事会	2020.2
11	关于九龙社工服务中心规范化运行的实施方案	九龙社工中心理事会	2020.2
12	九龙镇新时代文明实践所建设实施方案	九龙镇党委	2020.3.27
13	九龙街道社区社会组织台账	九龙街道办事处民政与社会事务办公室	2020.9
14	九龙坡区民政局备案社会组织入驻九龙社工服务中心登记表	九龙社工中心	2020.10
15	九龙社工中心的总体思路及工作做法	九龙社工中心理事会	2020.10
16	入驻社会组织孵化基地机构简介汇总	九龙社工中心	2020.10

第四章

序号	文件名称	单位/部门	时间
1	九龙镇"居民自治金"管理办法（修订）	九龙镇"自治金"项目管理领导小组	2015.6
2	创设"居民自治金"推进社区治理创新——九龙镇推行"居民自治金"交流材料	九龙镇"自治金"项目推进办公室	2019.2.25
3	九龙街道设立社区公益服务基金实施方案	九龙街道社区公益服务基金管理委员会	2020.12.14
4	九龙街道社区公益服务基金管理办法（试行）	九龙街道社区公益服务基金管理委员会	2020.12.14
5	关于建立街道居民议事会议制度试点实施意见	九龙街道党工委、人大工委	2020.12.7

第五章

序号	文件名称	单位/部门	时间
1	关于全面做好"五级+包片+网格"基础工作进一步加强新型肺炎疫情防控的通知	中共九龙镇委九龙镇人民政府	2020.1.28
2	社工中心疫情工作汇报材料	九龙社工中心	2020.2.5
3	印发九龙镇关于全面落实新型冠状病毒感染的疫情防控当前九项重点措施工作任务分解表的通知	中共九龙镇委九龙镇人民政府	2020.2.2

续表

序号	文件名称	单位/部门	时间
4	做实"九龙红哨"筑牢战"疫"红色防线	九龙街道办事处	2020. 2. 21
5	九龙镇疫情防控工作简报第 7—30 期	九龙镇党政办公室	2020. 2
6	九龙镇疫情防控和复工复产工作阶段性情况汇报	九龙街道办事处	2020. 3. 3

第六章

序号	文件名称	单位/部门	时间
1	重庆市城乡总体规划（2007—2020 年）	重庆市人民政府	2007
2	九龙坡区土地利用总体规划（2006 — 2020 年）	重庆市九龙坡区人民政府	2009
3	民政部财政部关于加快推进社区社会工作服务的意见	民政部、财政部	2013. 11. 15
4	国家新型城镇化规划（2014—2020）	中共中央国务院	2014. 3. 16
5	推行七个一模式　实施七步工作法	九龙镇人民政府	2014. 8
6	九龙镇人民政府关于深化城市管理网格治理推行"五定"工作实施意见	九龙镇人民政府	2015
7	桥湾小区居民大会议事规则	桥湾小区首届居民大会筹备组	2015. 7. 28
8	桥湾小区管理规约	桥湾小区第二届居民大会筹备组	2015. 9. 7
9	工作交流第 2 期	中共重庆市九龙坡区委办公室	2016. 3. 18
10	桥湾拆、建、管三部曲	重庆九龙坡区政府	2016. 11
11	桥湾老旧社区资料（资料合集）	九龙镇人民政府	2016/2017/2019
12	桥湾小区自助式物业管理材料	九龙镇人民政府	2017. 2
13	关于加强和完善城乡社区治理的意见	中共中央国务院	2017. 3
14	九龙坡区老旧居住区创新物业服务试点方案	九龙镇人民政府	2017. 8. 15
15	重庆市人民政府关于九龙坡区部分镇街行政区划调整的批复	重庆市人民政府	2020. 8. 26
16	中共中央关于制定国民经济和社会发展第十四个五年规划和二〇三五年远景目标的建议	中国共产党中央委员会	2020

参考文献

一 中文文献

《马克思恩格斯全集》第 3 卷，人民出版社 1988 年版。

《马克思恩格斯全集》第 46 卷，人民出版社 1979 年版。

《马克思恩格斯选集》第 1 卷，人民出版社 2012 年版。

习近平：《论全面深化改革》，中央文献出版社 2018 年版。

习近平：《谈谈调查研究》，《学习时报》2011 年 11 月 21 日第 1 版。

习近平：《习近平谈治国理政》（第一卷），外文出版社 2014 年版。

习近平：《习近平谈治国理政》（第二卷），外文出版社 2017 年版。

习近平：《习近平谈治国理政》（第三卷），外文出版社 2020 年版。

习近平：《习近平谈治国理政》（第四卷），外文出版社 2022 年版。

习近平：《在全国党校工作会议上的讲话》，《求是》2016 年第 9 期。

白天亮：《“网格化”铺就安全网》，《人民日报》2007 年 5 月 27 日第 7 版。

边燕杰、马旭蕾等：《防疫社会资本的理论建构与行为意义》，《西安交通大学学报》2020 年第 4 期。

宾凯：《政治系统与法律系统对于技术风险的决策观察》，《交大法学》2020 年第 1 期。

陈柏峰：《风险社会的技术治理与应急决策》，《中国法律评论》2020 年第 2 期。

陈进华：《治理体系现代化的国家逻辑》，《中国社会科学》2019 年第 5 期。

陈景岭、孙旭峰、周明生：《社会风险预估的系统研究和实证分析》，《统计与决策》2010 年第 17 期。

陈文：《政务服务“信息孤岛”现象的成因与消解》，《中国行政管理》

2016 年第 7 期。

陈小葵：《中国古代户籍制度略论》，《法制与经济》2008 年第 8 期。

陈耀煌：《从中央到地方：三十年来西方中共农村革命史研究述评》，《"中央研究院"近代史研究所集刊》2010 年总第 68 期。

陈玉生：《细事细治——基层网格化中的科层化精细治理与社会修复》，《公共行政评论》2021 年第 1 期。

陈云：《陈云文选》第 1 卷，人民出版社 2015 年版。

陈云：《城市贫困精准治理体系的建构》，科学出版社 2019 年版。

陈喆、刁丽杰：《我国突发公共卫生事件 SARS 与 COVID-19 的应急处置比较和再认识》，《现代预防医学》2020 年第 20 期。

储德银、罗鸣令、贺晓宇：《助推乡村振兴的财税政策优化与机制设计——2019 年财税制度创新与乡村振兴国际研讨会综述》，《经济研究》2019 年第 8 期。

崔开云：《社区基金会的美国经验及其对中国的启示》，《江淮论坛》2015 年第 4 期。

代玉启、刘妍：《党建＋治理：党建引领基层社会治理的浙江探索》，《中共宁波市委党校学报》2017 年第 5 期。

邓子恢：《邓子恢自述》，人民出版社 2007 年版。

丁大同：《道德统计与道德景气监测理论》，《现代哲学》2001 年第 2 期。

杜春林、张新文：《从制度安排到实际运行：项目制的生存逻辑与两难处境》，《南京农业大学学报》2015 年第 1 期。

范如国：《复杂网络结构范型下的社会治理协同创新》，《中国社会科学》2014 年第 4 期。

范如国：《复杂性治理：工程学范型与多元化实现机制》，《中国社会科学》2015 年第 10 期。

范如国：《"全球风险社会"治理：复杂性范式与中国参与》，《中国社会科学》2017 年第 2 期。

方慧容：《"无事件境"与生活世界中的"真实"》，杨念群编《空间·记忆·社会转型》，上海人民出版社 2001 年版。

费孝通：《乡土中国》，上海人民出版社 2013 年版。

费孝通：《乡土中国·生育制度·乡土重建》，商务印书馆 2011 年版。

冯必扬：《人情社会与契约社会——基于社会交换理论的视角》，《社会科学》2011 年第 9 期。

冯仕政：《发展、秩序、现代化：转型悖论与当代中国社会治理的主题》，

《中国人民大学学报》2021 年第 1 期。

冯仕政：《社会治理与公共生活：从连结到团结》，《社会学研究》2021 年
　第 1 期。

符平：《"嵌入性"：两种取向及其分歧》，《社会学研究》2009 年第 5 期。

葛秀芳：《网络时代呼唤智慧治理》，《人民论坛》2019 年第 8 期。

顾永红、向德平、胡振光：《"村改居"社区：治理困境、目标取向与对
　策》，《社会主义研究》2014 年第 3 期。

郭春甫、张丽梅：《基层社会治理创新实证研究》，吉林大学出版社 2020
　年版。

郭东杰：《新中国 70 年：户籍制度变迁、人口流动与城乡一体化》，《浙江
　社会科学》2019 年第 10 期。

韩玉祥：《"风险恐慌"及其现代化治理——以新冠肺炎疫情期间的恐慌情
　绪为例》，《中国应急管理科学》2020 年第 7 期。

韩志明：《从粗放式管理到精细化治理——迈向复杂社会的治理转型》，
　《云南大学学报》2019 年第 1 期。

何健：《补偿的限度——有关征地的社会学研究》，人民出版社 2017 年版。

何立军、李全伦、孔春芳：《美国社区基金会的关键特征及经验借鉴》，
　《重庆社会科学》2018 年第 1 期。

何雪松、李佳薇：《专家系统驱动的技治主义运动式治理——基于 F 市创
　建禁毒示范城市的转译社会学解释》，《吉首大学学报》2020 年第 5 期。

何艳玲：《理顺关系与国家治理结构的塑造》，《中国社会科学》2018 年第
　2 期。

何增科：《中国政治体制改革研究》，中央编译出版社 2004 年版。

贺雪峰：《精准治理的前提是因地制宜——精准扶贫中的四个案例》，《云
　南行政学院学报》2020 年第 3 期。

贺勇：《以党建引领提升物业管理水平》，《人民日报》2020 年 4 月 15 日
　第 5 版。

胡佳：《迈向整体性治理：政府改革的整体性策略及在中国的适用性》，
　《南京社会科学》2010 年第 5 期。

胡鹏辉、高继波：《新乡贤：内涵、作用与偏误规避》，《南京农业大学学
　报》2017 年第 17 期。

黄道炫：《关山初度：七十年来的中共革命史研究》，《中共党史研究》
　2020 年第 1 期。

黄浩明：《社区基金会是解决社区问题的重要力量之一》，《中国社会组

织》2016 年第 19 期。

黄家亮、马颖：《社区基金会的全球视野与中国路径》，《社会建设》2020
　　年第 7 期。

黄仁宇：《赫逊河畔谈中国历史》，生活·读书·新知三联书店 1992 年版。

黄仁宇：《资本主义与二十一世纪》，生活·读书·新知三联书店 1997
　　年版。

黄晓春：《党建引领下的当代中国社会治理创新》，《中国社会科学》2021
　　年第 6 期。

纪莺莺：《从"双向嵌入"到"双向赋权"：以 N 市社区社会组织为例》，
　　《浙江学刊》2017 年第 1 期。

姜晓萍：《国家治理现代化进程中的社会治理体制创新》，《中国行政管
　　理》2014 年第 2 期。

金耀基：《中国政治与文化》，牛津大学出版社 2013 年版。

景天魁、高和荣：《探索复杂社会的治理之道——中国社会治理的情境、
　　逻辑与策略》，《人民论坛·学术前沿》2016 年第 1 期。

景天魁：《论群学复兴——从严复"心结"说起》，《社会学研究》2018 年
　　第 5 期。

景跃进：《将政党带进来——国家与社会关系范畴的反思与重构》，《探索
　　与争鸣》2019 年第 8 期。

敬乂嘉：《从购买服务到合作治理——政社合作的形态与发展》，《中国行
　　政管理》2014 年第 7 期。

康晓光、韩恒：《行政吸纳社会——当前中国大陆国家与社会关系再研
　　究》，《中国社会科学》（英文版）2007 年第 2 期。

赖仁琼：《北京东城区：分网格管城市》，《人民日报》2005 年 2 月 23 日
　　第 10 版。

李达：《李达文集》第 1 卷，人民出版社 1980 年版。

李大宇、章昌平、许鹿：《精准治理：中国场景下的政府治理范式转换》，
　　《公共管理学报》2017 年第 1 期。

李大钊：《中国近代思想家文库·李大钊卷》，中国人民大学出版社 2014
　　年版。

李汉林：《转型社会中的整合与控制——关于中国单位制度变迁的思考》，
　　《吉林大学社会科学学报》2007 年第 4 期。

李金铮：《"新革命史"：由来、理念及实践》，《中共党史研究》2018 年第
　　7 期。

李里峰：《何谓"新革命史"：学术回顾与概念分疏》，《中共党史研究》2019 年第 11 期。

李猛：《论抽象社会》，《社会学研究》1999 年第 1 期。

李友梅：《秩序与活力：中国社会变迁的动态平衡》，《探索与争鸣》2019 年第 6 期。

梁启超：《中国历史研究法》，河北教育出版社 2000 年版。

梁漱溟：《中国文化要义》，上海人民出版社 2003 年版。

林尚立：《社区自治中的政党：对党、国家与社会关系的微观考察——以上海社区为考察对象》，上海社区发展理论研讨会论文，2002 年 10 月。

林毅夫：《新结构经济学》，北京大学出版社 2018 年版。

刘成斌、黄宁：《风险社会的新向度：新冠肺炎疫情的理论透视》，《吉林大学社会科学学报》2020 年第 6 期。

刘海龙、何修良：《精准治理：内涵界定、基本特征与运行模式》，《中共福建省委党校（福建行政学院）学报》2021 年第 1 期。

刘会军、李晔晔：《孙中山宪政思想中几个问题的辨析》，《民国档案》2012 年第 1 期。

刘明逵、唐玉良等编：《中国近代工人阶级和工人运动》（第 11 册），中共中央党校出版社 2002 年版。

刘少奇：《刘少奇选集》（上卷），人民出版社 1981 年版。

刘铁民：《脆弱性——突发事件形成与发展的本质原因》，《中国应急管理》2010 年第 10 期。

刘鑫焱：《"网格联动"扫除基层党建盲点》，《人民日报》2010 年 7 月 19 日第 11 版。

刘永华等：《社会经济史视野下的中国革命》，《开放时代》2015 年第 2 期。

柳德军：《国民政府"融保甲于自治"的历史逻辑》，《档案》2020 年第 3 期。

卢守权：《中国政府迈向整体性治理的方略》，《湖南农业大学学报》（社会科学版）2015 年第 3 期。

吕德文：《基层中国：国家治理的基石》，东方出版社 2021 年版。

罗依平、汤资岚：《社会治理精细化的科技支撑研究》，《中共山西省委党校学报》2020 年第 1 期。

罗祎楠：《中国国家治理"内生性演化"的学理探索——以宋元明历史为例》，《中国社会科学》2019 年第 1 期。

毛小苓等：《面向社区的全过程风险管理模型的理论和应用》，《自然灾害学报》2006 年第 1 期。

毛泽东：《毛泽东选集》第 1—4 卷，人民出版社 1991 年版。

毛泽东：《毛泽东著作选读》，人民出版社 1986 年版。

孟庆延：《理念、策略与实践：毛泽东早期农村调查的历史社会学考察》，《社会学研究》2018 年第 4 期。

孟庆延：《历史社会学视野下毛泽东农村调查的多重意涵》，《中共党史研究》2018 年第 11 期。

孟庆延：《社会学视野下的中共制度史研究：理论传统与"问题意识"》，《中共党史研究》2019 年第 1 期。

闵学勤：《社区自治主体的二元区隔及其演化》，《社会学研究》2009 年第 1 期。

莫伟民：《从国家到自然现实——福柯论治理理由的转型及其与马克思思想的歧异》，《复旦学报》2013 年第 1 期。

泮伟江：《黄仁宇的数目字管理错了吗》，《读书》2020 年第 7 期。

彭宗超、钟开斌：《非典危机中的民众脆弱性分析》，《清华大学学报》2003 年第 4 期。

朴贞子、柳亦博：《共在与共生：论社会治理中政府与社会组织的关系》，《天津行政学院学报》2016 年第 4 版。

钱穆：《中国历代政治得失》，生活·读书·新知三联书店 2001 年版。

邱五七、毛阿燕：《我国 SARS 和人感染 H7N9 禽流感疫情防控中多部门合作》，《公共卫生与预防医学》2019 年第 1 期。

曲昌荣：《河南济源环境管理实现网格化》，《人民日报》2007 年 7 月 12 日第 1 版。

渠敬东：《传染的社会与恐惧的人》，《清华社会科学》（第 2 卷第 1 辑），商务印书馆 2020 年版。

渠敬东：《返回历史视野，重塑社会学的想象力中国近世变迁及经史研究的新传统》，《社会》2015 年第 1 期。

渠敬东：《项目制：一种新的国家治理体制》，《中国社会科学》2012 年第 5 期。

渠敬东：《占有、经营与治理：乡镇企业的三重分析概念（上）——重返经典社会科学研究的一项尝试》，《社会》2013 年第 1 期。

渠敬东：《占有、经营与治理：乡镇企业的三重分析概念（下）——重返经典社会科学研究的一项尝试》，《社会》2013 年第 2 期。

渠敬东：《中国传统社会的双轨治理体系封建与郡县之辨》，《社会》2016年第2期。

渠敬东、周飞舟、应星：《总体支配到技术治理——基于中国30年改革经验的社会学分析》，《中国社会科学》2009年第6期。

饶锦兴、王筱昀：《社区基金会的全球视野与中国价值》，《开放导报》2014年第5期。

沈费伟、刘祖云：《精英培育、秩序重构与乡村复兴》，《人文杂志》2017年第3期。

史普原、李晨行：《派生型组织：对中国国家与社会关系形态的组织分析》，《社会学研究》2018年第4期。

宋昌斌：《中国古代户籍制度史稿》，三秦出版社1991年版。

宋豪新：《"绣花治理"让成都更有温情》，《人民日报》2019年10月23日第11版。

宋侃：《论福柯的"治理术"》，《经典中的法理》2013年第1期。

苏国勋：《理性化及其限制》，商务印书馆2016年版。

孙梅、吴丹：《我国突发公共卫生事件应急处置政策变迁：2003—2013年》，《中国卫生政策研究》2014年第7期。

孙小静：《上海大数据绣出活地图（民生调查·聚焦城市精细化管理）》，《人民日报》2017年9月22日第23版。

孙元明：《灾难中社会恐慌的生成、演绎、变化及其危害性——重大疫情防控期社会情绪应急管理及后疫情时代的社会情绪治理》，《前沿》2020年第4期。

田毅鹏：《后单位时期社会的原子化动向及其对基层协商的影响》，《南京社会科学》2015年第6期。

万丽华、蓝旭译注：《孟子》，中华书局2006年版。

王尔敏：《中国近代思想史论》，社会科学文献出版社2003年版。

王国斌：《转变的中国：历史变迁与欧洲经验的局限》，李伯重、连玲玲译，江苏人民出版社2010年版。

王虎学、万资姿：《分化与整合：现代社会的哲学诠释》，《山西师大学报》2009年第4期。

王建军、叶金莲：《社区基金会：地位与前景——对一个类社区基金会的个案研究》，《华中师范大学学报》2006年第6期。

王劲颖：《美国基金会发展现状及管理制度的考察与借鉴》，《中国行政管理》2011年第3期。

王洛忠、杨济溶：《公共卫生危机事件处置中政府协同机制研究——以新冠疫情防控为例》，《北京航空航天大学学报》2020 年第 5 期。

王美艳、蔡昉：《户籍制度改革的历程与展望》，《广东社会科学》2008 年第 6 期。

王名主编：《中国民间组织 30 年》，中国社会科学出版社 2008 年版。

王浦劬、汤彬：《当代中国治理的党政结构与功能机制分析》，《中国社会科学》2019 年第 9 期。

王奇生：《"高山滚石"：20 世纪中国革命的连续与递进》，《华中师范大学学报》2013 年第 5 期。

王思斌等：《社会行政》，高等教育出版社 2013 年版。

王思斌：《社会工作概论》，高等教育出版社 2006 年版。

王思斌：《以社会工作为核心实现服务型治理》，《中国社会科学报》2015 年1 月 23 日。

王思斌：《中国社会工作的嵌入性发展》，《社会科学战线》2011 年第 2 期。

王筱昀：《如何培育扶持社区基金会——以美国礼来基金会为例》，《中国社会组织》2017 年第 17 期。

王亚南：《中国官僚政治研究》，中国社会科学出版社 1981 年版。

王宇信、徐义华：《商代国家与社会》，中国社会科学出版社 2011 年版。

吴飞：《"空间实践"与诗意的抵抗——解读米歇尔·德塞图的日常生活实践理论》，《社会学研究》2009 年第 2 期。

吴结兵：《"大数据 + 网格化"：路径、挑战与建议》，《国家治理》2020 年第 29 期。

吴晓燕、赵普兵：《回归与重塑：乡村振兴中的乡贤参与》，《理论探讨》2019 年第 4 期。

吴新叶：《基层治理需要跨越科层制范式的藩篱——与王龙飞博士商榷》，《探索与争鸣》2016 年第 1 期。

夏建中：《治理理论的特点与社区治理研究》，《黑龙江社会科学》2010 年第 2 期。

夏志强：《国家治理现代化的逻辑转换》，《中国社会科学》2020 年第 5 期。

肖林：《"'社区'研究"与"社区研究"——近年来我国城市社区研究述评》，《社会学研究》2011 年第 4 期。

肖小芳、曾特清：《马克思社会整合理论的新诠释——从帕森斯、洛克伍德到哈贝马斯》，《伦理学研究》2015 年第 2 期。

谢环驰、李刚：《坚定改革开放再出发信心和决心加快提升城市能级和核心竞争力》,《人民日报》2018 年 11 月 8 日第 1 版。

谢康、吴瑶、肖静华:《数据驱动的组织结构适应性创新——数字经济的
创新逻辑》,《北京交通大学学报》2020 年第 3 期。

谢群慧、刘思弘:《"自治金"打通居民自治路径》,《浦东开发》2015 年
第 5 期。

熊万胜:《社会治理,还是生活治理?——审思当代中国的基层治理》,
《文化纵横》2018 年第 1 期。

徐文锦、廖晓明:《重大社会风险致灾机理分析与防控机制建构——基于
新冠肺炎疫情风险防控的研究》,《软科学》2020 年第 6 期。

徐永光:《中国第三部门的现实处境及我们的任务》,《中国青年科技》
1999 年第 3 期。

徐宇珊:《灵活性:社区基金会的魅力》,《社区》2017 年第 10 期。

徐宇珊:《我国社区基金会的功能定位与实现路径——基于美国社区基金
会与地方联合劝募经验的启发与借鉴》,《中国行政管理》2017 年第
7 期。

薛澜、张帆、武沐瑶:《国家治理体系与治理能力研究:回顾与前瞻》,《公
共管理学报》2015 年第 3 期。

闫薇、张燕:《根植社区治理专业服务"零距离"——重庆城乡社区社会
工作室建设观察》,《中国社会工作》2020 年第 31 期。

杨贵华:《社区共同体的资源整合及其能力建设——社区自组织能力建设
路径研究》,《社会科学》2010 年第 1 期。

杨懋春:《近代中国农村社会之演变》,李培林、渠敬东、杨雅彬《中国社
会学经典导读》(上册),社会科学文献出版社 2009 年版。

杨志臣:《"精准方略"是脱贫攻坚的"中国智慧"》,《广州日报》2020
年 8 月 17 日第 A8 版。

殷杰、王亚男:《社会科学中复杂系统范式的适用性问题》,《中国社会科
学》2016 年第 3 期。

应星:《"把革命带回来":社会学新视野的拓展》,《社会》2016 年第
4 期。

应星、刘水展:《在顺应群众与引领群众之间:党群关系的早期调适》,
《西北师大学报》2019 年第 6 期。

应星:《政党治理传统的实践逻辑》,《学海》2020 年第 4 期。

余军化、袁文艺:《公共治理:概念与内涵》,《中国行政管理》2013 年第
12 期。

俞可平：《公众参与是建设和谐社会的基础——中欧公众参与民主理论与实践研讨会》，《法制日报》2006 年 12 月 14 日。

俞可平：《治理与善治》，社会科学文献出版社 2000 年版。

袁小平、潘明东：《农村社区建设中的社会动员机制研究》，《农村经济》2017 年第 4 期。

袁亚平：《海风吹来平安日》，《人民日报》2009 年 10 月 24 日第 1 版。

袁泽民、莫瑞丽：《"社会整合"的类型及建构——对涂尔干的"社会整合"思想的解读》，《理论界》2008 年第 5 期。

原珂、许亚敏、刘凤：《英美社区基金会的发展及其启示》，《社会主义研究》2016 年第 6 期。

岳金柱：《"公益创投"：社会组织培育发展的创新模式》，《社团管理研究》2020 年第 4 期。

昝廷全：《系统经济学研究：经济系统的层级过渡理论》，《中国传媒大学学报》2015 年第 1 期。

曾盛聪：《迈向"国家—社会"相互融吸的整体性治理：良政善治的中国逻辑》，《教学与研究》2019 年第 1 期。

张晨、刘育宛：《"红色管家"何以管用？——基层治理创新"内卷化"的破解之道》，《公共行政评论》2021 年第 1 期。

张成岗：《走向"智治"时代以科技创新推动社会治理现代化》，《国家治理》2020 年第 14 期。

张国平：《分级调控：重大突发公共卫生事件应对机制》，《开放导报》2020 年第 2 期。

张静、董彦峰：《组织分化、政治整合与新时代的社会治理》，《文化纵横》2018 年第 4 期。

张静：《政治社会学及其主要研究方向》，《社会学研究》1998 年第 3 期。

张康之：《论高度复杂性条件下的社会治理变革》，《国家行政学院学报》2014 年第 4 期。

张琳：《中国古代户籍制度的演变及其政治逻辑分析》，《河南师范大学学报》2012 年第 3 期。

张旅平、赵立玮：《自由与秩序：西方社会管理思想的演进》，《社会学研究》2012 年第 3 期。

张青、李贺：《社会组织在社区社会资本建构中的作用》，《沈阳师范大学学报》2018 年第 3 期。

张赛玉：《新时代中国农村老年贫困精准治理研究》，世界知识出版社

2018 年版。

张维迎、邓峰：《信息、激励与连带责任——对中国古代连坐、保甲制度的法和经济学解释》，《中国社会科学》2003 年第 3 期。

张铮、何琪：《从脱贫到振兴：党建引领乡村治贫长效机制探析》，《中国行政管理》2021 年第 11 期。

赵世炎：《赵世炎选集》，四川人民出版社 1984 年版。

赵同香、王海英：《2001—2016 年我国卫生政策变迁》，《中国现代医生》2017 年第 24 期。

折晓叶、陈婴婴：《项目制的分级运作机制和治理逻辑——对"项目进村"案例的社会学分析》，《中国社会科学》2011 年第 4 期。

折晓叶：《县域政府治理模式的新变化》，《中国社会科学》2014 年第 1 期。

郑震：《列斐伏尔日常生活批判理论的社会学意义——迈向一种日常生活的社会学》，《社会学研究》2011 年第 3 期。

郑震：《论日常生活》，《社会学研究》2013 年第 1 期。

中共绍兴市委党校、绍兴市"枫桥经验"研究会：《"枫桥经验"与新城镇社会管理创新研究》，中国社会科学出版社 2013 年版。

中共中央文献研究室编：《毛泽东周恩来刘少奇朱德邓小平陈云论调查研究》，中央文献出版社 2006 年版。

中共中央宣传部：《习近平新时代中国特色社会主义思想学习问答》，学习出版社、人民出版社 2021 年版。

中共中央宣传部：《习近平总书记系列重要讲话读本》，学习出版社、人民出版社 2016 年版。

"中国社会管理评价体系"课题组：《中国社会治理评价指标体系》，《中国治理评论》2012 年第 2 期。

中央档案馆编：《中共中央文件选集》第 1—2 册，中共中央党校出版社 1989 年版。

钟开斌：《国家应急指挥体制的"变"与"不变"——基于"非典"、甲流感、新冠肺炎疫情的案例比较研究》，《行政法学研究》2020 年第 3 期。

重庆市九龙坡区九龙镇人民政府编：《重庆市九龙坡区·九龙镇志：1949—2012》，九内字 2018 年版。

周飞舟：《财政资金的专项化及其问题：兼论"项目治国"》，《社会》2012 年第 1 期。

周飞舟：《分税制十年：制度及其影响》，《中国社会科学》2006 年第 6 期。

周飞舟：《锦标赛体制》，《社会学研究》2009 年第 3 期。

周红云：《社会治理》，中央编译出版社 2015 年版。

周黎安：《行政发包制》，《社会》2014 年第 6 期。

周雪光：《从"官吏分途"到"层级分流"：帝国逻辑下的中国官僚人事制度》，《社会》2016 年第 1 期。

周雪光：《从"黄宗羲定律"到帝国的逻辑：中国国家治理逻辑的历史线索》，《文化纵横》2014 年第 5 期。

周雪光：《权威体制与有效治理：当代中国国家治理的制度逻辑》，《开放时代》2011 年第 10 期。

周雪光：《组织社会学十讲》，社会科学文献出版社 2003 年版。

朱光磊：《全面深化改革进程中的中国新治理观》，《中国社会科学》2017 年第 4 期。

朱竞若、余荣华、毕爻：《"凡事不出网格"》，《人民日报》2011 年 4 月 20 日第 17 版。

朱竞若、余荣华：《支部建在"网格"上》，《人民日报》2011 年 12 月 14 日第 5 版。

竺乾威：《从新公共管理到整体性治理》，《中国行政管理》2008 年第 10 期。

竺乾威：《数目字管理与人本的回归》，《中国行政管理》2011 年第 3 期。

资中筠：《财富的归宿：美国现代公益基金会述评》，上海人民出版社 2006 年版。

〔德〕斐迪南·滕尼斯：《共同体与社会》，林荣远译，商务印书馆 1999 年版。

〔德〕卡尔·马克思：《1844 年经济学哲学手稿》，人民出版社 2002 年版。

〔德〕卡尔·马克思、弗里德里希·恩格斯：《共产党宣言》，中共中央编译局译，人民出版社 1997 年版。

〔德〕卡尔·马克思：《路易·波拿巴的雾月十八日》，中共中央编译局译，人民出版社 2018 年版。

〔德〕马克斯·韦伯：《经济与社会》（上卷），商务印书馆 1997 年版。

〔德〕马克斯·韦伯：《社会学的基本概念》，顾忠华译，广西师范大学出版社 2005 年版。

〔德〕马克斯·韦伯：《韦伯作品集Ⅶ：社会学的基本概念》，康乐、简惠美译，广西师范大学出版社 2005 年版。

〔德〕马克斯·韦伯：《韦伯作品集Ⅴ：中国的宗教·宗教与世界》，康乐、简惠美译，广西师范大学出版社 2004 年版。

〔德〕马克斯·韦伯：《学术与政治》，钱永祥等译，广西师范大学出版社 2004 年版。

〔德〕尼古拉斯·卢曼：《信任：一个社会复杂性的简化机制》，瞿铁鹏、李强译，生活·读书·新知三联书店 2005 年版。

〔德〕诺贝特·埃利亚斯：《文明的进程 Ⅱ：社会变迁文明论纲》（第 2 册），袁志英译，生活·读书·新知三联书店 1999 年版。

〔德〕乌尔里希·贝克：《风险社会》，何博闻译，译林出版社 2004 年版。

〔德〕乌尔里希·贝克：《什么是全球化：全球主义的曲解——应对全球化》，常和芳译，华东师范大学出版社 2008 年版。

〔德〕尤尔根·哈贝马斯：《交往行为理论》第 1 卷，曹卫东译，上海人民出版社 2004 年版。

〔法〕阿历克西·德·托克维尔：《论美国的民主》（上卷），董果良译，商务印书馆 1991 年版。

〔法〕埃米尔·涂尔干：《社会分工论》，渠东译，生活·读书·新知三联书店 2000 年版。

〔法〕埃米尔·涂尔干：《宗教生活的基本形式》，渠东、汲喆译，上海人民出版社 1999 年版。

〔法〕保尔·拉法格：《忆马克思》，中共中央马克思恩格斯列宁斯大林著作编译局译，人民出版社 2005 年版。

〔法〕查理·路易·孟德斯鸠：《论法的精神》（上册），张雁深译，商务印书馆 1995 年版。

〔法〕古斯塔夫·勒庞：《乌合之众：大众心理研究》，冯克利译，广西师范大学出版社 2015 年版。

〔法〕米歇尔·福柯：《安全、领土与人口》，钱翰、陈晓径译，上海人民出版社 2010 年版。

〔法〕米歇尔·福柯：《性经验史》，佘碧平译，上海人民出版社 2010 年版。

〔美〕爱德华·希尔斯：《中心与边缘：宏观社会学论集》，甘会斌、余昕译，译林出版社 2019 年版。

〔美〕安德鲁·华尔德：《共产党社会的新传统主义》，龚小夏译，香港：牛津大学出版社 1996 年版。

〔美〕彼得·伯格、托马斯·卢克曼：《现实的社会建构：知识社会学论纲》，吴肃然译，北京大学出版社 2019 年版。

〔美〕加耳布雷斯著：《丰裕社会》，徐世平译，上海人民出版社 1965 年版。

〔美〕卡尔·科恩：《论民主》，聂崇信、朱秀贤译，商务印书馆 1988 年版。

〔美〕克利福德·格尔茨：《地方知识》，杨德睿译，商务印书馆 2016 年版。

〔美〕孔飞力：《中国现代国家的起源》，陈兼、陈之宏译，生活·读书·新知三联书店 2013 年版。

〔美〕兰德尔·柯林斯：《互动仪式链》，林聚任等译，商务印书馆 2009 年版。

〔美〕劳伦斯·弗里德曼：《选择的共和国——法律、权威与文化》，高鸿钧等译，清华大学出版社 2005 年版。

〔美〕李·丹尼尔·克拉韦茨：《奇特的传染：群体情绪是怎样控制我们的》，刘晓艳译，中信出版社 2019 年版。

〔美〕理查德·C. 博克斯：《公民治理：引领 21 世纪的美国社区》（中文修订版），中国人民大学出版社 2013 年版。

〔美〕林南：《社会资本：关于社会结构和行动的理论》，张磊译，上海人民出版社 2005 年版。

〔美〕刘易斯·科塞：《社会冲突的功能》，孙立平等译，华夏出版社 1989 年版。

〔美〕罗纳德·伯特：《结构洞：竞争的社会结构》，格致出版社 2017 年版。

〔美〕曼纽尔·卡斯特尔：《认同的力量》，夏铸九、黄丽玲等译，社会科学文献出版社 2003 年版。

〔美〕曼纽尔·卡斯特尔：《网络社会的崛起》，夏铸九、王志弘等译，社会科学文献出版社 2003 年版。

〔美〕乔尔·S. 米格代尔：《社会中的国家：国家与社会如何相互改变与相互构成》，李杨、郭一聪译，江苏人民出版社 2013 年版。

〔美〕乔纳森·特纳：《社会学理论的结构》，邱泽奇等译，华夏出版社 2001 年版。

〔美〕萨缪尔·亨廷顿：《变化社会中的政治秩序》，王冠华等译，生活·读书·新知三联书店 1989 年版。

〔美〕塔尔科特·帕森斯：《社会行动的结构》，张明德等译，译林出版社 2003 年版。

〔美〕塔尔科特·帕森斯：《现代社会的结构与过程》，梁向阳译，光明日报出版社 1988 年版。

〔美〕约瑟夫·劳斯：《知识与权力：走向科学的政治哲学》，盛晓明等译，北京大学出版社 2004 年版。

〔美〕詹姆斯·汤森、布兰特利·沃马克：《中国政治》，顾速、董方译，江苏人民出版社 1995 年版。

〔美〕詹姆斯·斯科特：《国家的视角：那些试图改善人类状况的项目是如何失败的》，王晓毅译，社会科学文献出版社 2004 年版。

〔匈〕雅诺什·科尔奈：《社会主义体制：共产主义政治经济学》，张安译，中央编译出版社 2007 年版。

〔意〕加埃塔诺·莫斯卡：《政治科学要义》，任军锋等译，上海人民出版社 2005 年版。

〔英〕迈克尔·博兰尼：《自由的逻辑》，吉林人民出版社 2003 年版。

〔英〕托马斯·霍布斯：《利维坦》，黎思复、黎廷弼译，商务印书馆 1985 年版。

二　英文文献

Beck, Ulrich, 1992, *Risk Society: Towards a New Modernity*, London: Sage Publications.

Bernstein, Thomas P., 1967, "Leadership and Mass Mobilisation in the Soviet and Chinese Collectivisation Campaigns of 1929 – 1930 and 1955 – 1956: A Comparison", *The China Quarterly*, Vol. 31.

Dijk, Jan A. G. M, 2006 [1991], *The Network Society*, London: Sage Publications.

Dryzek, John S., 2010, *Foundations and Frontiers of Deliberative Governance*, Oxford: Oxford University Press.

Holzmann, Robert & Steen Jørgensen, 2001, "Social Risk Management: A New Conceptual Framework for Social Protection, and Beyond", *International Tax and Public Finance*, 8 (4).

Hung, Ho-fung, 2016, "Crisis and The Rise of China", in *Sociology of Development Handbook*, ed. By Gregory Hooks, California: University of California Press.

Kujawski, Edouard & Diana Angelis, 2010, "Monitoring risk response actions for effective project risk management", *Systems Engineering*, 13 (4).

McCarthy, George E., 2003, *Classical Horizons: the Origins of Sociology in Ancient Greece*, New York: State University of New York Press.

O'Brien, Geoff, Mar 2016, "The Risk Society Revisited: Social Theory and Governance", *International Journal of Environmental Studies*.

Rosa, Eugene A., Ortwin Renn and Aaron M. McCright, 2015, *The Risk Soci-

ety Revisited: *Social Theory and Governance*, Philadelphia: Temple University Press.

Samantha Jones, Bernard Manyena, and Sara Walsh, 2015, "Disaster Risk Governance: Evolution and Influences", in *Hazards*, *Risks*, *and Disasters in Society*, ed. by Andrew E. Collins etc. Amsterdam: Elsevier Inc. .

Walder, Andrew G. , 1995, "Local Governments as Industrial Firms: Analysis of China's Transitional Economy", *American Journal of Sociology*, Vol. 101 (2).

后　记

我们这本小书得到了很多师友的关心，有中国社会科学院社会学所的景天魁学部委员、王俊秀研究员、国家发展和改革委员会市场与价格研究所的杨宜勇所长、中国社会科学院政治学所治理研究室的王红艳主任。也得到了九龙街道党工委的蒋立强、邱方勇、孟庆斌、潘友、陈红、王彦升、刘川玲、李华勇、胡治国、王跃、李彦、刘小波等同志的协助。景天魁先生欣然为本书作序，并提出了督促我们前行的学术要求，这些要求业已化作我和课题组成员的前进动力。杨宜勇所长不辞辛劳为我们作序，鼓励我们在基层治理研究领域作出新的探索。我们还由衷地感谢蒋立强同志，他给予我们研究多方面的支持。本书在议题凝练、框架形成和观点论证中，他都无私地贡献了自己的观点和看法，并且在百忙之中通读了初稿，很好地给出了具有实质性意义的修改建议。蒋立强同志在百忙之中为本书作序，他的文字不只是代表他本人，更是展现了所有九龙人十余年来对基层社会治理创新的扎实工作，平凡中显示出他们热爱社会、尊重生命、拥抱生活的情感和意志。

本书由我负责拟定全书的主题、写作框架，以及统筹和组织田野调研和会议讨论，周永康教授、唐钱华副教授两位同志自始至终参与了本书的议题讨论、框架拟定、调研会议以及章节写作和修改，陈保香、王皓、谢欣、王红艳、蒋芙蓉、涂雪梅、李爽爽等研究生同学参与调查和撰写。本书还得到了厦门大学公共事务管理学院的高和荣教授的指导。我们还要感谢中国社会科学出版社的姜阿平、许琳两位同志不辞辛苦的编辑工作。借此付梓之际，对于以上同志的辛劳，在此一并致谢。

何健谨识

2021 年 8 月 1 日